KB262844

우리의 선사문화(Ⅰ)

우리의 선사문화(Ⅰ)

초판 1쇄 발행 1994. 3. 10.
초판 7쇄 발행 2006. 2. 27.

지은이   이융조, 우종윤, 길경택, 하문식, 윤용현
펴낸이   김경희
펴낸곳   (주)지식산업사
주 소   서울시 종로구 통의동 35-18
전 화   (02)734-1978(대)
팩 스   (02)720-7900

인터넷한글문패   지식산업사
인터넷영문문패   www.jisik.co.kr
        전자우편   jsp@jisik.co.kr

등록번호 1-363
등록날짜 1969. 5. 8

ⓒ 이융조, 1994
ISBN 89-423-1023-0 94910
ISBN 89-423-0016-2 (전3권)

책값 12,000원

이 책을 읽고 지은이에게 문의하고자 하는 이는
지식산업사 전자우편으로 연락 바랍니다.

머 리 말

　고대사 이전 선사시대의 역사를 '원시시대'로 보아왔던 우리나라의 역사해석에, 공주 석장리 구석기유적의 발굴은 획기적인 변화를 가져왔다. 발굴로 밝혀진 결과들은 모두가 문화해석에 새로운 것들이어서, 우리 역사의 장(場)이 동아시아의 역사에서 차지하는 위치가 중요해지게 되었다.

　그러나 이러한 문화해석은 겨우 1960년대부터 시작되어, 1974년에 가서야 비로소 국사교과서에 오르게 되는 역사해석의 정체성을 나타내게 되었다. 발굴조사의 결과는 1974년에 나온 국사교과서에서는 '후기 구석기'의 존재만 게재되다가, 4년 후인 1978년에 와서야 '전기 구석기' 문화가 수용되게 되었다.

　그러한 상태에서 우리 선사문화에 대한 해석에는 많은 문제점이 나타나게 되었는데, 무엇보다 유적에서 출토된 유물을 나누어 분해하는 미시적인 해석으로 인해 총체적인 문화내용에 접근하지 못하고 있었다.

　그래서 우리들은 그러한 잘못을 극복하고자, 당시 문화의 장인 유적(site) 중심의 문화해석을 하려고 노력하여, 보고서나 연구논문을 검토, 유적 그 자체가 지니는 의미를 파악하고자 하였다.

　당시 사람들의 문화를 총체적으로 이해하기 위해서는 문화사상을 좀더 폭넓게 이해할 수 있는 노력이 필요하다. 그러한 생각에서 우리는 충북대학교에서 '우리 고대문화의 이해'라는 강좌를 통해 약 7년 동안 강의한 결과, 시간이 갈수록 많은 학생들이 우리 선사문화의 중요한 의미를 파악하고 실체에 접근하고자 노력하고 있음을 알게 되었다.

　그래서 우리는 좀더 나아가 우리의 선사문화를 그러한 시각에서 서술하고, 접근하고자 하였다. 이러한 노력은 좀더 계속해야 할 것이다.

먼저 우리나라 5대문화권의 하나인 중부지역의 중원문화권을 중심으로 고찰하였다. 앞으로는 경상·전라·제주도 중심의 남부지역과, 북한의 북부지역 선사문화를 총체적으로 살펴보아 우리에게 맡겨진 큰 과제를 풀어보도록 하겠다.

이러한 노력으로 이 책이 우리 선사문화에 대한 조그마한 길잡이가 되어서, 이 방면에 30년 동안 한 길을 걸어온 학도로서의 세계를 보이고자 하였다.

이 책을 쓰는 과정에서 먼저 구석기·중석기문화(이융조·윤용현), 신석기문화(길경택), 청동기문화(하문식)에 대한 초고를 마련한 다음, 그것을 바탕으로 이융조·우종윤 등 다섯 사람 모두가 읽고 수정·가필·윤문을 하였다.

책을 출판하는 데까지 많은 격려와 뒷바라지를 아끼지 않은 김경희 사장님과 편집부 여러분에게 고마움을 전한다.

1994년을 맞이하여
충북대학교 선사연구실에서
필자들을 대표하여 이융조 씀

차 례

제 2 장   중석기문화

제 3 장   신석기문화

제 4 장　청동기문화

표·그림·사진 차례

사　진

제 1 장 구석기문화

I. 구석기시대의 개관

1. 시대 개념과 구분

인류가 연모를 사용하기 시작한 연대는 약 300만년 전부터로 나타나고 있다. 따라서 인류가 살아온 전체 역사의 거의 전부가 이 선사시대에 속하며(99.9%), 이러한 시대는 지질시대로 보면 신생대 제 4 기(第四紀, Quaternary ; 약 250만년 전~1만 2천년 전)의 홍적세(Pleistocene)에 해당된다.

인류가 이 땅에 산 제 4 기의 시간상 길이와 연대는 그동안 연구가 쌓이면서 조금씩 달라졌으나, 크게 네 차례의 빙기와 세 차례의 간빙기가 있었던 것으로 인정되고 있다. 지금의 충적세(Holocene ; 약 1만 2천년 전~현재)는 넷째 빙기 이후(후빙기)로 볼 수 있다.

연모를 처음 사용한 남쪽원숭사람(*Australopithecus*)으로부터 현재까지 많은 시간이 흘렀기 때문에, 구석기시대는 지질학적인 연구와 이 시기에 살았던 농·식불상의 연구를 배경으로, 각 시기마다 사용되어 발전한 석기를 가지고 구분하는 방법이 흔히 쓰이고 있다.

전기 구석기시대는 인류가 처음 연모를 사용한 때부터 약 12만년 전의 마지막 간빙기가 시작되는 시기까지이며, 중기 구석기시대(약 12만년 전~3만 5천년 전)는 마지막 빙기의 중반기까지, 후기 구석기시대(약 3만 5천년 전~1만 2천년 전)는 빙하가 물러가는 때까지로 시기를 구분해볼 수 있다.

전기 구석기시대에는 연모를 만드는 데 가장 서툴렀던 남쪽원숭사람의 무리가 찍개를 만들어 쓴 데에서 비롯하여, 100만년 전쯤에 곧선사람(*Homo erectus*)이 출현하면서는 좀더 발달된 연모인 주먹도끼를 만들어 쓰게 되었다.

중기 구석기시대에는 석기 제작방법이 혁신되었는데, 슬기사람(*Homo sapiens*)이 나타나면서부터, 그들의 문화가 발전함에 따라 더욱 급속도로, 더욱 분명하게 지역적인 여러 조건에 적응할 수 있게 되었다. 이 시기에는 연모의 가지 수가 더 많아지고 더욱 복잡하게 만들어지는데, 주먹도끼·뚜르개·찍개·자르개·긁개·톱날석기·홈날·대패모양석기 등과 같은 것이 나타난다.

약 3만 5천년 전부터의 후기 구석기시대는 슬기슬기사람(*Homo sapiens sapiens*) 문화로 이들은 네안데르탈사람들과의 생존경쟁에서 승리한 현대인들로, 종전의 인류보다 지적으로나 문화적으로 수준이 훨씬 우수하여 다양한 종류의 석기, 즉 종전에 만든 석기에다가 새기개, 돌날, 좀돌날 몸돌 등을 만들었으며, 예술을 더욱 사실적 구체적으로 표현하는 문화수준을 가지게 되었다.

2. 자연환경

인간은 자연과 밀접한 관계를 가지며 삶을 꾸려왔다. 특히 옛사람들은 자연환경의 제약을 많이 받으며 살았을 것이다. 그래서 당시의 자연환경을 이해하는 것은 옛사람들의 자연에 대한 적응·이용·정복을 알기 위한 것으로, 자연과학을 이용하여 당시의 환경을 파악하고 그 시대의 주인공인 인간에게로 귀착시켜 문화를 복원하기 위한 필수적인 요소라고 할 수 있다.

선사시대의 유물들이 당시의 생활과 문화를 직접 보여주는 것이라면, 퇴적층의 자연자료는 그들이 살았던 환경을 알려주는 것이다. 그래서 여기에 대한 분석과 연구는 자연과 인간과의 관계를 밝혀주는 중요성을 띠게 된다. 이러한 자연환경 연구에 이용되는 인접 학문분야는 크게 동물학·식물학·지질학으로 나누어진다.

여기에서는 동물상과 식물상의 자료를 중심으로 살펴보게 되는데, 당시 사회가 식량채집(gathering)과 사냥(hunting)을 기본으로 하였기에, 그들이 채집한 식물자료나 사냥한 동물자료는 문화를 해석하는 데 결정적인 열쇠를 가지고 있기 때문이다.

중국 Chinese Pleistocene	북미 North-American Ice Sheet	스칸디나비아 반도 Scandinavian Ice Sheet	알프스 지역 Alpine Ice Sheet	일반 명칭		국제 제4기 학회 INQUA	
		후빙기 Postglacial	후빙기 Postglacial	PG 1	후 빙 기		
Tali 大理	Wisconsin		Halt in Mountains			후기홍적세	Upper Pleistocene
		Pomeranian	Würm 3 (2)	LG1 3	최후빙하기 Last Glaciation		
				LG1 2			
		Brandenburg (Weichsel)	Würm 2 (1)	LG1 2			
		Warthe	Würm 1 ?	LG1 1			
Lushan/Tali 盧山/大理	Sanga-mon	Danish Middle Bed Last Interglacial	Last Interglacial	L1G 1	최후간빙기 Last Interglacial (Eemian)		
Lushan 盧山	Illinoian	Salle	Riss 2	PG1 2	Penultimate Glaciation	중기홍적세	Middle Pleistocene
				PG1 1/2			
			Riss 1	PG1 1			
Taku/Lushan 大姑/盧山	Yarmounth	Great Interglacial	Glütsch Kander	PIg 1	Penultimate Interglacial (Holstein)		
Taku 大姑	Kansan	Elster	Mindel 2	ApG1 2	Antepenuitimate Glaciation	전기홍적세	Lower Pleistocene
				ApG1 1/2			
		Earlier Phases		ApG1 1			
Poyang/Taku 鄱陽/大姑	Aftonian		First Interglacial	Aplg 1	Antepenuitimate Interglacial (Cromerian)		
Poyang 鄱陽	Nebraskan		Günz 2	EG1 2	Early Glaciation		
				EG1 1/2			
			Günz 1	EG1 1			
Lung Chuan 龍川			Donau		Villafranchian	제3기 선신세	Pliocene

표 1-1. 제 4 기 연대표

1) 동 물 상

먼저 당시 사람들의 의식주 등 생활에 많은 영향을 주었던 선사시대 동물상에 대하여 알아보기로 하자.

이곳 중부지역의 동물상 자료는 주로 석회암 동굴유적(cave site)에서 출토되는 자료를 통하여 당시의 자연환경을 가늠하게 된다. 석회암 동굴유적에서 동물화석이 잘 남아 있는 채로 출토되는 것은 천연적인 석회암 동굴이 잘 발달되어 있고, 여기 토양의 성질이 수소이온지수(ph)로 약알칼리성~알칼리성의 석회질 성분을 띠고 있어서, 짐승뼈가 잘 보존될 수 있기 때문이다.

특히 지금까지 밝혀진 동물상은 청원 두루봉동굴에서 46종, 단양 금굴유적에서 40종이 분류 보고되어, 북한지역의 상원 검은모루 29종, 평양 만달리 24종, 상원 청청암유적의 12종과 비교해보면, 당시의 동물상에 훨씬 가까운 자료를 얻게 된다.[1]

그런데 지금까지 보고된 자료로 볼 때 두루봉동굴이 한 시기의 자료라고 한다면, 제천 용굴, 단양 금굴은 다른 시기의 각 층위에서 나타나고 있다. 특히 금굴은 각 층위에서 전형적인 석기·뼈연모를 비롯한 뼈화석과 사람뼈들이 발굴되어, 우리나라뿐만 아니라 아시아 선사문화의 표준유적으로 삼기에 충분한 유적이라 할 수 있다.

금굴의 전기 구석기문화층에서는 쌍코뿔이·짧은턱하이에나·사자 등, 당시에 살던 짐승이 잡혀서 따뜻한 기후였음을 알 수 있다. 그 다음 시기인 중기 구석기문화층은 37종이라는 많은 종류의 동물상이 밝혀졌다. 특히 쌍코뿔이·짧은꼬리원숭이·사자·하이에나 등 더운 짐승(la faune chande)과, 동굴곰·이리·늑대 등 추운 짐승(la faune froide)에 가까운 짐승들이 발견되어, 따뜻함과 서늘했던 기후가 있었던 것으로 밝혀졌다.[2]

마지막 빙기(뷔름)에 해당되는 후기 구석기문화층에서는 사슴과 같은 온대성 짐승들이 많이 잡혔고, 빙기가 끝나는 시기인 중석기시대에는 사슴·멧토끼·두꺼비·남생이 등이 번성하였던 것으로 가늠된다. 그후에 오는 신석기시대에도 사슴·노루 등의 짐승이 확인되고 있으며, 종적 구성에서 지금과 큰 차이가 없었던 것으로 해석된다.

한편 제천 점말 용굴은 동굴조사에서 첫발을 내딛게 한 유적인데, 각 층위에

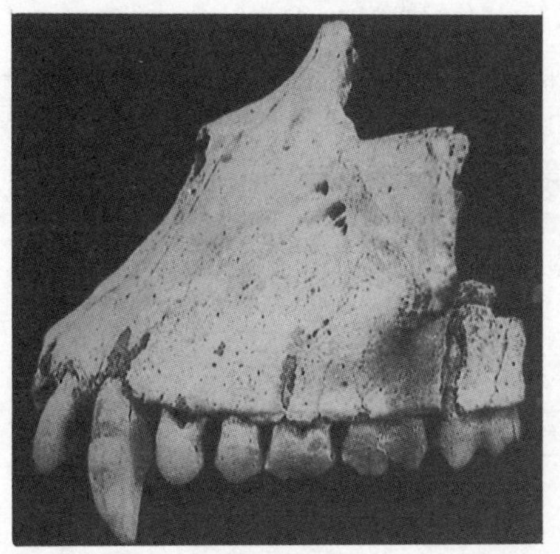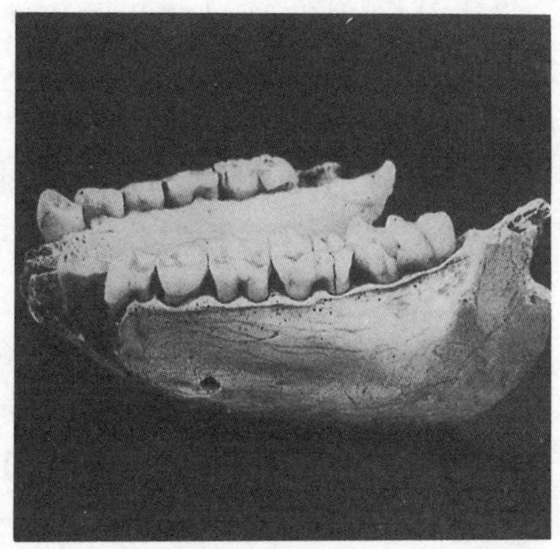

사진 1-1. 큰원숭이의 위턱(제 2 굴)과 아래턱(처녀굴)

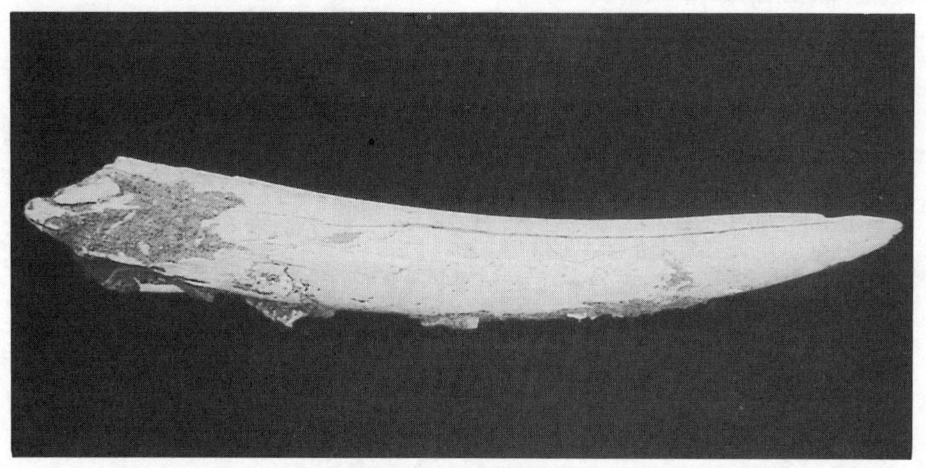

사진 1-2. 옛코끼리 상아

서 많은 동물화석과 뼈연모들이 출토되었다. 유적의 아래층에서는 추운 시기에 살았던 사향노루·여우 등의 짐승이 출토되었고, 위층에서는 간빙기의 따뜻한 기후에서 살았던 짧은꼬리원숭이·코뿔이·하이에나 등이 출토되어, 당시의 자연환경 연구와 복원에 결정적인 역할을 하였다.[3]

청원 두루봉동굴의 자료들을 보면, 밝혀진 46종의 짐승들이 거의 더운 시기를 나타내주고 있는데, 특히 큰원숭이·쌍코뿔이·옛코끼리·하이에나 등 더운 지방 짐승이 특징적으로 살고 있었음을 확인하였다(사진 1-1·1-2).

단양 상시유적은 3개의 작은 동굴(바위그늘)로 이루어진 유적인데, 바위그늘이 서로 인접하고 있는 점에서 당시의 사회규모와 집단의 크기를 어느 정도 알 수 있게 하는 근거를 제시한 유적이다.

상시 1바위그늘에서 밝혀진 짐승은 35종으로 나타나는데, 여기에서는 지금까지 이어지는 종인 개·고라니·자라 등이 출토되고 있어, 앞으로의 연구가 주목된다.

단양 구낭굴에서는 나비날개비늘과 짧은꼬리원숭이의 출토로 따뜻한 기후였음을 알 수 있게 하는데, 뒤에서 다룰 꽃가루와 숯 자료의 분석도 같은 결과를 얻게 되어, 구낭굴에서 사람이 살던 시기는 숲이 무성하게 자라며, 습하고 따뜻한 시기였던 것으로 생각된다.

2) 식 물 상

앞에서 다룬 동물상의 자료가 주로 석회암 동굴유적에서 출토되어 유적과 자료의 한계 속에서 당시의 자연환경을 가늠하게 되는 반면, 식물상의 자료는 동굴유적뿐만 아니라 한데유적, 습지대, 제 4 기 퇴적층 등에서도 자료의 추출과 분석이 가능하여서, 제 4 기 홍적세 시기의 자연환경을 밝히는 데 많은 도움을 준다.

식물상에 관한 자료로는 퇴적토양을 이용한 꽃가루 분석과 유적에서 출토된 숯의 조직검사, 나뭇잎, 나무열매, 씨앗 등을 들 수 있다. 이들 자료의 분석을 통하여 식생 및 수종과 성장상태 등을 판별하여, 당시의 기후조건 등 자연환경을 파악할 수 있다.

(1) 꽃가루 분석

식물의 꽃가루는 기후의 변동에 따라 변화한 식물의 분포를 보여주는 것으로, 이 구조는 외막·내막·세포질로 이루어져 있다. 이 가운데서 외막의 스포르 폴레닌(spore pollenin)은 썩지 않고 남아 본래의 상태를 유지하여서, 1억년 전 지층에서도 형태가 남아 있다. 또한 외막의 생김새는 과(family), 속(genus), 종(species)에 따라 독특하게 구분되어, 꽃가루 분석을 통한 동정(同定, specimen determination)이 가능하다.

이러한 특성을 가지고 있는 꽃가루 분석은 당시의 기후를 가늠해보는 가장 과

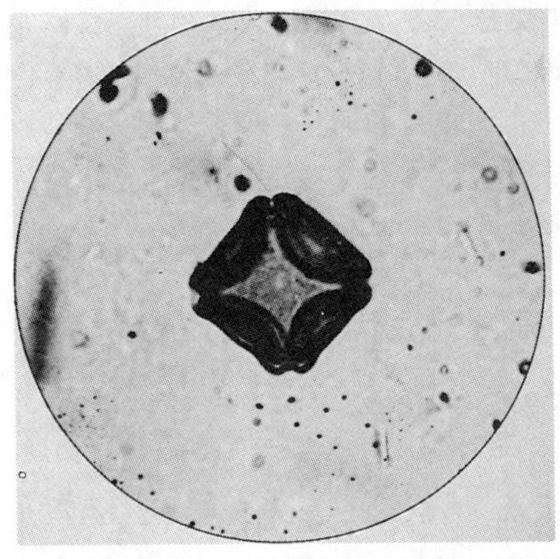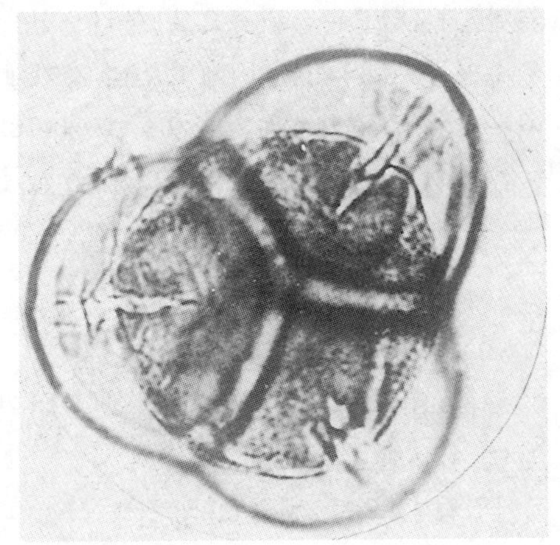

사진 1-3. 오리나무와 진달래 꽃가루(두루봉)

학적인 방법의 하나로 널리 이용되고 있다. 꽃가루 분석은 연대측정의 수단으로도 이용되고, 당시 자연환경에 대한 여러 자료와 함께, 인간의 자연에 대한 적응방법을 알려주고 있다.

꽃가루 분석이 중부지역의 구석기유적에서 이루어진 곳을 들면, 점말 용굴유적을 비롯하여 두루봉·상시·수양개·창내유적 등 10개 유적이다.[4]

먼저 점말 용굴에서는 지층별 꽃가루 분석을 통하여 최소한 6번의 기후변화를 확인하였다. 대부분 북반구 온대지방에 잘살고 있는 나무의 꽃가루가 검출되었는데, 감탕나무와 녹나무의 꽃가루로 보아 당시의 기후가 상당히 따뜻하였음을 알 수 있다.[5]

청원 두루봉동굴에서는 많은 꽃가루와 홀씨가 검출되었는데, 꽃가루의 빈도로 보아 9번의 기후변화가 있었음이 관찰된다. 이 유적의 꽃가루 가운데 특히 관심을 끄는 것은 7시층(문화층)에서 확인된 진달래과(ERICACEAE)의 꽃가루이다. 진달래는 호산성(好酸性) 식물인데, 두루봉 주변이 알칼리성 토양인 점과, 굴 입구의 모서리에서만 발견되었다는 점에서 주목된다.[6]

이것은 기후를 나타내주기도 하지만, 당시 사람들이 꽃의 아름다움을 알고 있어 집안(동굴)을 꾸미기 위해 일부러 갖다놓은 것으로 해석된다. 이러한 점에서 두루봉 구석기시대 사람들은 세계에서 처음으로 꽃을 생활화한 '꽃을 사랑한 첫 사람들'(the first flower people)이라고 생각된다(사진 1-3).

이러한 꽃가루 분석은 계속 이루어져, 상시 1바위그늘유적의 아래층에서는 서늘한 기후였으나, 위층으로 올라오면서 따뜻한 기후로 변한 것을 알게 된다.

수양개유적에서는 대체적으로 강가에 자라는 잡초의 꽃가루가 많으며, 기후는 서늘하고 습기가 많았을 것으로 보인다.

창내유적에서는 대체로 건조하고 따뜻한 기후에서 다소 서늘한 기후로 변화하는 것으로 볼 수 있다.

(2) 숯·씨앗·나뭇잎

숯은 선사시대 사람들이 살았던 자연환경과 생활상의 복원을 위한 중요한 자료로 이용되고 있다.

숯 분석은 출토상태와 장소에 따라 당시 사람들이 나무를 태워서 땔감이나 음식물 조리 혹은 체온 유지, 밝기 등에 이용했을 것이라는 고고학적 의미와, 나무종을 확인하고 나이테 수와 너비에 의해 당시의 환경과 기후변화를 추정할 수 있게 하는 자연과학적 의미를 갖는다.

우리나라의 구석기유적에서는 공주 석장리 후기 구석기시대 집터의 화덕자리에서 출토된 숯을 분석한 것이 처음이며, 중부지역에서 분석 보고된 자료는 5개 유적이다.

먼저 두루봉의 새굴에서는 따뜻한 기후에서 잘 자라는 물푸레나무속과 오리나무속이 발견되었으며, 수양개유적에서는 춥고 건조한 데서 자라 성장이 극히 불량한 소나무를 꺾어다 썼음이 밝혀졌다. 구낭굴에서는 2개의 층위에서 숯이 출토되었는데, 서늘한 기후에서 따뜻한 기후로 변화한 것을 알 수 있게 하였다.

중부지역의 선사시대 자연환경을 밝혀주는 또 하나의 자료로는 씨앗을 들 수 있다. 점말 용굴은 3개의 나무열매 껍질과 약 30점의 팽나무 열매 속씨가 출토되어 따뜻한 기후였음을 알려주며, 두루봉 새굴에서 출토된 대마의 씨앗은 더운 기후와 약용으로 사용된 일면을 밝혀주고 있다.

수양개유적의 명아주과·국화과·십자화분과 씨앗은 건조한 기후였음을 알려주고, 아울러 약용으로도 쓰였을 것으로 해석된다. 창내유적에서는 탄화된 복숭아 씨앗이 출토되어 식생활에 관한 자료로서뿐만 아니라, 채집한 계절까지도 알 수 있어, 당시의 자연환경을 밝히는 데 결정적인 역할을 하고 있다(사진 1-4).

또한 이러한 자료들과 함께 나뭇잎도 당시의 자연환경을 밝혀줄 자료로 사용되고 있다. 점말 용굴에서 출토된 나뭇잎은 종청미래와 털생강나무로 밝혀졌다. 자연환경을 밝히는 다른 자료로는 나무화석이 이용될 수 있으나, 우리나라에서

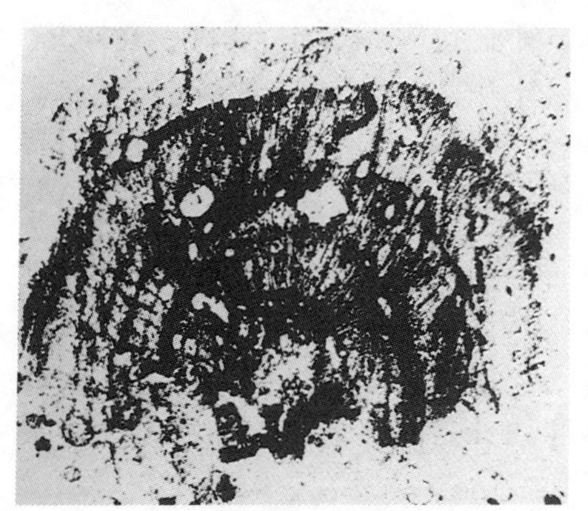

사진 1-4. 소나무 숯을 가로로 자른 면(두루봉)과 명아주과(수양개)

는 아직 보고된 자료가 없다.

　지금까지의 발굴을 통해서 확인된 이 자료들은 당시 구석기인들의 환경을 밝히는 데 중요한 자료로 이용되고 있으며, 그 결과 우리나라 구석기문화 복원 연구에 크게 이바지하고 있다.

　이렇게 중부지역의 구석기시대 환경 연구는 여러 분야에서 좋은 성과를 거두어서, 이것을 기초로 한 연구가 진행되고 있다. 이러한 자료들은 우리나라뿐만 아니라 동북아시아의 제 4 기 자연환경과 기후 복원에 대한 결정적인 근거를 제시해주는 것으로, 앞으로 연구가 좀더 모아지면 중부지역의 구석기시대 자연환경을 더욱 구체적으로 복원할 수 있을 것으로 기대된다.

Ⅱ. 인류의 발달과 문화

1. 인류의 발달

　인간은 언제, 어디서 왔을까? 이 문제는 오래전부터 사람들의 마음을 사로잡았다. 많은 신화와 세계의 여러 종교가 바로 이 문제에서 생겨났으며, 제각기 지구와 인류의 탄생을 설명하려 하였다.

성경에 나오는 천지창조 이야기는 이 문제에 대한 적절한 예이다. 1650년에 아일랜드의 아르마교구 추기경인 제임스 어셔(J. Ussher)는 창세기 내용을 토대로 하여, 천지창조의 날을 그리스도가 탄생하기 4,004년 전이라고 엄밀하게 계산해 냈다. 이 연대는 그후 흠정(欽定)성경에서 확정되었다.

인류의 기원에 대하여 지구상의 여러 문화들은 그 대답을 창조신화를 들어 설명하고자 하였다. 한편 과학자들은 부족한 증거들을 모아 여러 가지 연대측정 방법 등 더욱 분석적이고 실증적인 기술들을 바탕으로 조금씩 인류의 기원을 밝혀내고 있다. 이처럼 인류의 기원에 대해서 가장 중요한 것은 인류가 과연 언제 나타났느냐 하는 것이다.

가장 오래된 인과(人科, Hominoid)는 350만년 전부터 나타나는 남쪽원숭사람종이다. 이들은 등뼈·팔다리 등의 뼈화석 자료로 볼 때 두발걷기를 하였으며, 뇌의 크기는 현생 유인원들보다 약간 컸음을 알 수 있다.

이들의 뒤를 이어 나타나는 손쓴사람(*Homo habilis*)의 진화론적인 변화는 빠른 속도로 진행되었고, 뒤를 이어 곧선사람(*Homo erectus*)이 등장하게 된다.

인류화석에 나타난 연대측정은 초기 인류(earliest hominid)인 곧선사람이 고향인 아프리카를 약 100만년 전에 떠났음을 밝혀냈다.

그후 각 지역으로 퍼져나간 곧선사람으로부터 유럽과 근동, 그리고 중앙아시아 지역에서는 슬기사람(네안데르탈)으로의 진화가 일어나게 된다.[7]

진짜 네안데르탈사람들이라고 주장되는 고전적 네안데르탈사람들은 약 10만년 이전에서 약 3만 5천년 전까지 서유럽의 전역과 근동, 중앙아시아 지역에 편중되어 존재했다.

네안데르탈사람들은 선 자세, 동작의 범위와 석기 제작기술에서는 슬기슬기사람들과 같았지만, 뼈는 좀더 튼튼하였다. 팔뼈의 크기와 힘줄이 붙는 넓은 부위들은 당시 사람들이 매우 건장하였음을 알려준다. 네안데르탈사람의 거대한 체격의 가장 두드러진 점은 머리뼈로서, 얼굴은 이전 단계나 다음 단계의 어떤 인류보다 코와 이빨이 앞으로 튀어나온 독특한 중간 돌출을 가지고 있다.

낮은 두개골, 돌출된 앞이마 능선, 그리고 건장한 골격은 곧선사람을 연상시키는 특징들이며, 이런 유사한 특징은 네안데르탈사람이 초기 인류와 슬기슬기사람 사이를 연결하는 중간 단계에 위치하였다는 생각을 가지게 하였다. 그들의 평균 두뇌크기(cranial capacity)는 1,400cc로 측정되는데, 이것은 현대사람들의 평균치인 1,360cc보다 다소 크다(사진 1-5).

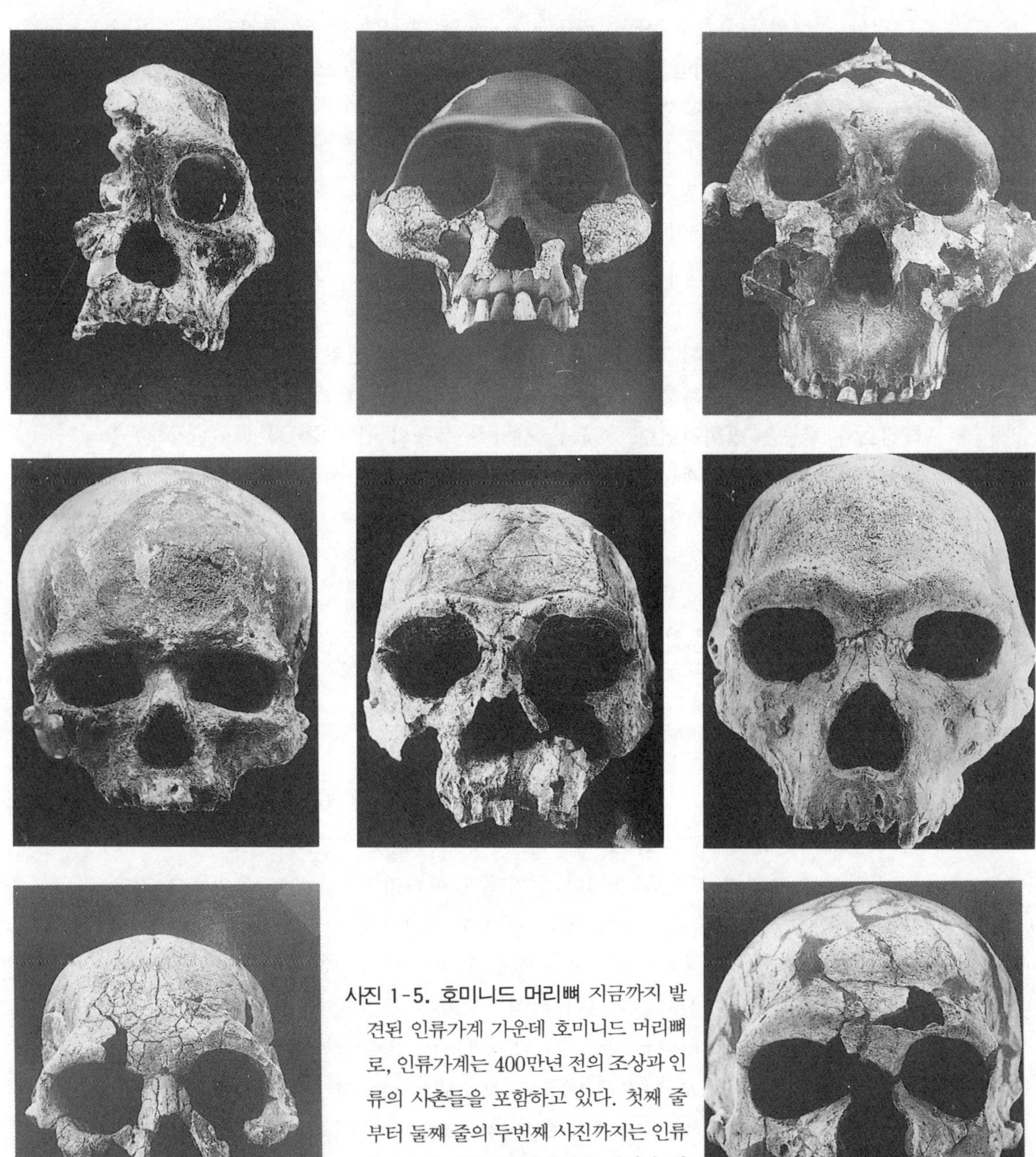

사진 1-5. 호미니드 머리뼈 지금까지 발견된 인류가계 가운데 호미니드 머리뼈로, 인류가계는 400만년 전의 조상과 인류의 사촌들을 포함하고 있다. 첫째 줄부터 둘째 줄의 두번째 사진까지는 인류속으로서 네안데르탈사람을 제외한 현생인류의 가계를 나타내며, 둘째 줄의 세번째 사진 이후는 지금은 절멸해서 존재하지 않는 인류의 사촌을 나타낸다.

그러나 현생인류(슬기슬기사람, modern human)로의 진화는 약 7만년 전에 아프리카에서 현생인류가 처음 생겨나, 곧선사람의 이동 이후 또 한 번의 이동이 일어나 전세계에 퍼지게 되었다는 것이다.[8]

7만년 전에 처음 나타난 슬기슬기사람은 세계 곳곳에 그들의 흔적을 남겼으며, 많은 학자들이 그 발자취를 찾아 연구를 해왔다.

아프리카 기원설은 슬기슬기사람이 약 7만년 전에 아프리카에서 기원해서 약 3만 5천년 전을 앞뒤로 하여 중동과 유럽, 그리고 다른 지역으로 확산되었다는 것이다.[9]

슬기슬기사람들의 두뇌 크기는 오늘날의 사람들과 평균값이 일치하며, 이들은 네안데르탈사람들의 문화를 이어받았지만, 정신적 예술적 기술적인 면에서 뛰어난 진보와 재능을 발휘하였다. 이들은 사냥한 동물의 관찰자이자 뛰어난 예술가였을 뿐만 아니라, 그 재능을 자각하고 발전시켜 그것을 예술과 의식행위로까지 연결되는 생활방식을 가지고 있었다.

2. 사회와 문화

1) 사 회

구석기사람들은 생활에 많은 영향과 제약을 미친 대자연을 이용 극복하여 좀더 나은 발전된 삶을 꾸릴 수가 있었다.

곧선사람들은 열대 특유의 불쾌한 습기뿐만 아니라 살을 에는 추위에도 적응하여 나아갔고, 집단을 형성하여 동굴 안팎에 근거지를 만들고 생활하였다. 이들은 불을 능숙하게 사용하였고, 어느 정도의 언어도 구사하였을 것으로 생각되며, 계절에 따라 거주지를 옮겨다니는 이동생활을 하였을 것이다(사진 1-6).

이들의 뒤를 이어 나타나는 네안데르탈사람들은 따뜻한 시기의 야외생활을 비롯하여, 추운 기후에서도 환경의 변화에 적응하기 위하여 동굴과 바위그늘에서 거주지를 마련하는 등 다양한 환경조건에서 살았다. 나무가 없는 곳에서 뼈와 가죽으로 그들의 집을 만들었으며, 능숙한 사냥꾼이었으며, 기술적인 연모제작자였고, 옷가지들도 만들었다.

이들은 불을 본격적으로 사용하여 필요한 때에는 불을 피울 수도 있었고, 동

‘단일’ 인류가지

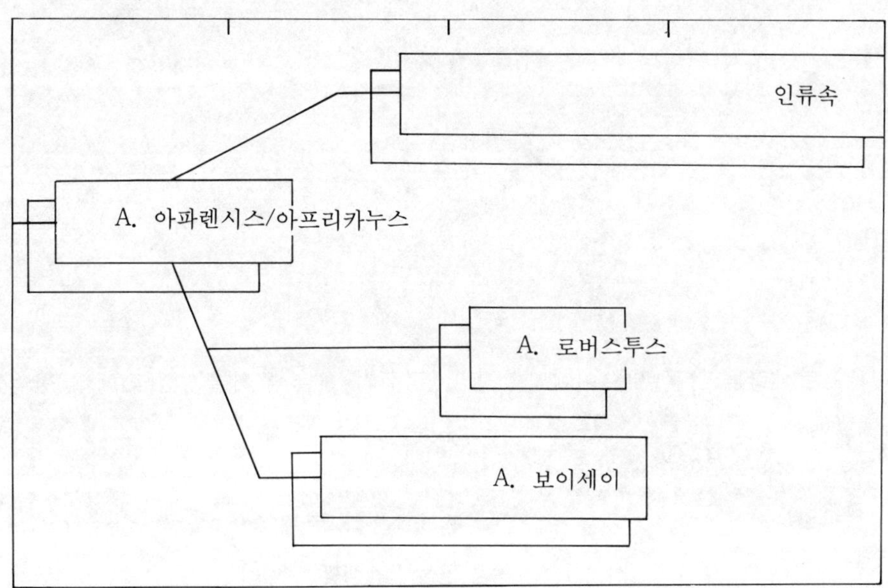

‘여러’ 인류가지

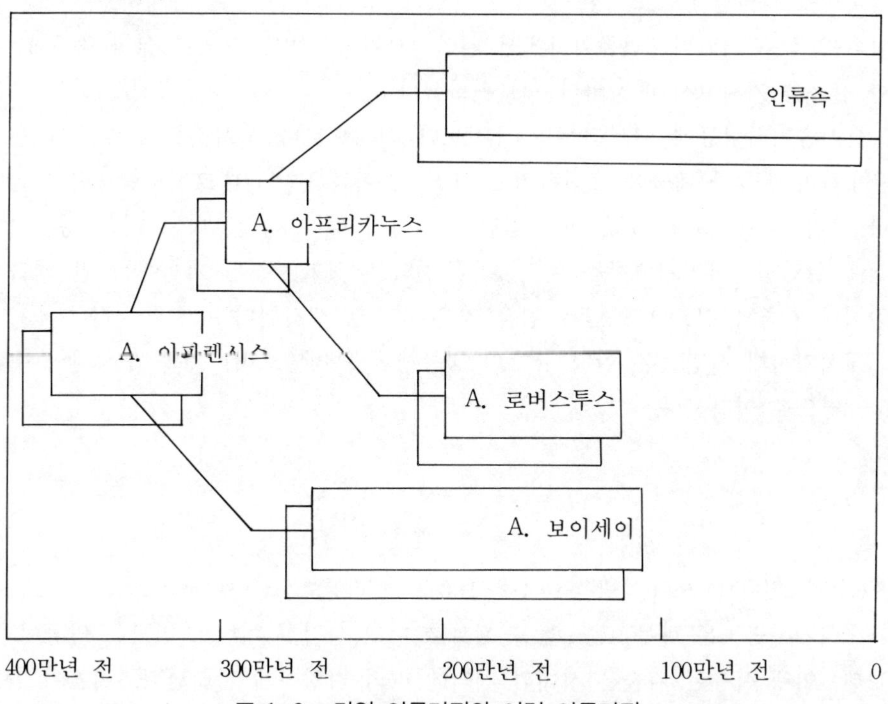

표 1-2. 단일 인류가지와 여러 인류가지

사진 1-6. 북경 곧선사람 생활(복원도)

굴바닥에 화덕을 마련할 정도로 진보하였다. 또 그들은 동굴 속에서도 살았지만 야외에 집도 지었다. 인류역사에서 네안데르탈사람들은 최초로 삶과 죽음에 대한 감정을 가지고서 매장의식을 보편화했다.[10]

　슬기슬기사람들에 이르러서는 종전보다 지적으로나 문화적으로 수준이 훨씬 우수하여 훌륭한 예술을 표현하기도 하였다. 이들은 네안데르탈사람처럼 동굴이나 바위그늘에 살고 있었지만, 집단이 커짐에 따라 이전보다는 더욱 영구적인 집에 살면서, 야영지에서는 여러 가지 천막을 쳤고, 추운 겨울에는 반 지하식 집이나 가죽과 진흙으로 만든 집을 지은 것으로 생각된다.

　구석기시대 사람들은 일정 규모의 공동생활을 하였으며, 가족 구성원의 수는 5~8명으로 여겨진다.

2) 문　　화

(1) 연모만들기 · 쓰기(그림 1-1 · 1-2 · 1-3)

　구석기사람들은 나무 · 뼈 · 돌을 재료로 미리 생각한 형태의 연모를 만들어 썼는데, 이때 사용된 기술은 시대와 지역에 따라 다양하게 나타난다. 이들이 만든

연모 가운데 석기는 유적지에 잘 남아 있는 데 비하여, 나무나 뼈는 부식되어
없어지거나 일부만 남게 된다.

① 나무연모

나무로 만든 연모는 구석기사람들이 가장 먼저 널리 쓴 연모이나, 남아 있는
경우는 매우 드물다. 유럽의 영국·프랑스·독일·스페인 등의 지역에서는 간혹
출토되는 경우가 있으나, 아직까지 우리나라에서 발견된 예는 없다.

② 뿔·뼈연모

짐승의 뼈와 뿔로 만든 연모는 유럽의 경우 중기 구석기시대에 나타나고 있는
데, 우리나라에서는 조금 일찍 나타나는 것으로 밝혀지고 있다.

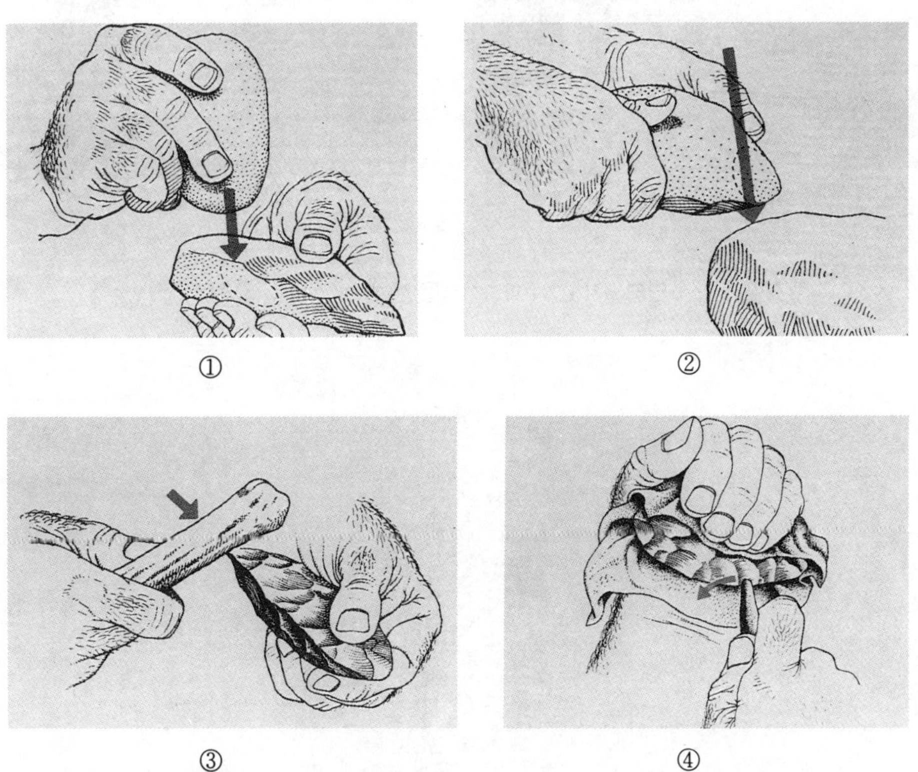

그림 1-1. 연모만들기(① 직접떼기, ② 모루부딪쳐떼기, ③ 원통형 망치떼기(뿔), ④ 눌
러떼기)

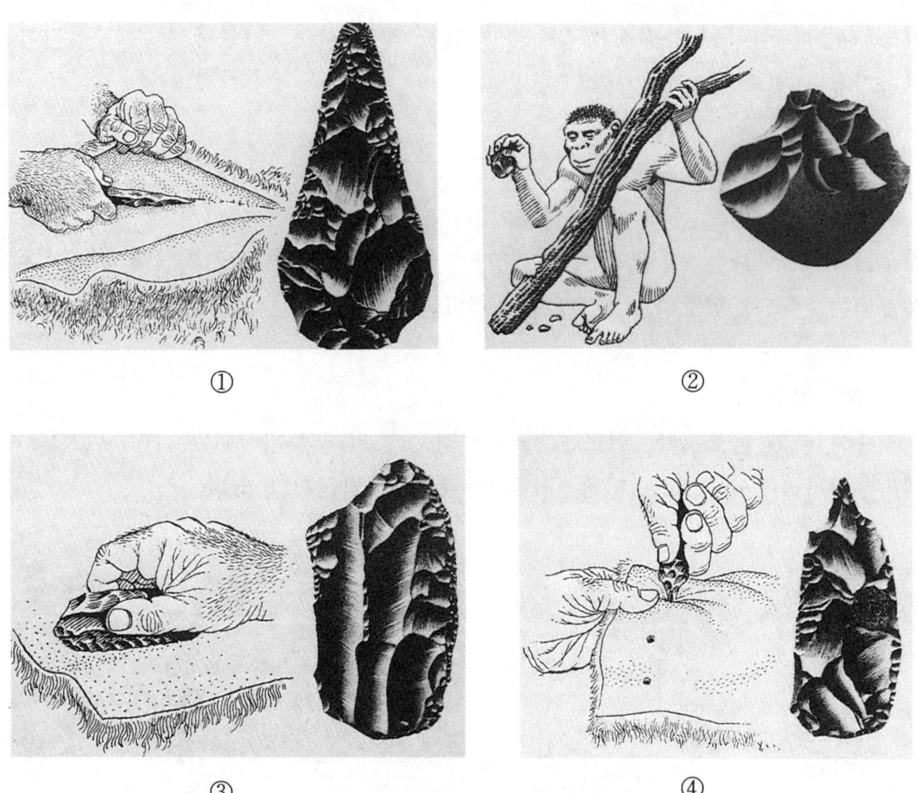

그림 1-2   연모쓰기(① 주먹도끼, ② 찍개, ③ 긁개, ④ 뚜르개)

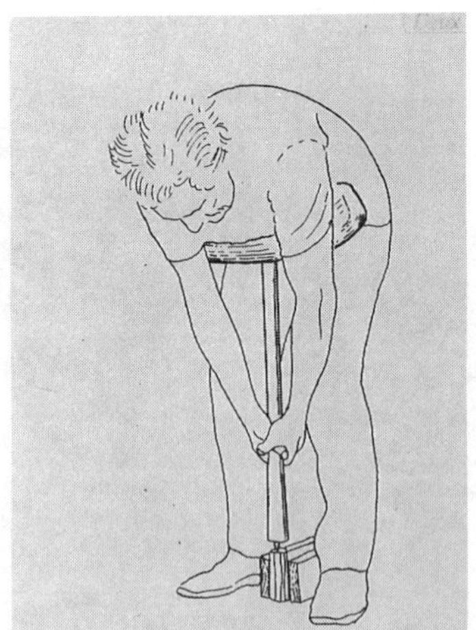

그림 1-3.   돌날을 떼어내는 사람(복원)

우리의 경우 뼈나 뿔연모로 사용되는 짐승은 젖먹이 짐승류에 속하는 사슴과가 가장 많은 것으로 나타나는데,[11] 이것은 당시 사람들이 잡은 짐승의 종(種) 수에 크게 의지하고 있음을 보여준다.

연모를 제작할 때에 쓰이는 뿔망치를 비롯하여, 연모로 쓰인 밀개·긁개·새기개·찌르개·뚜르개가 출토되고 있다.

③ 석   기

구석기시대 사람들이 쓰던 석기는 많이 발견되고 있지만, 그것을 만든 사람의 화석이 발견되는 것은 지극히 적다. 이것은 놀라운 일처럼 보이나, 이치에 맞는 것이라고 하겠다.

돌은 지상에서 가장 내구력이 있는 물질의 하나이고, 일단 만들어진 석기는 쉽게 부서지지 않는다. 또 석기는 작기 때문에 지각의 변동에도 영향을 받지 않는다.

따라서 우연히 연못의 뻘흙에 떨어졌다든지, 동굴의 바닥에서 서서히 흙 속에 묻히게 되면, 우연히 지표 위로 나오지 않는 한 1천만년 이상 움직이지 않고 그대로 남아 있을 가능성은 얼마든지 있다.

석기의 수가 많은 다른 이유로는 머리뼈나 신체의 사지뼈들 가운데 극히 일부분만을 남긴 사람이 평생동안 석기를 만들면서 살았기 때문이다. 당시 사람들은 부서지거나 잃어버리거나 또는 무디어질 때에는 새로운 석기를 만들었으며, 그들의 생활양식이 변화됨에 따라 다양한 형태의 연모를 만들었다.

가장 오래된 석기는 약 200만년 전 것에 지나지 않는다. 이러한 석기제작은 그동안 약간의 변화와 진보를 가져오다가, 제작방법의 혁신은 슬기사람(중기 구석기시대)의 출현으로 이루어졌다고 생각해볼 수 있다. 그들이 만든 연모는 주먹도끼·뚜르개·찍개·자르개·긁개·톱날석기·홈날 등과 같은 다양한 송류의 석기들이 정형으로 나타나게 된다.

후기 구석기사람들의 문화는 종전의 인간보다 지적으로나 문화적으로 수준이 휠씬 우수하였으며, 그 이전부터 사용되던 석기 제작기술을 더욱 발전시키게 되는데, 특히 돌날 제작기술이 발달하게 된다.

이 시기의 우리나라에서 나타나는 석기 제작의 특징 가운데 가장 중요한 것은, 동북아시아에서만 나타나는 좀돌날 몸돌석기의 제작이라고 할 수 있으며, 이 석기는 중석기시대까지 지속되는 경향을 보이고 있다.

사진 1-7. 화순 대전 집(복원도)

(2) 집(터)

구석기시대 사람은 자연적으로 생긴 동굴만을 이용하고 있었다고 오랫동안 생각되어서, 그러한 이유로 인해 '동굴사람'(洞窟人)이라는 명칭이 그들에게 주어져왔다.

그러나 지금은 야외에도 위치하고 있는 한데집터가 발견됨으로써, 구석기시대 사람은 동굴뿐만이 아니라 야외에도 집을 짓고 화덕을 만들어서 산 것으로 밝혀졌다.

지금까지 보고된 세계 최고의 한데집터는 동아프리카의 탄자니아에 있는 올드바이계곡 제 1 층의 DK유적에서 발견된 원형의 돌돌림(stone-circle) 유구이다. 이것은 손쓴사람에 의해 만들어진 것으로, 칼륨-아르곤(K/Ar) 연대측정 결과 185만년 전의 것으로 밝혀졌다.

우리나라 구석기시대의 유적 가운데 한데집터가 발견된 곳은 중기 구석기시대의 집터로 보고된 웅기 굴포리 I 기층과 후기 구석기시대의 공주 석장리(약 2만 8천년 전), 제천 창내, 화순 대전 등의 유적이 있다(사진 1-7).

우리나라의 구석기시대 살림집의 형태는 나뭇가지 등으로 만든 막집의 형태인

사진 1-8. 구석기 사람의 생활 복원(두루봉)

데, 이러한 막집시설은 사냥·채집집단의 기본적인 주거시설로 사용되었다.

사람이 자연주거를 떠나서 인공으로 막집을 만들게 된 것은, 나무끼리 끈으로 묶어서 맞출 수 있었기 때문이다.

사람은 자연히 서 있는 생나무 가지를 이용해서 불필요한 가지들은 어느 정도 쳐내고 휘어서, 묶을 만한 가지들을 상투처럼 묶은 다음(생나무휘임형), 거기에 틈이 크게 벌어진 곳에는 다른 데서 자른 나뭇가지를 걸쳐 대었다. 그러고 나서 나무의 줄기, 짐승의 힘줄이나 가죽을 잘라 만든 끈으로 적당한 간격을 띄워 가로로 묶고, 이 위에 지붕재료를 덮었다. 지붕에는 넓은 잎이 달린 나무를 서꾸로 잡아매거나, 갈대 종류의 짚을 묶어서 덮거나, 아니면 짐승의 가죽을 덮기도 했을 것이다.

또한 집터에서 발견되는 화덕자리를 통해 인류가 불을 사용하였음을 알 수 있다. 불은 사람의 생산활동, 식생활, 육식짐승으로부터의 방어 등 생활 전반에 중요한 것이었다. 때문에 선사인에게는 불에 대한 관심과 보호 대책이 특별한 뜻을 가졌으며, 살림집은 불을 보호 관리하는 수단으로서도 중요한 의미를 가지게 되었다(사진 1-8).

(3) 의식행위와 예술

생활이 다양해지면서 연모의 종류가 늘어나고, 능력도 발전됨에 따라 구석기 사람들은 심미적이고 신비한 것에 관심을 가지게 된다. 그들은 그때까지의 경험을 토대로 하여 장식과 예술적인 표현을 하였다.

의식적인 의도로 짐승의 화석을 성스러운 곳에 보관하는가 하면, 동굴의 벽이나 짐승의 뼈, 나무, 돌 등에 나타내고자 하는 대상을 그리거나 조각하기도 하였다.

구석기사람들이 발전시킨 중요한 문화행위 가운데 하나는 죽은 사람을 매장하는 것으로, 이러한 행위는 그들이 사후세계를 믿었고, 원시적이지만 종교적인 믿음도 가지고 있었음을 보여주는 것이다.

① 의식행위

구석기시대 사람들의 의식행위 가운데 가장 중요한 자료는 장례의식인데, 중기 구석기시대가 되면 거의 보편화되는 경향을 보인다.

프랑스의 르 무스티에(Le Moustier)유적에서는 머리를 팔로 받친 십대 소년이 오른쪽으로 누워 자고 있는 것처럼 부싯돌(flint) 무더기를 베개 삼고 있었는데, 그의 손 부근에 훌륭하게 다듬어진 주먹도끼가 놓여 있었다. 또한 살점이 붙어 있었던 것 같은 들소뼈들이 무덤에 함께 묻혀 있었는데, 이 뼈들은 소년이 다른 세계로 여행하는 데 필요한 양식으로 의미되었음을 암시한다.

또 다른 유명한 무덤은 이라크의 샤니다르동굴(Shanidar Cave)에서 발견되었다.[12] 거기에는 약 6만년 전 봄철에 묻힌 한 어린아이가 여러 가지의 꽃으로 덮여 있었다. 이 해석은 주검 둘레의 토양을 주의 깊게 꽃가루 분석하여 복원한 것이다. 이러한 매장의식의 예들을 통하여, 네안데르탈사람들의 삶과 죽음에 대한 감정을 알 수 있다.

우리나라의 장례의식에 관한 자료로는 청원 두루봉유적의 홍수아이가 묻힌 방법에서 찾아볼 수 있다.[13]

묻은 방법을 보면, 넓고 편평한 석회암 낙반석을 맨 아래에 깔고, 그 위에 고운 흙을 뿌린 다음 홍수아이의 주검을 바로펴 묻고, 다시 그 위에 같은 방법으로 고운 흙가루를 뿌렸음이 관찰된다. 이것은 이들이 미지의 세계에 대한 인식을 하였음과 아울러, 주검에 대한 그들의 마음을 표현하였다고 생각된다.

　구석기시대의 인류가 매장하는 데 넣은 껴묻거리로는 일상 생활용품인 석기·치레걸이, 그리고 그들이 잡은 짐승의 뼈를 넣기도 하고, 또한 죽은 사람의 영생을 바라는 뜻으로 생명의 색인 붉은흙을 주검 위에 뿌리기도 하였다.

　당시 사람들의 의식행위를 알 수 있는 또 하나의 자료로는 네안데르탈사람들의 곰에 대한 제전(祭典)을 들 수 있다. 이러한 동굴곰에 대한 숭배의식 즉, 종교적 제사에 대한 가장 오래된 증거는 스위스에 위치하고 있는 드라헨(Drachen)동굴에서이다.

　또한 이러한 곰 숭배의식은 중부 프랑스에 위치하고 있는 페터동굴, 유고슬라비아의 모르노바(Mornova)동굴, 오스트리아의 살츠오펜(Salzofen)동굴 등과, 우리나라의 청원 두루봉 '처녀굴'에서 발굴되었다.

　특히 모르노바동굴에서 곰의 사지골과 함께 완전한 곰 두개골이 동굴 벽 가장자리의 패인 곳에 놓여 있는 상태는, 이 유적과 우리나라의 청원 두루봉유적이 상당히 먼 거리에 떨어져 있지만 아주 유사한 곰의 매장의식을 행하고 있었다는 점에서, 당시 선사인들의 짐승에 대한 숭배의식이 보편화되었음을 알 수 있게 한다.

　두루봉 처녀굴에서는 꽃사슴뿔을 가운데 놓고 동굴곰 1개체 분의 긴 뼈들이 의도적으로 동쪽을 향하여 배치되었음이 발굴결과 밝혀졌는데, 곰의식을 베풀었던 장소로 풀이되고 있다. 구석기사람들의 동물숭배 가운데 가장 유명한 것은 곰제사 즉 곰의식(bear cult)이다. 그래서 세계의 선사학계는 곰사냥을 곰숭배와 깊은 관계를 가진 것으로 보고 있다.

　아울러 청원 두루봉유적에서 출토된 곰의 두개골에서는 당시 인간들이 골수를 먹기 위한 두개골의 쪼갬 현상이 나타나지 않음을 볼 때, 이러한 것은 희생당한 짐승에 대한 회생(回生)의 제물로서 바쳐진 것으로 생각해볼 수 있다(사진 1-9).

　또한 두루봉 새굴에서는 굴 구석 부분의 약 1㎡ 되는 범위에서 집중석으로 13점의 사슴머리뼈가 밀집되어서 출토되었다. 그리고 사슴뿔을 갈아서 만든 치레걸이(목걸이) 2점이 나와서, 구석기시대 사람들의 사슴숭배(deer cult) 사상에 따른 주술과 사유의 의미를 해석하는 데에 좋은 자료가 되고 있다.

　이 곰·사슴숭배는 당시의 의식과 믿음에 대한 자료로 여겨지며, 앞으로 인류학·신화학·민속학의 연구결과로, 당시 사회의 사유체계를 재구성할 수 있도록 해야 할 것이다.

34

사진 1-9. 동굴곰 출토 모습(두루봉 처녀굴)

② 예　　술

인류의 예술은 후기 구석기시대가 되면 보편화되는 경향을 보이나, 우리나라의 경우는 중기 구석기시대에도 나타나고 있다. 예술의 표현은 당시의 문화가 높은 단계에 도달하였음을 뜻하는 것으로, 당시 인류들이 남긴 지닐 예술품(art mobilier)과 벽 예술품(art parietal)은 숙련된 예술가들이 만들었다고 생각된다.

그렇다면 그림은 왜 그렸을까? 거기에 대해서 몇몇 전문가들은 사냥주술과 관련되며, 예술의 기원은 사냥·채집·바람과 연관시켜볼 수 있다고 주장한다.

이러한 예술품은 주술적인 의도가 반영된 것으로 보이는데, 프랑스나 스페인에서 발견된 그림이 그려진 동굴은 성스러운 장소였음을 보여주고 있다. 그곳에 그려진 대상은 말·순록·들소·산양·사자·곰 등으로, 이러한 짐승들은 식량이나 또는 공포의 대상으로 당시 사람들의 생활과 깊은 관련이 있는 것이다. 짐승을 동굴의 벽에 그리거나 뼈·돌 등에 조각함으로써, 사냥꾼의 안전과 풍부한 사냥의 수확을 기원하였을 것으로 생각된다.

또한 몇몇 숙련자에 의해 그림이 그려졌고, 동굴에서 어떤 의식이 행해졌음을 알게 한다. 동굴에 그림을 그렸던 사람들은 천연의 동굴 상태를 적극 활용하여

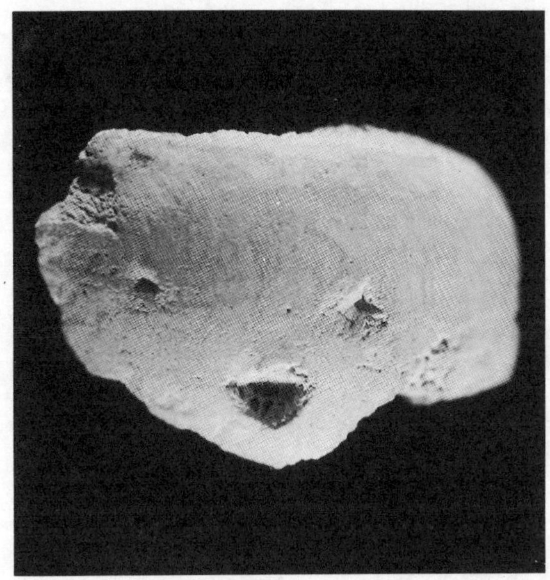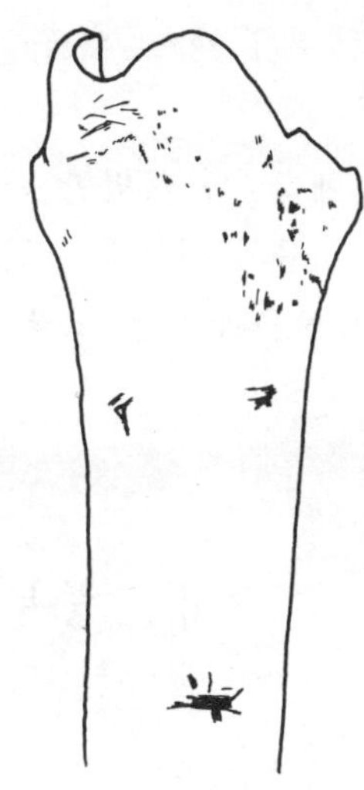

사진 1-10.　두루봉의 '얼굴' 모양 예술품(2굴·9굴)

그림에 양감을 부여하고, 정확한 원근법과 투시법을 썼다.

구석기시대 예술의 주제는 다양하였으며, 그림을 그리는 데에는 천연물감과 붓처럼 만든 깃털·모피 등이 쓰이거나, 직접 손으로 그리기도 하였다. 조각에는 끝이 날카로운 새기개를 이용하여서, 가는선을 새기거나 깊숙히 파내기도 하였다.

이러한 구석기사람들은 시간의 개념도 가지고 있었음이 드러나는데, 프랑스의 브랑샤르(Blanchard)바위그늘에서 출토된 뼈에 새긴 조각품은 달이 차고 기우는 현상을 보여주고 있다.

우리나라에서 발견되고 있는 예술품은 주로 세기개니 뚜르개를 이용한 지닐 예술품이 출토되고 있는데, 이들 유물에서는 다음과 같은 유형들을 살펴볼 수 있다.

(가) 뼈의 전체 형태를 살리면서 쪼거나 새겨 만든 형체 예술품.
(나) 뼈의 판판한 면에 도형을 만들어 넣은 것(사진 1-10).
(다) 새겨진 예술품.
(라) 치레걸이로 만든 것.

먼저 새기개로 만든 것으로는 점말 용굴, 두루봉유적, 수양개, 석장리 출토유물을 들 수가 있고, 뚜르개에 의한 예술품은 두루봉과 구낭굴에서 보고되고 있다.

이들 예술품에 특별한 관심을 가지게 되는 것은 이 유물들을 통하여 당시 사람들의 사유와 생각에 관한 해석을 할 수 있으며, 여기에서 그들의 의식생활·습속·믿음문제 등을 고찰할 수 있기 때문이다.

Ⅲ. 중부지역의 구석기 유적*

지표조사로 확인된 유적은 고고학적인 발굴을 통하여, 유적의 성격과 문화의 내용을 파악하게 된다.

여기에서는 발굴유적의 성격에 따라 동굴에서 살면서 문화를 형성하게 된 동굴유적과, 강을 중심으로 밖(open)에서 생활하며 만든 한데유적으로 구분하여 살펴보기로 하겠다(그림 1-4).

1. 동굴유적

중부지방은 옥천계로 형성된 석회암지대에 아주 잘 발달된 동굴이 많이 분포되어 있는 특징을 이루고 있다. 이렇게 발달된 동굴은 구석기시대 사람들에게는 좋은 안식처 구실을 하게 되었고, 석회암 동굴이기 때문에 당시 사람들이 잡아먹고 남긴 뼈화석과 뼈연모들이 보존되기에 좋은 조건을 갖고 있다.

그래서 이 지역은 다른 곳과는 다르게 동굴유적에서 많은 뼈화석과 사람뼈들이 발굴되어, 구석기문화의 주인공을 알 수 있고, 또한 층위들이 층서로 있어서, 시대를 분명하게 알 수 있는 좋은 점을 가지고 있다.

---

* 이 책에서 다루는 중부지역은 충청남·북도, 경기도., 서울, 강원도를 대상으로 하였다.

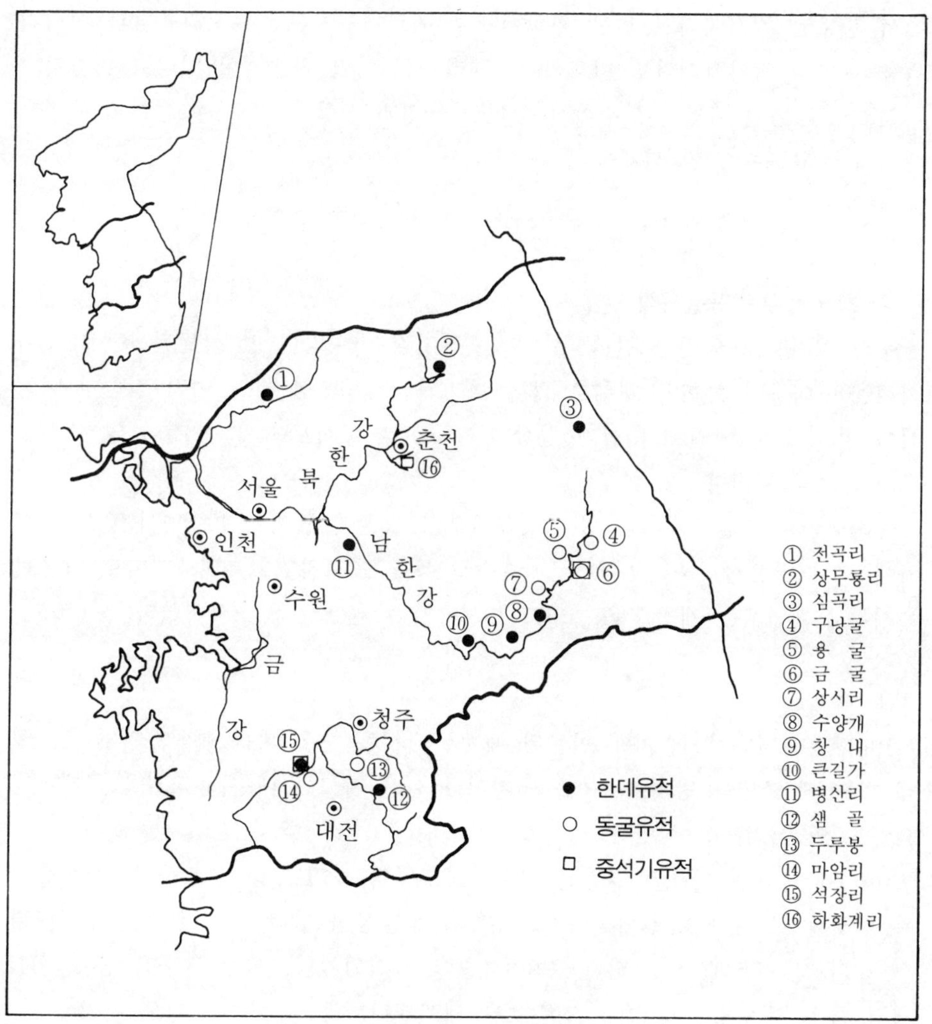

그림 1·4. 중부지역의 구·중식기유적

1) 금강유역

(1) 공주 마암리 동굴유적

이 유적은 공주 석장리유적과 가까운 거리에 위치하고 있는 동굴유적이라는 점에서 주목된다.

시굴조사로 지표와 그 아래층에서 거북 모양 몸돌과 격지석기를 찾았다. 여기

38

에서 출토된 직접떼기로 만든 외날찍개와 찌르개는 웅기 굴포리유적과 석장리 위층(후기)의 격지석기와도 비교되어, 후기 구석기일 가능성이 있다고 밝혔다.

앞으로 정밀한 재조사로 정확한 층위의 규명과 이를 근거로 한 문화의 특징을 학계에 보고하여야 할 과제를 안고 있다.

＊ 김원용, 〈공주 마암리 동굴유적 예보〉, 《역사학보》 35·36합집, 1967.

(2) 청원 두루봉 동굴유적

충북 청원군 문의면 노현리 두루봉은 결정질 석회암이 잘 발달된 곳이다. 이미 1960년대부터 석회암 채취로 많이 파괴된 이 두루봉에서, 여러 짐승의 뼈화석이 잘 손질된 뼈연모와 함께 원상태(*in situ*)로 홍적토에 있는 것이 알려진 것은 1976년의 일이다.

충북대학교 박물관에서는 바로 1976년부터 발굴에 들어가 1983년까지 모두 10차에 걸쳐 제 2 굴·새굴·처녀굴·홍수굴 등을 조사하였고, 연세대학교 박물관에서는 1976년에는 제 2 굴을, 1977~1978까지는 제 9 굴을 조사하였다(그림 1-5).

① 제 2 굴

1976~1978년까지 세 차례 발굴된 제 2 굴에서는 불을 피운 화덕자리와 숯, 열매 깨는 데 쓰였을 망치, 가죽을 벗기거나 살을 자르는 데 사용되었을 긁개·자르개 등의 석기들을 찾았다.

이 동굴에서는 지금은 멸종된 첫소, 쌍코뿔이, 크로쿠타 크로쿠타, 큰원숭이를 비롯한 3문 7강 15목 28과 37속 46종의 동물상이 밝혀져, 지금까지 우리나라 구석기유적 가운데 가장 많은 종의 짐승이 확인되었다. 이들 짐승은 중기 홍적세의 더운 시기에 살던 더운 짐승으로 해석된다.

그리고 두루봉사람이 살던 7층에서 꽃가루 검사 결과, 진달래과(ERICACEAE) 꽃가루가 바로 굴 입구의 모서리에서, 한꺼번에 157개나 검출된 사실은 여러 가지 면에서 시사하는 바 크다.

이 사실은 진달래나무가 산성 토양에서 자라는 식물이고, 알칼리성 토양인 두루봉 일대에는 자생할 수 없기에, 사람이 일부러 꺾어다 살림집인 동굴을 아름답게 꾸미고자 하였던 미의식의 표현행위로 해석되며, 그 시기가 3월 하순쯤이라는 구체적인 시기까지도 밝혀주고 있다.

또한 세계 선사학계의 새로운 연구경향인 인구고고학(demographic archeology)의

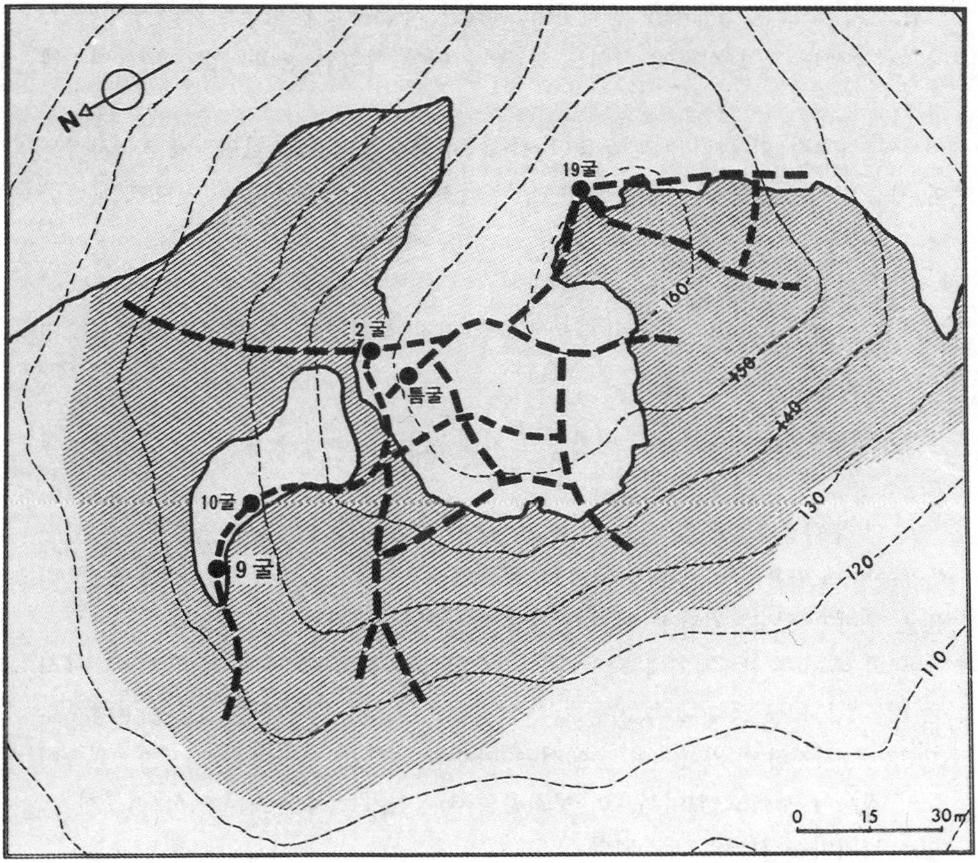

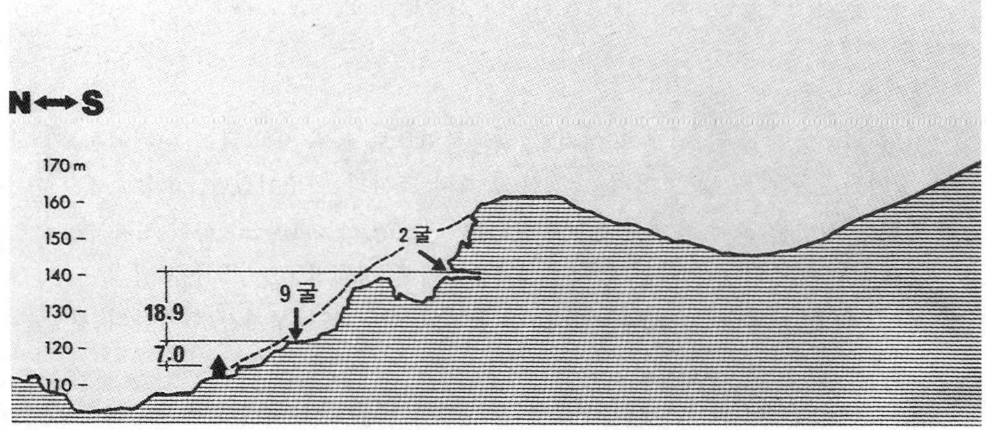

그림 1-5. 두루봉 동굴 위치도와 여러 동굴의 높이 비교

방법으로, 출토된 짐승뼈를 분석하여 살았던 사람들의 사회구성을 재구성하면, 제 2 굴에서는 다섯 식구가 적어도 2,780일 이상 살았던 문화모형이 만들어지게 된다.

사냥된 짐승 가운데 주된 동물인 사슴 이빨의 분석으로 보면, 제 2 굴사람들의 사슴사냥은 9, 10월에 가장 많았고, 주기적으로 이동생활을 한 것으로 나타났다.

  ＊ 이융조, 《한국의 구석기문화(Ⅱ)》, 탐구당, 1984.

② 제 9 굴

연세대학교팀이 1977~1978년까지 두 차례 발굴을 하여 동물화석·뼈연모·석기·예술품 등의 유물을 발굴하였다.

9굴의 문화층은 2개로 나누어지는데, 중기 홍적세시기의 동물상을 알 수 있는 아래층인 노란흙층(Ⅱ층)은 동물화석 가운데 사멸종이 50%를 차지하여 높은 비율을 보이고 있고, 간단한 떼기와 잔손질을 베푼 석기도 출토되었다.

9굴의 후기 홍적세시기에 해당하는 위층인 붉은흙층(Ⅰ층)에서 출토된 동물화석은 2문 4강 10목 24과 26속 31종으로 밝혀졌으며, 이 가운데 사멸종은 10종으로 32.3%를 차지하고 있다. 이 층에서는 따뜻한 기후를 나타내주는 사자·원숭이 등의 짐승이 보이고 있어서, 이 문화층의 형성시기는 추운 기후에서 따뜻한 기후로 넘어가는 시기로 생각된다.

  ＊ 손보기, 《두루봉 9굴 살림터》(연세대학교 박물관 선사연구실), 1983.

③ 새　굴

깎아지른 듯한 절벽 위에서 석회암 발파작업으로 새로 찾았다는 의미에서 이름 붙여진 '새굴'은 많은 어려운 조건 속에서 조사가 이루어졌다(1980).

이러한 어려운 조건 속에서 발굴된 옛코끼리(*Elephas antiquitas*) 상아(길이 62cm, 지름 7.6cm)는 우리나라와 아시아 구석기유적에서 정식발굴로는 처음 발견된 중요한 자료여서, 당시의 기후와 문화, 고동물을 연구하는 구석기 학자들의 관심을 집중시키고 있다.

또한 약 1m² 범위의 굴 구석 부분에 사슴머리뼈 13점이 놓여 있었고, 같은 개체의 사슴뿔을 갈아서 만든 치레걸이(목걸이) 2점은 당시 사람들의 사슴숭배 민

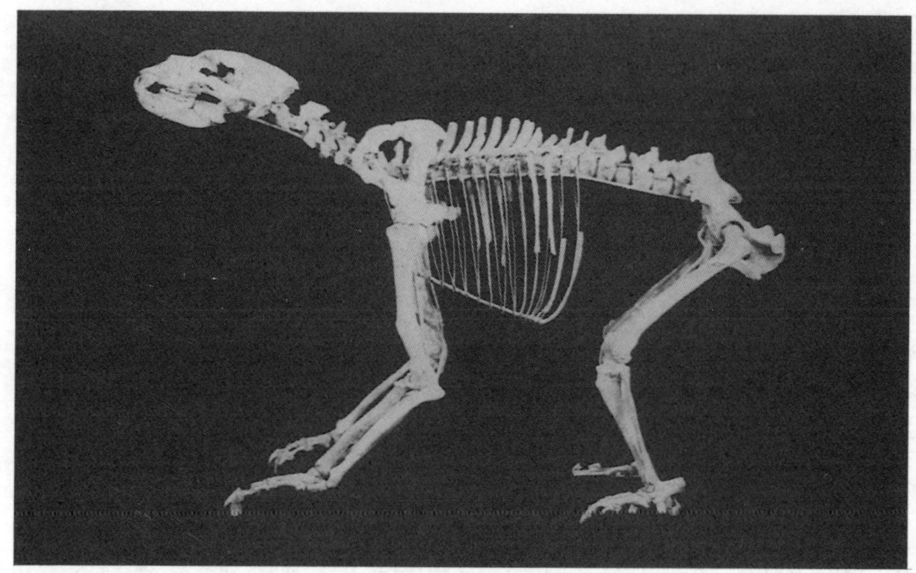

사진 1-11. 동굴곰 복원(처녀굴)

음에 따른 주술과 사유의 의미를 해석하는 데 좋은 자료이다.

  * 이융조, "Paleontological and Archeological Remains from Turubong Cave Complex in Korea", Submitted paper to 'International Symposium on Paleolithic in East Asia', The National Research Institute of Cultural Properties of Korea, 1992.

④ 처 녀 굴

  사람의 손길이 전혀 닿지 않아 '처녀굴'로 이름 붙여진 이 굴에서는 세계의 자랑거리인 완전한 개체의 동굴곰($Ursus\ spelaeus$)이 발굴되었다. 곰을 연구하는 학자늘에게는 이상적인 골격을 갖춘 거의 완전한 1마리의 개체여서, 당시 문화 해석 연구에 중요한 자료로 여겨진다.

  이러한 동굴곰뼈는 큰꽃사슴뿔을 한가운데에 놓고, 곰의 윗머리뼈와 아래턱·엉덩뼈를 남북으로 배치하고, 긴 뼈들을 동쪽으로 향하도록 의도적으로 배열하였음이 발굴결과 밝혀져, 당시 의식을 집행하였던 곳으로 해석된다. 이것은 인류학·신화학·민속학 연구결과를 바탕으로, 당시 사람의 사유체계를 재구성할 수 있는 좋은 자료이다(사진 1-11).

  이곳에서 나온 또 다른 많은 동물화석 가운데 거의 완전한 개체의 쌍코뿔이는 문화해석에 중요한 자료이며, 이것으로 미루어보아 더운 기후였던 것으로 해석된다.

 * 이융조, 〈청원 두루봉 새굴·처녀굴의 자연환경연구 ── 식물상의 자료를 중심으로〉,
 《손보기박사 정년기념 고고·인류학논총》, 지식산업사, 1988.

⑤ 홍 수 굴

홍수굴은 두루봉 조사의 10차 발굴로(1982. 12.~1983. 1.) 조사되어, 완전한 사람뼈와 석기·동물화석이 발굴된 가장 이상적인 문화성격을 지닌 동굴유적이다.

이 굴은 두루봉 현장의 한홍문의광산 김홍수 전무의 제보로 발굴하게 되어, 그분의 높은 뜻을 기리고자 우리나라에서는 처음으로 사람이름을 유적이름에 붙여, '홍수굴'이라고 하였다.

홍수굴에서 발견된 2개체의 사람뼈와 여러 층위에서 발굴된 많은 수의 전형적인 구석기유물은, 우리나라 석기발달과 구석기학의 체계를 세우는 데 중요한 역할을 하였다. 홍수아이 1호 사람은 체질인류학적 분석으로 보면 다섯 살 정도로, 머리 크기는 1,200~1,300cc, 키는 110~120cm 정도로 헤아려진다.

홍수아이의 머리뼈는 좁고 길며(Dolichocrany), 특히 윗머리뼈의 굽은 길이는 긴 가운형이다. 라 퀴나(La Quina)아이와 력포(평양 부근)아이의 윗머리뼈들과 견주어볼 때, 홍수아이가 훨씬 크며, 이 길이는 평양 만달사람 어른뼈의 잰 값과 같음을 알 수 있다. 약 4만년 전에 살았던 것으로 보이는 홍수아이는 머리뼈 잰 값의 결과로 보면, 현대인과 선사인(후기 홍적세)의 특징을 함께 갖고 있다(사진 1-12 · 1-13).

앞으로 더 연구가 진행되면 구석기인의 이동과 우리 조상의 기원에 대한 의문을 풀어줄 수 있는 고리가 연결될 것으로 생각된다.

 * 이융조·박선주, 《청원 두루봉 홍수굴 발굴조사보고서》(충북대학교 박물관), 1991.

2) 한강 유역

(1) 제천 점말 용굴유적

충북 제천군 송학면 포전리 점말에 위치한 이 유적은 연세대학교 박물관팀이 1973~1980년까지 8차의 연차발굴로 밝혀졌다.

사진 1-12. 두루봉 흥수아이 출토 모습(위)과
복원(아래)

사진 1-13. 주먹도끼(두루봉 흥수굴)

   남한강유역과 중원지방의 구석기 연구에 박차를 가한 점말 용굴은 중간보고에 이은 지금까지의 연구에서 층위는 크게 7개로 구분되고 있다.

   문화층으로는 Ⅲ층(흰 모래층)이 제 3 빙기(리스)로 전기 구석기에 해당되며, 제 3 간빙기의 Ⅳ층(붉은색 찰흙층)에서 사냥으로 잡힌 큰 짐승의 뼈화석과 뼈연모들이 많이 발굴되었다. 특히 이 층에서 발굴된 털코뿔이 앞팔뼈에 새겨진 사람얼굴 모습은 당시 문화와 예술에 관한 큰 문제를 제시하고 있다(사진 1-14).

   Ⅴ층(갈색모래 찰흙층)은 처음 실시한 우라늄계열(U/Th/Pa) 원소연대측정으로 66,000B.P.로 나타나 제 4 빙기(뷔름) 시기로 추증되며, 추운 동물이 많이 출토되고 있다. Ⅵ층은 방사성탄소(^{14}C) 연대측정으로 18,660B.P.임이 확인되었으며, 이 층들의 동·식물상을 통한 분석이 전개되었다.

   또한 동굴곰·짧은꼬리원숭이 등과 같은 표준화석에 대한 형질적인 계측과, 다른 유적의 자료와 비교 검토하여, 연대결정의 기준을 삼고 있다.

   이렇게 석회암 동굴에서 밝혀진 여러 자료를 통한 층위 구분, 동·식물상의 비교연구 등은 종래의 구석기문화 연구와 해석에 커다란 과학적 기준을 세웠다.

   * 손보기, 〈점말 용굴 발굴〉, 《점말 용굴 발굴보고》(연세대학교 박물관), 1980 ; 손보기·

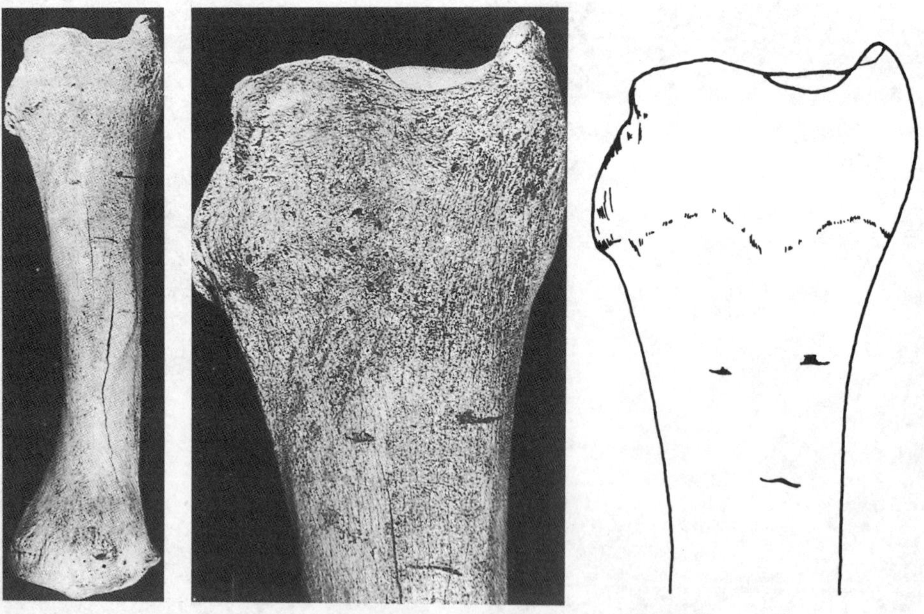

사진 1-14. '얼굴'예술품과 그림(점말 용굴)

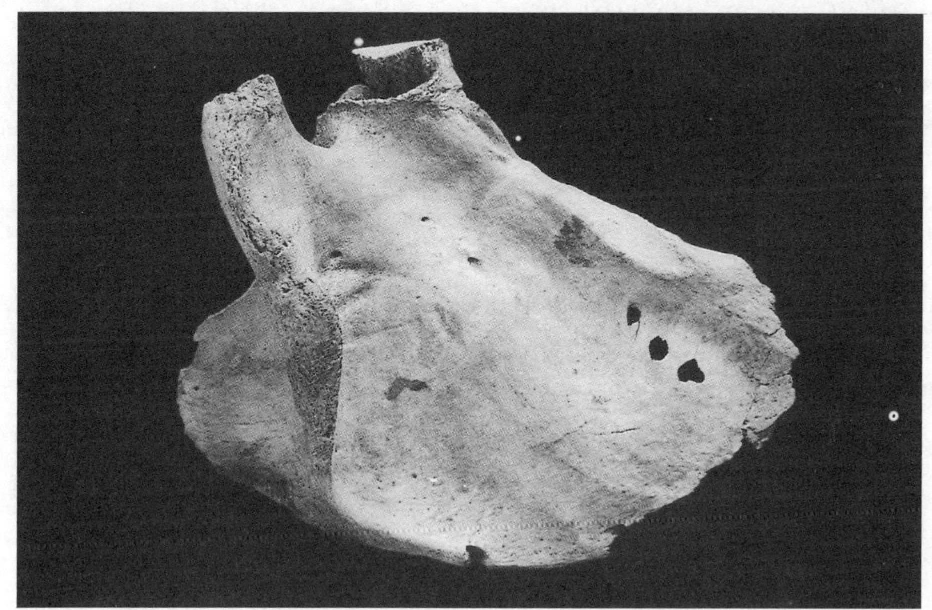

사진 1-15. 슬기사람의 주걱뼈(상시 1 그늘)

한창균, 〈점말 용굴유적〉, 《박물관기요》 5(단국대학교 박물관), 1989.

(2) 단양 상시 바위그늘유적

연세대학교 박물관팀이 발굴한(1981. 7. ~8.) 이 유적은 충북 단양군 매포읍 상시리에 있다. 3개의 바위그늘로 이루어진 상시유적은 모두 시기를 달리하여 사람이 살았던 것으로 나타나는데, 1그늘 : 구석기, 2그늘 : 신석기~청동기, 3그늘 : 늦은 구석기~신석기시대의 문화가 있었음이 밝혀졌다.

1그늘의 5·7·9층에서는 동물화석·뼈연모·석기가 모두 출토되었으며, 특히 5층에서는 최소 두 사람 분의 사람뼈가 출토되어 주목된다.

뼈의 특징으로 보아 슬기슬기사람과는 다르고, 네안데르탈사람과 흡사한 슬기사람의 특징을 보이고 있어, 이를 '상시슬기사람'으로 부르고 있다. 키 156~158cm쯤 되는 스무 살이 넘는 상시사람은 남한에서 처음으로 출토된 슬기사람으로서, 당시 인류의 진화과정을 밝혀주는 중요한 자료로 평가된다(사진 1-15).

　＊ 손보기, 《상시 1그늘 옛 살림터》(연세대학교 박물관 선사연구실), 1984 ; 손송이,
　　　"Contribution á l'Etude des Retes Humaines des Os Pariétaux Découverts á Sangsi,

Corée du Sud", 《손보기박사 정년기념 고고·인류학논총》, 지식산업사, 1988.

(3) 단양 금굴유적

충북 단양군 매포읍 도담리에 있는 석회암 동굴인 금굴은 충주댐 수몰지구 문화유적 발굴조사로 1983~1985년까지 3차에 걸쳐 연세대학교 박물관팀이 발굴조사하였다.

조사결과 이 유적에서는 전기 구석기시대(약 70만년 전)부터 청동기시대(약 3천년 전)까지의 선사시대 전시대에 걸친 유물층이 발굴되었다. 한 유적에서 각 시기의 층위에 대한 자연환경 자료와 문화의 발달을 계통적으로 알 수 있게 된 것은, 우리나라에서는 드문 일로 크게 주목된다.

발굴결과로 밝혀진 7개의 문화층 가운데 1문화층(Ⅷ지층)과 2문화층(Ⅶ지층)에서 유럽에서 가장 대표적인 전기 구석기문화인 아베뷜리앙 형식의 문화 특징이 있었음이 확인된다.

르발루아 형식의 석기와 동물화석이 발굴된 3문화층(Ⅳㄴ~Ⅳㄱ지층)은 중기 구석기시대로, 퇴적 두께로 보아 금굴에서는 가장 오랫동안 살았음을 알 수 있다. 후기 구석기층(4문화층)에서는 짧은 시기 동안 살았고, 중석기(5문화층)는 그 흔적을 찾을 수 있다.

이와 같이 5개의 구·중석기문화층 위에 빗살무늬토기층(6문화층)과 민무늬토기층(7문화층)이 있는 금굴유적은 적어도 7개의 선사문화층이 밝혀져, 우리나라의 대표적인 표준유적(type site)이 되었다. 더욱이 지금까지의 연구결과로는 우리나라에서 제일 먼저 문화가 형성된 것으로 보여, 우리 역사의 서막을 올린 유적으로 평가된다(사진 1-16·1-17).

이렇게 선사문화가 잘 발달된 층위를 이루면서 한 유적에 있는 것은 세계 선사학계에서도 드문 것으로, 발굴되지 못한 구역을 다시 조사하여 문화내용을 더욱 구체적으로 밝혀내도록 하여야 할 것이다.

  ＊ 손보기, 〈단양 도담리지구 유적발굴조사보고〉, 《충주댐 수몰지구 문화유적 발굴조사 종합보고서 —— 고고·고분분야(Ⅰ)》(충북대학교 박물관. 이하 《충주댐(Ⅰ)》로 줄임), 1984ː〈단양 도담리 금굴 유적발굴조사보고〉, 《충주댐 연장보고서》(충북대학교 박물관), 1985.

(4) 단양 구낭굴유적

임광훈 선생의 제보로 발견된 구낭굴은 석회암 동굴로서는 드물게 파괴 교란

되지 않은 완전한 상태로 충북 단양군 가곡면 여천리에 있다. 이 유적은 2차 (1986·1988)에 걸쳐 충북대학교 박물관팀이 발굴하였는데, 굴 전체 범위로 볼 때 매우 한정된 구역(약 42㎡)에만 진행된 셈이다.

2차까지의 발굴결과는 전체 층위가 8개 층으로 구성되어 있으며, 이 가운데 사람뼈와 석기·뼈연모 등의 문화유물 및 많은 동물화석이 제 3 층에서 집중적으로 출토되고 있어, 이 3층이 구낭굴의 주된 문화층이었던 것으로 해석된다. 여기에서 나온 사람뼈는 형태와 특징으로 보면 남자 어른의 것으로 판단된다.

한편 지금까지 밝혀진 동물화석의 최소 마리 수는 짧은꼬리원숭이 1마리, 사슴 46마리, 곰 5마리, 호랑이 2마리, 시라소니 2마리, 오소리 6마리, 담비 1마리, 새 1마리 등 64마리가 확인되었다.

그리고 짧은꼬리원숭이는 이빨 모양과 크기 비교에서 큰원숭이(*M. robustus*)와 푸스카타 원숭이(*M. fuscata*)의 친연성을 가지고 있는 것으로 해석되어, 홍적세 가운데 따뜻한 시기에 우리나라에서 유전적으로 고립되었던 종으로 여겨진다(그림 1-6).

앞으로 구낭굴은 연차적으로 계획적인 발굴이 이루어져야 할 것이며, 그럼으

사진 1-16. 단양 금굴 전경

사진 1-17. 주먹도끼(금굴, 전기 구석기)

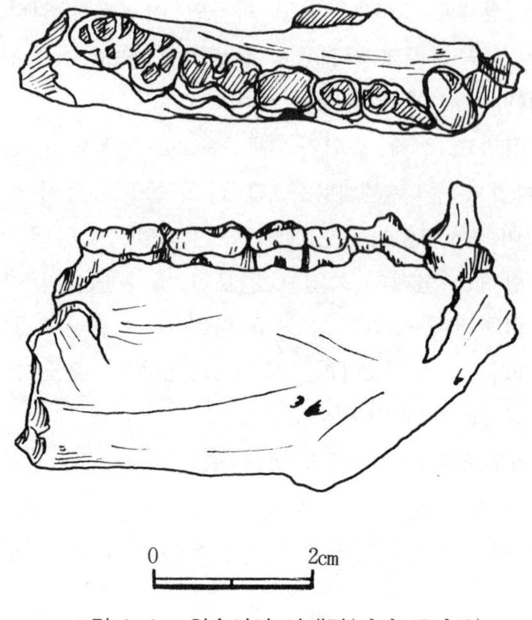

그림 1-6. 원숭이의 아래턱(단양 구낭굴)

로써 이 구낭굴이 학계에 차지하는 올바른 위치를 밝혀낼 수 있을 것이다.

> * 이융조·박선주·우종윤, 《단양 구낭굴 발굴보고(Ⅰ) ── 1986·1988년도 조사》(충북대
> 학교 박물관), 1991.

2. 한데유적

중부지역의 두 젖줄인 남한강과 금강의 상류는 물흐름이 완만하고 강굽이가
있어서 많은 구석기유적이 형성되어 있다. 또한 이 지역의 돌들이 석기제작에
좋은 돌감이어서, 훌륭한 유물을 우리에게 보여주고 있다.

1) 금강유역

(1) 공주 석장리유적

충남 공주군 장기면 장암리 석장부락의 금강 북안에 위치한 이 유적은 연세대

학교 박물관팀이 1964~1974년까지 10차, 한국선사문화연구소에서 1990~1992년
에 발굴하여, 지금까지 모두 12차에 걸쳐 조사되었다.

　우리나라의 구석기 연구사에 중요한 학사적인 위치를 차지하고 있는 이 유적
은 크게 2개 지구로 나누어지는데, 금강의 흐름으로 보아 하류 쪽이 Ⅰ지구 즉
서쪽에 있으며, Ⅱ지구는 Ⅰ지구에서 동쪽으로 130미터 떨어진 단구에 있다.

　Ⅰ지구는 Ⅱ지구보다 늦은 1967년부터 발굴되어, 후기 구석기시대의 집터(석장
리 Ⅰ지구 제1호 집터)가 확인되었다. 그리고 Ⅱ지구는 석장리를 맨 처음 발굴한
1964년부터 조사되어, 27개의 지층에서 전기·중기·후기 구석기의 12개 구석기
문화층이 있음을 확인하였다.

　손보기 교수는 지금까지의 연구로 각 층위에서 출토된 석기의 특징과 구성에
따라 문화층의 이름을 다음과 같이 붙이고 있다

번　호		문 화 층(이름)	시　기
문 화 층	지　층		
1	27	외날찍개	전기 구석기
2	21	주먹팽이·자르개	전기 구석기
3	19	양쪽찍개·긁개	전기 구석기
4	17	주먹도끼·자르개	전기 구석기
5	15	주먹도끼·양쪽찍개	전기 구석기
6	15a	우뚝잡이 긁개·자르개	전기 구석기
7	13	작은 격지석기	중기 구석기
8	12	찌르개·긁개	중기 구석기
9	10	자갈돌 찍개	중기 구석기
10	8	가파른 긁개·찌르개	후기 구석기
11	6	긁개·찌르개	후기 구석기
12	5	돌날 몸돌	후기 구석기

　구체적으로 제 1 문화층(27지층)에서 제 6 문화층까지를 전기 구석기로 보고 있
다.

　그 다음에 오는 7·8·9문화층은 중기 구석기문화층으로, 석기 제작수법이 발
달되었는데, 특히 제9문화층(자갈돌 찍개문화층)은 석장리유적의 발굴 계기를 만
든 층이어서 중요한 위치를 가지고 있다. 이 문화층의 석기 제작에는 르발루아
수법이 이용되었으며, 석기를 만들던 곳이 드러나, 제작수법의 발달에 관한 중

요한 자료를 알게 되었다.

여기에 이어지는 마지막 빙기에는 제10·11·12 문화층과 제 1 지구 새기개·밀개문화층의 집터가 발굴되었다. 이 집터는 불땐자리·기둥자리·문돌들이 발굴된 약 60㎡의 크기로, 8~10명이 약 28,000B.P.에 산 것으로 해석되고 있다 (사진 1-18, 그림 1-7).

이러한 석장리유적의 발굴조사는 우리 구석기학 연구에 개척적인 역할을 하여서, 우리 역사의 상한을 구석기시대로 올려놓는 결정적인 계기가 되게 하였다.

또한 토양의 물리·화학적인 변화를 규명하여서, 당시의 기후와 자연환경을 복원하고 구석기에 관계되는 낱말, 특히 석기와 제작수법에 관한 용어를 우리말로 찾아 사용함으로써, 구석기 고고학을 비롯한 고고학의 일반화에 크게 기여하였다.

앞으로 국가에서는 이 유적에 구석기기념관을 세울 계획을 하고 있어, 기대되는 바가 자못 크다고 하겠다.

> * 손보기, 〈층위를 이룬 석장리 구석기문화〉, 《역사학보》 35·36합집, 1967 ; 〈석장리의 자갈돌·찍개 문화층〉, 《한국사연구》 1, 1968 ; 〈석장리의 새기개·밀개문화층〉, 《한국사연구》 5, 1970 ; 〈석장리의 전기·중기 구석기문화층〉, 《한국사연구》 7, 1972 ; 〈석장리의 후기 구석기시대 집자리〉, 《한국사연구》 9, 1973ㄱ ; 〈구석기문화〉, 《한국사》 1(국사편찬위원회), 1973ㄴ.

(2) 청원 샘골유적

충북 청원군 문의면 문덕리 샘골부락에 있는 이 유적은 충북대학교 박물관팀이 대청댐 수몰지구 발굴의 일환으로 1978년에 조사한 후기 구석기유적이다.

출토된 석기는 전체 연모의 4분의 3이 부엌·조리용으로 분류되고, 석기의 사용 흔적이 약간 있었고, 유물출토의 층위가 얕은 것에서, 이곳에서는 오래 살지 않았던 것으로 해석된다.

이 유적에서 출토된 배 모양 석기는 석장리·수양개·곡천·대전·만달리유적 등에서 출토된 것들과 비교되어, 배 모양 석기 전파에 중요한 자료로 제시된다 (그림 1-8).

> * 이융조, 〈청원 샘골 구석기유적〉, 《대청댐 수몰지구 유적발굴보고서》(충북대학교 박물관), 1979.

사진 1-18. 석장리 주먹도끼(9문화층)와 집터 출토 모습

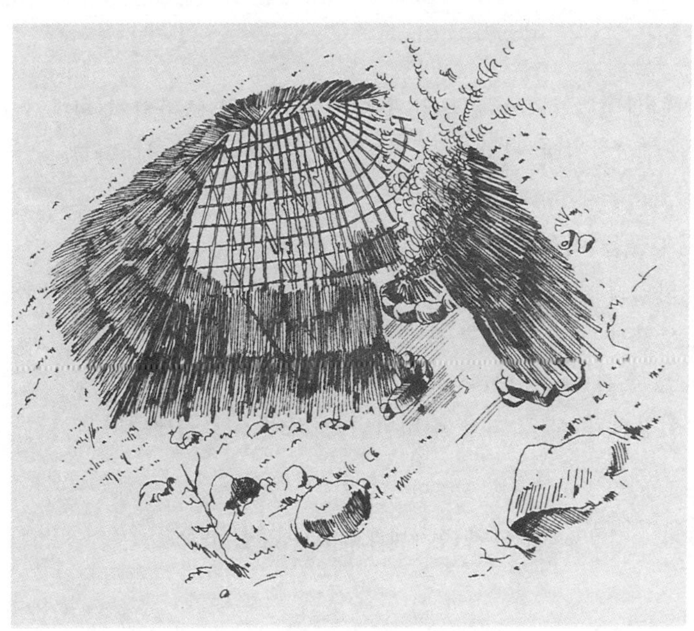

그림 1-7. 석장리 집터 복원도

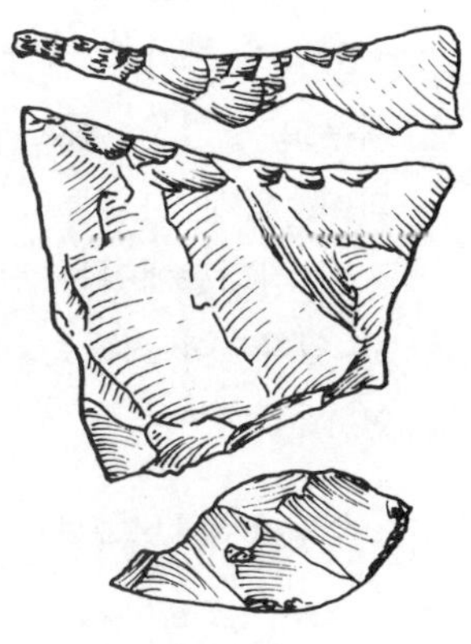

그림 1-8. 긁개(청원 샘골)

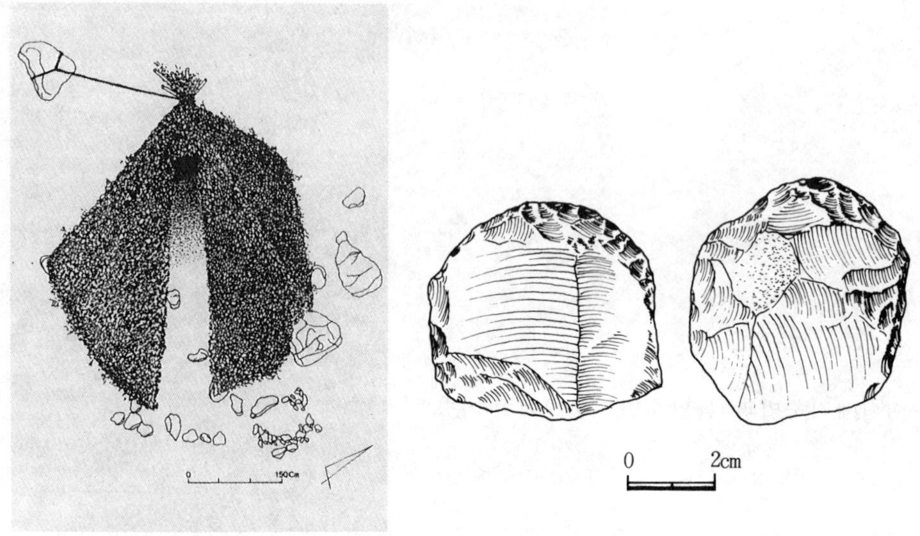

그림 1-9. 창내 막집(복원도)과 둥근 모양 긁개

2) 한강 유역

(1) 제천 창내유적

충북 제천군 한수면 사기리에 위치한 이 유적은 충주댐 수몰지구 조사의 일환으로, 1982~1983년에 후기 구석기시대 사람들이 세운 집터(막집)를 서원대학교 팀이 발굴하였다.

3~4명 크기의 집단이 당김돌을 이용해 약 10㎡의 사냥용 막집(hunting camp)을 세우고 출입문 바로 밖의 화덕에 불을 피우며, 복숭아씨를 따먹은 것으로 해석되어, 당시 사람들의 일상생활에 좀더 접근할 수 있게 되었다.

이 집터층에서는 전형적인 후기 구석기시대(Ⅱ층)의 둥근 밀개가 특징을 이루고 있다. 이 집터는 공주 석장리와 화순 대전 집터와의 비교연구가 기대된다(그림 1-9).

* 박희현, 〈제원 창내 후기 구석기문화의 연구〉(연세대학교 박사논문), 1989.

(2) 단양 수양개유적

충북 단양군 적성면 애곡리에 있는 수양개유적은 충주댐 수몰지역 문화유적

발굴조사로 1983~1985년까지 충북대학교팀이 발굴하였다. 4차에 걸쳐 발굴된 면적은 모두 1,250㎡로, 우리나라에서는 가장 넓게 발굴된 구석기유적이다(사진 1-19).

1985년까지의 발굴로 중기 구석기층(V층)~청동기문화층(Ⅱ층)이 층위로 있음이 밝혀졌다. 중기 구석기층에서는 넓게 발달된 자갈층 위에 모룻돌을 이용한 직접떼기로 만든 긁개·찌르개·주먹대패 등과 같은 다목적 석기가 출토되었다(사진 1-20).

후기 구석기문화층(Ⅳ층)은 찰흙층으로 수양개유적에서 가장 많은 유물이 발굴되었다. 석기의 재료로는 90% 이상이 세일(shale, 板岩) 모난돌이 이용되었고, 직접떼기수법과 돌날수법, 눌러떼기수법과 같은 간접떼기수법도 쓰이고 있다. 여기에 잔손질을 베풀어서 만든 세련되고 훌륭한 석기 가운데에는 다양한 형식의 주먹도끼와 전형적인 찍개도 있다.

특히 많은 수의 슴베찌르개는 일본 큐슈지방에서 출토되는 유물과 매우 흡사하다는 점과, 또 일정한 범위 안에서 집중적으로 출토된다는 사실이 주목된다.

가장 특징적인 유물인 좀돌날 몸돌들은 크게 3가지 형식으로 구분되는데, 연구결과로는 공주 석장리에서 영향을 받아 좀돌날 몸돌의 제작기술을 발달시켜, 한 줄기는 남쪽의 전남 승주 곡천, 화순 대전에서 일본 큐슈로, 또 한 줄기는 북쪽의 평양 만달리를 거쳐 웅기 굴포리→우스티노브카→(사할린)→ 일본 홋카이도로의 전파에 큰 영향을 준 것으로 생각된다(사진 1-21).

이러한 연모 이외에 많은 격지·돌망치·모룻돌 등이 그대로 50군데 이상의 석기제작소에서 발굴되어 제작행위의 복원에 결정적인 자료가 되고 있다(사진 1-22).

또한 당시 사람들의 사냥대상물에 관한 풍요기원이나 잘 잡히기를 바라는 기원과 주술예술(magic art)의 표현으로 보이는 첫소[原牛]의 정강이뼈에 새긴 '물고기모양' 예술품(8.2×3.5cm)이 발굴되었다.

3년에 걸쳐 발굴된 면적 이외에도 유물이 출토되는 범위는 20배 이상의 지역에 펼쳐져 있음이 확인된 수양개유적은 유물의 종류, 제작수법 및 유물 수에서 국내 최대일 뿐만 아니라, 세계적인 구석기유적지로서 우리나라 선사유적의 교육장으로 활용할 가치가 크기 때문에, 앞으로 더 많은 조사가 이루어져야 할 것이다.

사진 1-19. 수양개유적 전경과 석기제작소

사진 1-20. 수양개 주먹도끼

사진 1-21. 수양개 좀돌날 몸돌·밀개·슴베찌르개

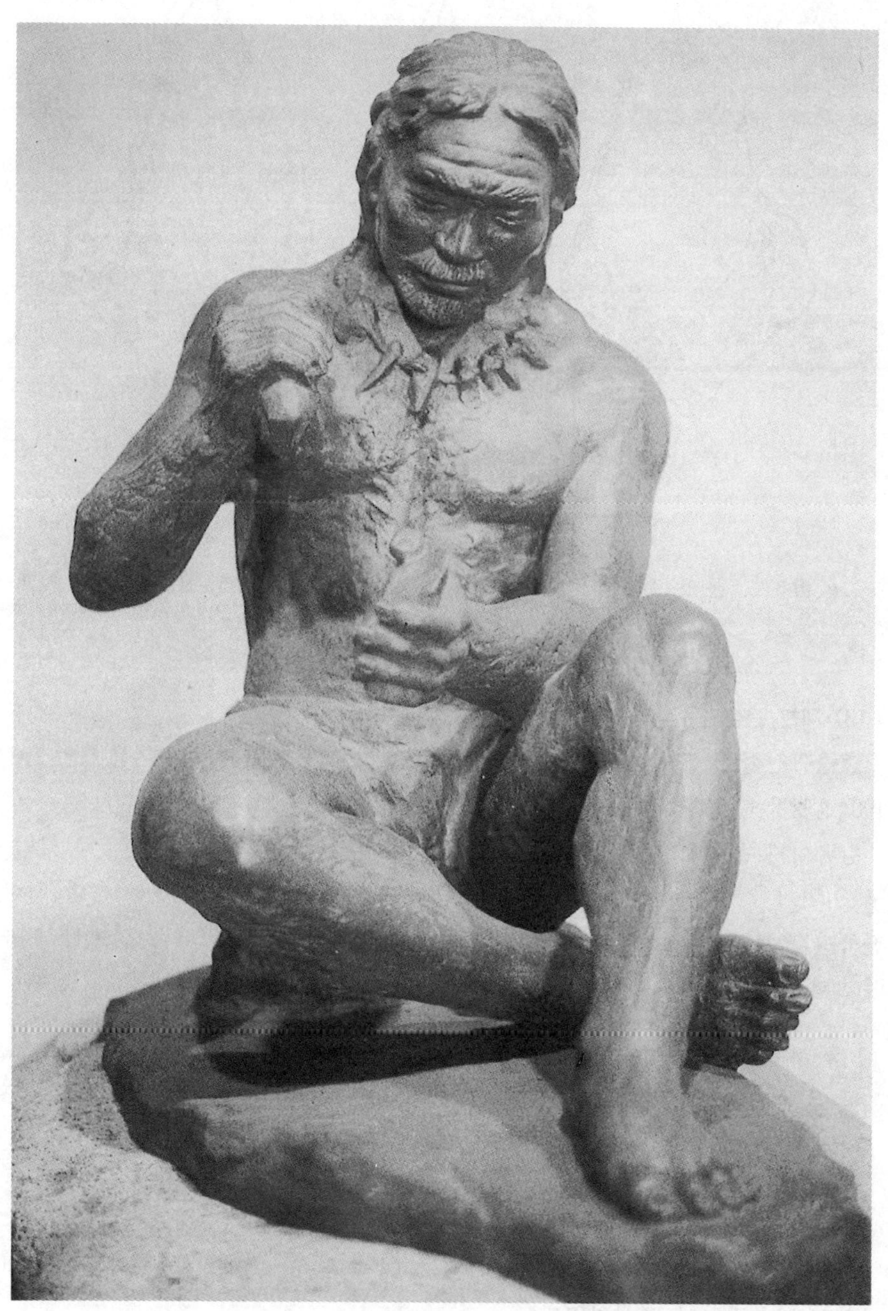

사진 1-22. 수양개 주먹도끼 만드는 사람(복원)

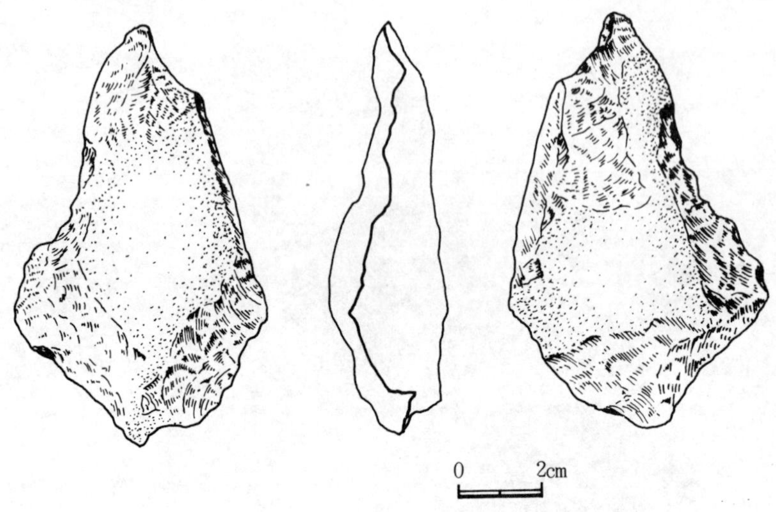

그림 1-10. 주먹도끼(큰길가 유적)

    ＊ 이융조, 〈단양 수양개 구석기유적 발굴조사보고〉, 《충주댐연장》(충북대학교 박물관),
    1985.

(3) 제천 큰길가유적

충주댐건설로 조사된 충북 제천군 한수면 명오리에 있는 큰길가유적은 1983~
1984년 2차에 걸쳐 건국대학교팀이 발굴하였다.

강굽이가 옮겨지면서 강의 흐름으로 유적이 깎인 큰길가유적은 남아 있는 유
구 범위가 적기는 하여도, 중부지역 구석기문화의 대표적 유적 가운데 하나인
전곡리 출토 주먹도끼와 연결되는 문화의 성격을 가지고 있다는 점에서 주목된
다(그림 1-10).

    ＊ 최무장, 〈제원 명오리 B지구 유적발굴조사보고〉, 《충주댐 수몰지구 문화유적 발굴조
    사 종합보고서 ── 고고·고분분야(Ⅱ)》(충북대학교 박물관. 이하 〈충주댐(Ⅱ)〉로 줄임),
    1984.

(4) 양평 병산리유적

경기도 양평군 강상면 병산 4리에 있는 이 유적은 1992년 4월부터 5월에 단국
대학교 박물관팀이 조사하였다.

문화층은 크게 3개로 나누어볼 수 있는데, 출토된 석기와 지층을 중심으로 보

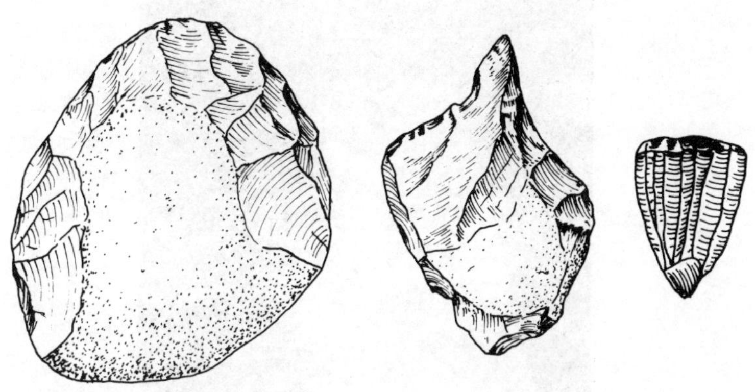

그림 1-11. 찍개, 찌르개, 좀돌날 몸돌(상무룡리)

먼, 중기 구석기(3문화층)시대부터 후기 구석기(2문화층), 후기 구석기 말기(중석기 1문화층)까지 이어 있음을 보고하고 있다.

석기의 재질은 주로 규암과 석영이었는데, 새기개, 격지(1문화층), 찍개, 둥근날 몸돌 석기, 자갈돌 망치, 격지(2문화층), 격지·망치(3문화층 중기)가 출토되었다.

    ＊ 윤내현·한창균 엮음, 《양평 병산리유적》(단국대학교 중앙박물관), 1992.

(5) 양구 상무룡리유적

평화의 댐 건설에 따른 화천댐 수몰지역 안 문화유적 발굴조사의 일환으로, 1987~1988년까지 3차에 걸쳐 강원대·경희대팀에 의해 발굴되었다.

강원도 양구군 양구읍 상무룡리에 있는 이 유적은 층위가 4개로 구분되는데, 문화층은 Ⅲ층(후기 구석기문화층)과 Ⅳ층(중기 구석기문화층)에 있다.

후기 구석기문화층에서는 잘 만든 밀개·긁개 등의 연모와, 단양 수양개 Ⅱ형식과 비교되는 좀돌날 몸돌이 출토되어 주목된다. 중기 구석기문화층에서는 주먹도끼·찍개·사냥돌 등 큰 석기류가 출토되었다(그림 1-11).

이 유적에서는 석기 제작용 석기들과 부스러기 등이 다량으로 흩어져 여러 곳에서 출토되어, 당시 사람들이 이곳에서 오랫동안 생활하였음을 알려준다.

보고자는 이 유적에서 출토된 흑요석에 대한 엑스선 형광분석을 하여 백두산계로 밝히고 있으며, 아울러 흑요석의 유통경로를 진부령으로 보고 있다.

사진 1-23. 찌르개(일산 가와지)

* 강원대학교 박물관, 《상무룡리》, 1989.

(6) 일산 가와지유적

일산 가와지 구석기유적은 경기도 고양군 송포면 대화 4리에 있는 한데유적으로, 일산 신도시 건설에 따른 문화유적 조사의 일환으로 한국선사문화연구소 주관으로 충북대학교팀이 조사하였다.

가와지유적은 절대연대측정이 이루어지지 아니하였으나, Ⅲ지층은 지층관계와 출토유물의 성격상 후기 구석기의 늦은 시기로, Ⅱ지층은 중기 구석기시대로 생각된다. 후기 구석기문화층은 아주 추운 기후 상태에서 생성된 것으로 보이는 토양쐐기(soil-wedge) 바로 위에서 석기는 밀개·긁개·찌르개·돌날 등이 발굴되었다(사진 1-23).

한강 하류에서 처음 조사된 가와지유적은 이 지역의 구석기 연구에 첫 디딤돌이 된 만큼, 앞으로 한강 유역의 구석기문화에 대한 학계의 좀더 큰 관심이 요망된다.

  * 이융조·박선주·강상준·박원규·하문식·윤용현, 〈일산 2지역 고고학조사〉, 《일산 새도시 개발지역 학술조사보고(1)》(한국선사문화연구소·경기도), 1992.

3) 한탄강유역

(1) 연천 전곡리유적

전곡리유적은 경기도 연천군 전곡리의 한탄강 언저리에 넓게 위치하고 있다. 이 유적은 주한미군병사인 보웬(G. Bowen)의 제보로 김원용 교수팀이(1978), 발굴은 1979~1983년까지 연합발굴(서울대학교·영남대학교·경희대학교·건국대학교)로 이루어졌고, 그후 문화재연구소가 1986·1991년 2차에 걸쳐 조사를 실시하였나. 이 유석은 아주 방대하고 훌륭한 석기들이 출토되어, 우리나라는 물론 아시아 구석기 학자들에게 큰 관심을 가지게 하고 있다.

이 유적에서 출토되고 있는 아슐리안계 주먹도끼는 북부 아프리카의 상고안(Sangoan)유물과 비교되고 있으며, 제작기법이 매우 독특하여 '전곡리문화'로 주장되고 있다. 그런데 보고자들은 유적의 퇴적 원인, 당시의 기후, 문화층의 문화내용에 대한 연구를 발표하면서, 유적의 연대에 대해서는 전기·중기·후기 구석기시대로 각기 다르게 보고 있다(사진 1-24).

앞으로 체계적인 연구조사가 실시되어서, 전곡리유적이 차지하는 문화사적 위치를 올바르게 세워야 할 것이다.

  * 문화재관리국 문화재연구소, 《전곡리》, 1983.

(2) 연천 남계리유적

경기도 연천군 군남면 남계리에 있는 이 유적은 건국대학교팀이 1989·1992년의 2차에 걸쳐 조사하였다. 문화층은 전기와 후기 구석기문화층의 2개로 가름되는데, 특히 후기 구석기문화층에서는 찍개·긁개를 비롯한 부리형 밀개가 출토되었다.

  * 최무장, 《연천 남계리 구석기유적 발굴조사보고서》(문화재연구소), 1991.

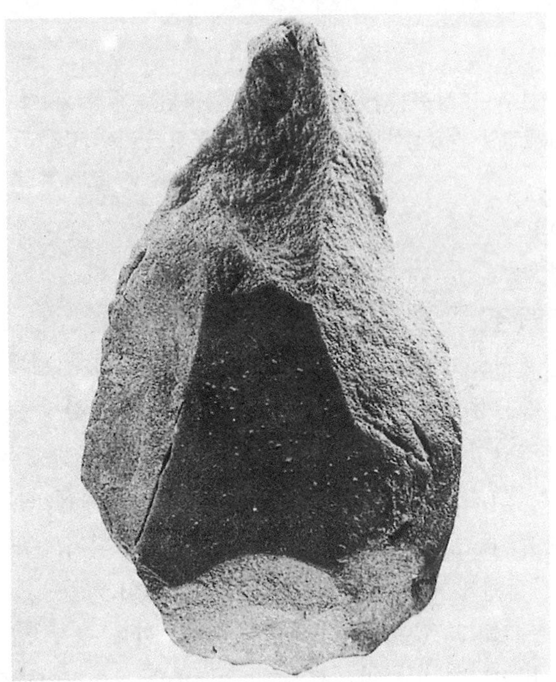

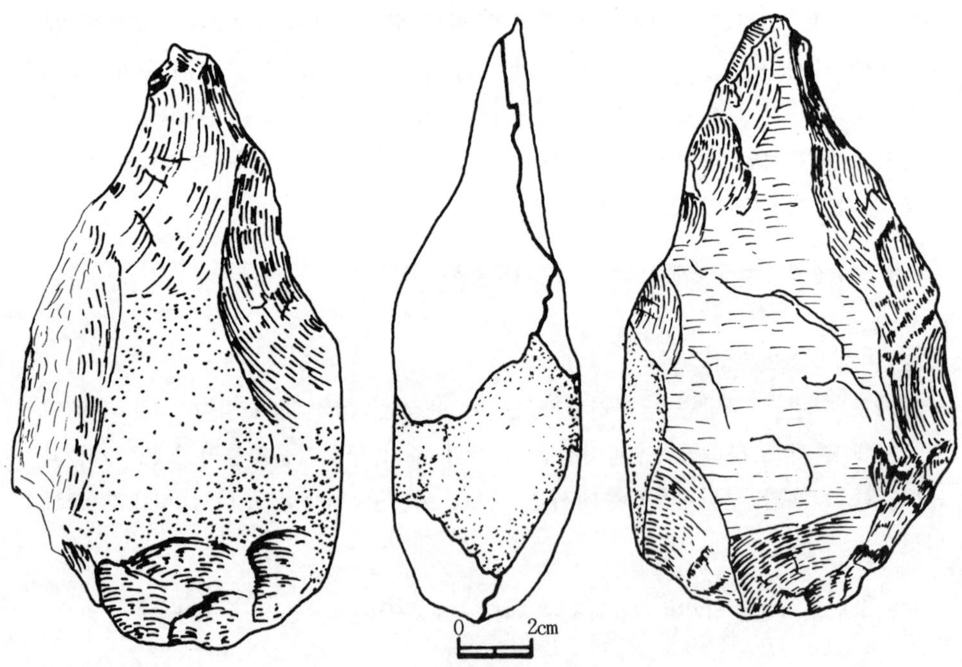

사진 1-24. 주먹도끼와 그림(전곡리)

4) 임진강유역

(1) 파주 금파리유적

경기도 파주군 파평면 금파리에 있는 이 유적은 문화재연구소에서 1989~1991년 사이에 발굴하였다. 출토된 주먹도끼·긁개 등의 석기 유형과 제작기법이 전곡리유적과 비교되며, 앞으로의 연구에 기대되는 바 크다.

5) 기　　타

(1) 광주 궁평리유적

경기도 광주군 도척면 궁평리에 있는 이 유적은 중부고속도로 문화유적 조사로 연세대학교팀이 1986년에 조사하였다.

발굴된 후기 구석기시대 유물은 찍개·찌르개·긁개 등이 있으며, 중부고속도로 유물기념관에 전시되고 있다.

＊ 손보기, 〈광주 궁평리유적 발굴조사보고〉, 《중부고속도로 문화유적 조사보고서》(충북
　대학교 박물관), 1986.

(2) 화성 대야미리유적

경기도 화성군 반월면 대야미리에 위치하는 이 유적은 신갈·반월 사이 고속도로 문화유적 조사로 1988년에 충북대학교팀이 발굴하였다.

긁개·밀개 등의 후기 구석기시대 유물이 발굴되었으며, 입부리형 새기개가 출토되어 주목된다. 석기날의 사용 정도로 보아 조금 쓰인 흔적이 관찰되며, 문화층의 두께와 연관지어볼 때 잠깐 살다간 것으로 짐작된다.

＊ 이융조·우종윤·윤용현, 〈화성 대야미리유적 발굴조사보고〉, 《판교~구리·신갈~반
　월간 고속도로 문화유적 발굴조사보고》(충북대학교 박물관), 1988.

Ⅳ. 연구의 방향과 과제

1. 연구의 방향

　동관진유적이 조사보고된 다음 구석기에 대한 조사나 연구는 별다른 진전이 없다가, 웅기 굴포리유적(1963)과 공주 석장리유적(1964)이 각각 발굴조사되어, 우리나라의 구석기 연구는 새로운 장을 맞게 되었다.

　광복 이후 우리 손에 의해 자생적으로 시작한 구석기유적에 대한 조사와 연구는 많은 성과를 얻게 되었다. 여기에서는 지금까지의 구석기에 관한 조사와 연구과정을 검토하여, 앞으로 우리 구석기 학계의 연구과제를 제시하고자 한다.

1) 자연환경 연구

　구석기 연구에서 당시의 자연환경인 고환경(palaeo-environment)을 살펴보는 것은 다른 연구분야에 못지 않게 상당히 중요한 위치를 차지하고 있다.

　자연환경의 연구는 크게 식물학·지질학·고동물학적 자료로 나누어볼 수 있다. 당시의 식생관계를 알 수 있는 식물학적 자료에는 꽃가루 분석과 유적에서 출토된 숯·열매의 분석이 있다.

　우리나라의 구석기 연구에서 꽃가루 분석 연구는 화대 장덕리유적에서 맨 처음 실시된(1962) 이후, 오늘에 이르기까지 많은 구석기유적에서 실시되었다. 이제는 이러한 꽃가루 분석이 홍적세의 자연환경을 이해하고 복원하는 데 중심적인 자리를 차지하고 있다.

　또한 발굴된 숯의 조직을 검사하여, 당시의 기후상태와 식생대를 복원하는 자료를 얻을 수 있는 연구방법이 몇몇 유적에서 실시되었다. 지금까지 숯을 가지고 분석하여, 수종(樹種)과 나무의 성장상태가 밝혀진 유적은 석장리, 점말 용굴, 두루봉, 수양개, 창내, 승주 곡천, 화순 대전 등이 있다. 특히 두루봉과 수양개의 유적에서는 출토된 숯을 통하여 수종 확인과 함께, 나이테의 너비를 비교 분석하고, 나무조직에 나타난 특징을 관찰하여 당시 자연환경의 연구와 해석을 시도하였다. 또한 점말 용굴은 나뭇잎과 씨앗 등을 통하여 당시의 식생을 복원하는 데 좀더 접근해볼 수 있는 자료로 이용되고 있다.

2) 절대연대 측정

구석기유적에서 발굴조사된 자료를 가지고 유적이 형성된 시기를 결정하는 과정에는 과학적인 연구방법의 하나인 절대연대 측정(absolute dating)이 쓰인다.

우리나라의 구석기유적에서 출토된 자료를 매체로 하여 실시된 절대연대 측정방법은 방사성탄소(^{14}C) 연대측정법을 비롯하여, 우라늄계열(U/Th/Pa) 원소연대측정법, 열형광측정법(TLD), 칼륨·아르곤(K/Ar) 연대측정법, 전자회전반응(ESR) 연대측정법, 감마분광측정법(spectrometry-γ)이 있다.

지금까지 우리나라에서 여러 구석기유적이 발굴조사되었지만, 절대연대 측정을 한 유적은 몇 곳이 되지 않는 실정이다. 이것이 유적의 형성에 관한 해석과 그 당시 사람들의 문화배경을 이해하는 데에 큰 어려움을 가지게 하는 것이 사실이다.

3) 과학적 방법

구석기문화를 이해하기 위한 연구수단과 방법으로 이용된 과학적인 방법의 응용에는 여러 가지가 있는데, 여기에서는 우리나라의 구석기 연구에서 활용된 흑요석의 성분분석과 뼈연모와 석기의 쓰임에 대한 전자주사현미경(scanning electronic microscope, SEM), 찰흙질 광물분석을 살펴보고자 한다.

구석기유적에서 흑요석이 출토된 곳으로는 석장리를 비롯하여, 수양개, 장내, 전곡리, 상무룡리, 연천 신답리, 대전, 만달리동굴 등 여러 곳이 있다.

흑요석은 화산활동이 있었던 곳이 원산지로 밝혀지고, 그 자체가 지니는 희소성이 많으며, 또한 석기를 제작하는 데 날카로운 날이 만들어지는 암석상의 특성을 가지고 있기 때문에 중요한 역할을 하였던 것 같다.

이것을 통하여 선사시대의 교역관계나 문화의 전파와 이동에 관한 사실을 이해하는 데 큰 도움이 된다. 뿐만 아니라 흑요석 표면에서 물을 빨아들여 막을 이루는 수화(hydration)현상에 의하여 생긴 녹(patina)의 두께를 가지고, 절대연대측정에도 이용되고 있다.

구석기유적에서 출토된 흑요석의 성분분석은 중성자를 거쳐서 방사화하여 나타나는 중성자방사화법(neutron activation analysis)으로 하여, 흑요석 안에 들어 있는 적은 양의 바륨(Ba), 사마륨(Sm), 지르코늄(Zr), 팔라듐(Pd)을 조사하였고, 팔라듐이 들어 있는 경우가 드물어서 앞의 3가지 원소가 주로 조사되었다.

구석기시대의 사람들이 살림을 꾸리면서 사용한 연모에 대해서는 그동안 많은 연구가 있었다. 그러나 연모의 쓰임새에 대해서는 여러 가지의 논란이 있었고, 특히 뼈연모의 분류는 깨진 모양과 잔손질의 규칙성 등 제작수법으로만 연구되어왔기에 찬반의 논쟁이 있었다.

이러한 연구방법의 한계를 극복하고자 두루봉유적에서 전자주사현미경으로 뼈연모에 대한 쓰임새를 분석한 이래로, 상시 바위그늘, 점말 용굴유적에서는 뼈연모가, 수양개·전곡리유적에서는 석기가 분석되었다.

전자주사현미경의 관찰에서 나타나는 연모의 쓰임새 흔적으로는 윤(polish), 줄자국(striation), 이빠짐(edge-damage), 패임(battered), 그리고 으스러짐(cracked) 등이 있다.

구석기 연모에 대한 전자주사현미경 관찰은 구석기시대 사람들의 살림살이, 특히 연모의 재질·쓰임 등 경제적 인류학적 측면을 살펴볼 수 있어, 앞으로 연구가 좀더 진행되어야 하겠다.

구석기에 대한 발굴과 연구가 폭넓게 이루어지면서, 구석기시대의 지층에 대한 조사가 더욱 과학적으로 이루어지고 있다. 이 분야에 대한 연구는 유기질(organic material) 분석을 하여, 구석기시대 사람들이 남긴 문화행위의 과정을 설명하고, 찰흙질 광물(clay minerals)의 구성성분을 분석하여 지층이 만들어졌던 당시의 환경인 고기후를 살펴보는 시도로, 두루봉유적에서 하였다.

암석이 물리·화학적인 풍화작용을 받아 만들어진 찰흙질 광물은 풍화된 조건에 따라서 광물의 종류와 양이 다르므로, 토양의 색깔·구조에 의하여 당시의 기후조건을 해석해볼 수 있다. 이러한 해석의 방법에는 엑스선 분석이 실시되어야 하는데, 점말 용굴, 전곡리, 상무룡리, 화순 대전 등의 유적이 조사되었다.

이밖에 전곡리유적에서는 유적에 대한 지질조사의 일환으로, 유적에 발달한 찰흙층과 기반 현무암의 기원을 밝히기 위하여 암질의 구성성분을 분석하기도 하였다.

4) 인구고고학 연구

구석기에 대한 연구의 경향과 목적은 고고학의 최종 목표인 당시 사회의 복원에 있다고 하겠다. 이렇게 하기 위해서는 구석기시대의 사회와 사람들의 살림살이에 대하여 좀더 구체적인 사실을 밝혀낼 수 있어야 한다.

선사고고학에서 당시의 사회구성문제에 대한 접근의 한 방법으로 인구고고학(demographic archaeology)의 연구방법이 있다.

우리나라의 구석기유적에서는 두루봉과 상시 바위그늘유적에서 이 연구가 이루어져, 당시 사회에 대한 하나의 모형을 제시하기도 하였다. 이러한 연구결과에서는 환경의 복원과 짐승이 사냥된 계절을 통하여, 구석기시대 사람들이 살았던 시기와 기간의 문제를 총체적으로 복원해볼 수 있다.

5) 사람뼈 연구

구석기의 조사와 연구에서 당시 문화의 주체인 사람을 찾아내는 일은 다른 어떤 분야보다 중요한 일이다.

우리나라의 구석기유적에서 사람뼈가 출토된 유적은 덕천 승리산, 력포 대현동, 만달동굴, 용곡동굴, 용굴, 상시 바위그늘, 금굴, 두루봉 흥수굴, 구낭굴 등이 있다.

이들 유적에서 출토된 사람뼈의 연구과정에서 주목되는 점은, 북한학계에서는 유물사관의 입장으로 인류의 진화와 발전단계를 설정하여서 단계에 맞게 설명하고 있는데, 옛사람과 오늘날 사람과의 관계를 일원적인 입장에서 보려고 하는 점이다.

6) 동물화석 연구

홍적세에 살았던 짐승에 대한 연구는 당시의 자연환경을 밝히는 데 중요하며, 구석기문화를 이해하는 실마리가 되기도 한다.

우리나라에서 구석기시대 동물화석에 대한 연구는 비교적 이른 시기인 종성 동관진(연대봉·상삼봉)유적에서부터이다.

동관진유적에서 출토된 동물화석이 홍적세의 유물로 주장된 다음(1935), 석회암 지대의 많은 동굴유적에서는 거의 짐승뼈가 출토되었다. 석회암 동굴의 토양은 알칼리성이므로 뼈가 잘 보존될 수 있으며, 지질 구성은 평양 중심의 상원계나, 중부지방 옥천계 계통의 석회암이 발달된 곳에 밀집되어 있다.

이러한 동물화석에 대한 연구경향은 주로 종의 분류와 이에 따른 사멸종의 구분이 있어온 실정이며, 이렇게 분류된 사멸종은 동물화석을 통한 다른 유적과의 상대연대 측정에 비교되는 자료로 이용되고 있다.

최근에는 짐승이 죽은 다음에 여러 가지 환경조건에 따라 뼈에 일어나는 변화를 연구하는 분야인 화석환경학(taphonomy)의 연구방법론이 소개되기도 하였다.

이 연구방법은 발굴조사된 뼈를 통하여 그 유물이 어떻게 하여 유적에 있는지를 밝혀내는 것으로, 지질이나 기후에 의한 자연적인 변화, 나무뿌리나 다른 짐승에 의한 생물적인 변화, 그리고 사람에 의한 변화 등에 따라서 해석하는 방법이다.

2. 과　　제

지금까지 발표된 연구업적을 중심으로 몇 가지 주제별로 살펴보아, 우리 구석기 연구의 경향과 연구현황을 진단해보았는데, 여기서는 앞으로 해야 할 과제에 대해 살펴보기로 하겠다.

우리의 구석기시대 문화는 전기에서 후기까지 전시기에 걸쳐 나타나고 있으며, 또한 우리나라 전지역에 펼쳐 있을 가능성도 기대하게 되었다. 그것은 주암댐 수몰지역 조사로 확인한 결과, 보성강을 중심으로 한 여러 곳에서 새로이 구석기유적과 문화가 있음이 확인된 사실로서도 알 수 있다.

1974년에 개편된 중·고등학교 국정교과서의 《국사》 책에 처음으로 구석기문화와 시대가 게재되었을 때에 그 상한연대를 3만년으로 하였고, 다시 4년 후의 개편 때에는 무려 30만년으로 고쳐졌다. 이 사실이 바로 15년도 안된 우리의 구석기학 연구 현실이었던 것을 상기한다면, 부정의 논리 위에서 출발된 구석기학의 위상이 좀더 과학적인 바탕에서 장을 펼쳐야 할 것이다.

그렇게 하기 위해서는 제 4 기 학자들과의 공동연구를 확대하여야 할 것이다. 최근에 있었던 일련의 조사와 보고서에 이들 학자들이 공동으로 참여한 것이 남북한의 연구결과에서 밝혀지고 있음은 다행한 일로 생각된다.

다음에는 과학적 이론의 수용자세이다. 절대연대를 세우는 방법의 이용문제나, 당시 인간의 행위를 밝힐 수 있는 해석방법이 세워져, 당시 사회의 복원에 기준을 마련할 수 있도록 하여야 할 것이다.

1992년에 전남 승주 우산리 고인돌공원에 세워진 화순 대전의 후기 구석기시대 집터의 복원은, 그러한 점에서 서울 암사동에 복원된 신석기시대 집터와 좋은 비교가 될 수 있을 것이다.

그리고 전문인력을 양성하는 데 많은 노력을 기울여야 할 것이다. 현재도 그 수준을 넘지 못한 것이 사실인데, 대학 학부와 대학원 과정에서 '고고학' 한 강좌만을 듣고, 고고학 특히 선사고고학 전문가를 키웠다고 자부하는 시대는 1960년대로 끝나야 할 것이다.

다행히도 오늘날 몇몇 대학에서 고고학 특히 선사고고학을 집중적으로 교육시킬 수 있는 과정을 가지고 있음은 희망적인 일로 보아야 할 것이다.

아울러 남북한 문화유산의 비교전시, 상호방문, 공동학술발표회 개최 등을 통하여 문화와 민족의 동질성 회복에 노력하도록 해야 한다.

주

1) 김교경, 〈덕천 승리산유적의 연대에 대하여〉,《고고민속론문집》7, 1979;손보기, 〈단양 도담리 금굴유적 발굴조사보고〉,《충주댐 수몰지구 문화유적 연장발굴조사보고서》(충북대학교 박물관. 이하《충주댐연장보고서》로 줄임), 1985;이융조, 〈한국 구석기시대의 동물상〉,《한국고고학보》19, 1986.

2) 손보기, 위의 글.

3) 손보기·한창균, 〈점말 용굴유적〉,《박물관기요》5(단국대학교 박물관), 1989.

4) 이융조, 〈한국 구석기유적과 식물상의 분석연구〉,《동양학사》54·55·56합집, 1987.

5) 손보기, 〈점말 용굴 발굴〉,《점말 용굴 발굴보고》(연세대학교 박물관), 1980.

6) 이융조, 〈청원 두루봉 새굴·처녀굴의 자연환경연구 —— 식물상의 자료를 중심으로〉,《손보기박사 정년기념 고고·인류학논집》, 지식산업사 , 1988.

7) 박선주, 〈현생인류 기원에 관한 연구〉,《박물관기요》5(단국대학교 박물관), 1991.

8) 위와 같음

9) 위와 같음

10) Howell, F. C., "The Evolutionary significance of varieties of 'Neanderthal' man", *Quarteranry Review of Biology 32*, pp.330~347.

11) 손보기, 《점말 용굴 발굴보고》(연세대학교 박물관), 1980;《상시 1그늘 옛 살림터》(연세대학
    교 선사연구실) 1984;이융조, 《한국의 구석기문화(Ⅱ)》, 탐구당, 1984.
12) Solecki, R. S., *Shanidar — The first flower people*, Alfred A. Knopf, New York, 1971.
13) 이융조·박선주, 《청원 두루봉흥수굴 발굴조사보고서》(충북대학교 박물관), 1991.

제 2 장 중석기문화

I. 중석기시대의 개관

인류가 살아온 오랫동안의 역사와 발자취를 연구하기 위하여, 고고학자들은 그들이 만들어 쓰던 연모를 재료·형태·특징 등을 기준으로 하여, 시대·시기를 나누어 문화를 체계 있게 정리하고자 하였다.

덴마크의 톰센(C. J. Thomsen)이 인류가 쓴 연모를 재질에 따라 석기·청동기·철기시대의 3시기 구분법으로 주장한(1836) 이후, 영국의 러복(Sir J. Lubbock)은 석기시대를 기술상으로 구분하여, 구석기·신석기로 나누는 4시기 구분법을 제창하게 된다(1865). 그런데 구석기시대와 신석기시대의 돌연모로도 볼 수 없는 작은 잔석기[細石器, microlithic]들이 프랑스의 유적에서 발견되기 시작하자, 웨스트롭(H. M. Westropp)은 이 잔석기를 사용하던 시기를 중석기로 분류할 것을 제안하기에 이른다(1865).

그뒤 모르간(J. de Morgan)이 그의 저서 《원시문화》에서 '중석기시대'(Mesolithic ; Middle Stone Age)의 개념을 사용한 후로 세계의 여러 나라에서 이 용어를 사용하게 되었다.

이 시대는 지금부터 약 1만 2천년 전 마지막 빙기가 물러나고 새로운 후빙기가 시작될 무렵부터 약 8천년경을 전후하여 전세계적으로 기후가 따뜻해질 때까지를 포함한다. 이렇게 바뀌어진 자연환경에 맞게 중석기시대 사람들은 잔석기를 이용한 작살·창·활과 같은 연모를 만들고, 짐승을 가축화하여 발달된 사냥기술을 터득하거나 물건을 나르는 데 이용하기도 하였다.

　중석기시대의 대표적 유물인 잔석기는 여러 가지 형태(세모꼴·사다리꼴·둥근꼴)를 가지는 약 3cm 미만의 작은 석기로, 하나 하나로서의 기능보다는 여러 개가 합쳐져서 기능을 발휘하게 되는 조합식 도구이다.

　지금까지 우리나라에서는 후기 구석기 위층이나 신석기문화의 아래층에서 중석기문화의 존재가 있다고 주장되어왔으며, 점차 중석기문화층이 여러 곳에서 발굴되어 중석기문화의 실상이 좀더 구체적으로 밝혀지게 되었다.

Ⅱ. 자연환경

　중석기시대는 시기적으로 마지막 빙기(뷔름빙기)가 끝나는 시점인 약 1만 2천년 전부터 신석기가 시작되는 약 8천년 전까지로, 추위가 물러가고 좀더 따뜻한 기후가 다가오는 시기여서, 이때에 자연환경은 많은 변화를 겪게 된다.

　홍적세의 약 200만년 동안 지구상에 도래한 여러 차례의 빙기에서 마지막인 뷔름빙기는 약 72,000B.P.에서 시작되어 약 35,000B.P.를 정점으로, 굴곡은 있었으나 그후부터는 서서히 기온이 상승하여, 약 12,000B.P. 정도에는 빙기가 끝나면서 후빙기가 시작된다.

　북극을 중심으로 캐나다와 알래스카·아시아·유럽의 북부를 휘덮고 있던 대륙의 두터운 빙하는 북극으로 물러나기 시작하고, 빙하가 물러간 광범위한 지역에는 새로운 툰드라(Tundra)지대가 형성되었으며, 그때까지 툰드라지대였던 곳에는 남방계의 나무와 풀이 자라기 시작하여 숲을 이루게 된다.

　거대한 빙하가 따뜻한 기후로 녹아내리게 되자, 최하 140m까지 내려갔던 바닷물이 현재의 해수면보다 높아져 지형상의 큰 변화가 일어났다.

　북유럽의 영국은 대륙으로부터 완전히 분리되어 그 사이에 도버(Dover)해협이 생기고, 우리나라의 동남쪽 지역과 대마도를 거쳐 일본의 큐슈에 있었던 육지가 물에 잠기면서 대한해협이 나타났다. 또한 황해 일대의 낮은 곳에 바닷물이 상승하여 넓은 바다로 되면서, 중국의 산동반도와 우리나라의 황해반도 사이에 연결되었던 육교도 잠기게 되었다.

　우리나라의 지형이 오늘날의 형태로 된 것은, 이러한 자연환경의 변화에서 비롯되었으며, 서해안과 남해안 일대에 나타난 많은 섬들도 이때부터 육지와 분리되었는데, 1만년 전을 앞뒤로 해서 나타나는 현상이었다.

후기 구석기시대의 말기부터 중석기시대를 거쳐 신석기시대와 그 이후 시기의 해수면의 변화를 보면, 후기 구석기시대의 말기인 20,000~15,000B.P.에는 해수면이 현재보다 100m 이상 내려갔다가 서서히 상승하였다. 중석기시대 초기인 12,000~10,000B.P.에는 40m 이하에서 머물다가 그후부터 점차 상승하기 시작하여, 중석기시대 말기와 신석기시대 초기인 7,500~4,000B.P.까지의 아틀란틱(Atlantic)기에는 해수면이 범세계적으로 높아짐에 따라, 해안선이 현재보다 내륙쪽으로 들어와 있었던 것으로 밝혀지고 있다.

그래서 12,000~8,000B.P.경에 해안가에 자리잡고 있었던 중석기시대 유적은 대부분이 바다 속에 잠겨버렸을 가능성이 많아서 중석기유적이 적은 이유로도 설명될 수 있을 것이다.

＊ 최복규, 〈중석기문화〉,《한국사론》12(국사편찬위원회 편), 1983.

Ⅲ. 중부지역의 중석기유적

우리나라의 중석기에 해당하는 유적은 중부지역에 위치한 공주 석장리, 단양 금굴과 가장 대표적 중석기유적인 홍천 하화계리가 있으며, 남부지방에는 통영 상노대도, 승주 곡천, 화순 대전을 들 수 있을 정도이다.

그 가운데 중부지역에 있는 석장리·금굴·하화계리유적의 특징을 살펴보기로 하자.

1. 공주 석장리유적

중석기시대의 유적 가운데 가장 먼저 그 가능성을 제시한 석장리유적의 후기 구석기문화층 바로 위에 퇴적되어 있는 충적세 지층(3지층)에서 수정으로 만든

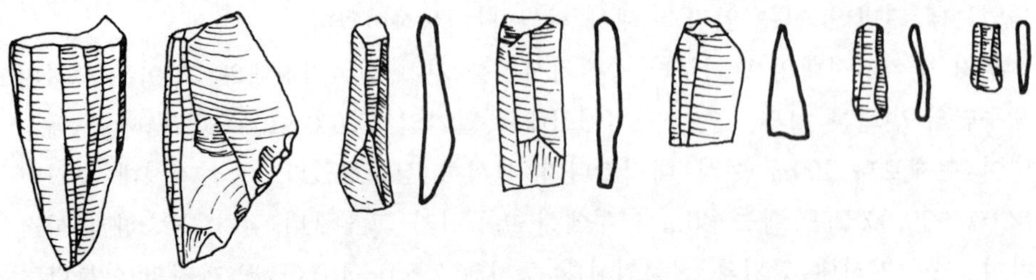

그림 2-1. 좀돌날 몸돌과 좀돌날(석장리 중석기문화층)

잔석기류와 좀돌날 몸돌석기 등이 출토되고 있다(그림 2-1).

특히 이 지층에서는 기후변화를 나타내주는 망간끼임현상이 뚜렷이 보여, 이 유물들이 중석기문화층의 것임을 알 수 있다.

  * 손보기, 《구석기유적》(한국선사문화연구소), 1990.

2. 단양 금굴유적

이 유적의 제 5 문화층에서 긁개·밀개·톱날 등의 석기와 수정으로 만든 새기개가 출토되었다. 이러한 석기는 중석기의 성격을 띠고 있는데, 층위로 보아도 후기 구석기문화층 위에 있고, 신석기문화층의 아래에 있는 지층에 위치하여, 중석기시대의 성격을 지니고 있다.

  * 손보기, 〈단양 도담리 금굴유적 발굴조사보고〉, 《충주댐연장보고서》(충북대학교 박물관), 1985.

3. 홍천 하화계리유적

강원도 홍천군 북방면 하화계 1리에 위치하고 있는 이 유적은 중앙고속도로 문화유적조사로, 강원대학교팀이 1990년에 발굴하였다.

이 유적에서는 중석기문화의 특징인 잔석기가 대부분인데, 흑요석·수정·판암·석영 등의 좋은 암질을 선택하여 제작하였다. 잔석기는 주로 홍적토층과 충적토층이 맞닿는 지층에서 출토되고 있는데, 유물로는 좀돌날 몸돌, 좀돌날, 화살촉, 창끝, 새기개, 밀개, 긁개 등이 있다(사진 2-1).

이 유적을 대표하고 있는 석기는 좀돌날 몸돌과 이 몸돌에서 떼어진 좀돌날을 들 수 있는데, 이 유물들은 수양개유적에서 출토되고 있는 좀돌날 몸돌과 유사성이 보여 주목된다.

이렇게 볼 때 하화계리 중석기유적을 담당하였던 당시 사람들은 석기 만드는 수법을 바로 앞시기인 후기 구석기시대의 석기 제작기술을 이어받아 발전시켜, 변화된 자연환경에 따라 중석기문화를 창출하였을 것이다.

> * 최복규·김용백·김남돈, 〈홍천 하화계리 중석기시대 유적발굴조사보고〉, 《중앙고속도로 건설구간내 문화유적 발굴조사보고서》(강원도), 1992.

이렇게 밝혀진 중석기시대 유적은 우리나라에서 그동안 공백시되어왔던 중석기문화의 존재를 확인해줌으로써, 우리 민족의 역사가 구석기시대에서 중석기시대를 거쳐 신석기시대로 이어졌다는 점과, 우리의 조상이 바로 구석기시대까지 연결될 수 있게 되었다는 점에서 크게 주목된다고 하겠다.

사진 2-1. 하화계리유적 석기제작소(중석기)

제 3 장 신석기문화

Ⅰ. 신석기시대의 개관

1. 시대 개념과 구분

신석기시대에 대한 고전적인 개념은 정착생활과 간석기를 만들어 사용하던 것이 주된 기준이었으나, 오늘날 널리 쓰이고 있는 개념은 약 1만년 전 후빙기(後氷期, Post-glacial)로 접어들면서 농경·목축에 의한 식량생산경제를 배경으로 전개된 문화를 말한다.

이 시기 농경의 시작은 인류문화 발달에 큰 영향을 미쳐 각종 사회질서의 재편을 가져오고, 새로운 방향으로 문화가 진행되어서, 차일드(G. V. Childe)는 농경의 등장을 하나의 혁명적 사건으로 보고, '신석기혁명'(the Neolithic Revolution)이라 표현하기까지 하였다. 그래서 농경을 토기·간석기와 더불어 신석기문화의 3대 요소라고 생각해왔다.

그러나 모든 신석기문화가 이 3요소를 동시에 가지고 있지도 않으며, 또 각 요소가 각지의 신석기문화에 등장하는 시기 또한 일정한 것은 아니다. 후빙기 이후에도 농경이 시작되지는 않았으나, 토기·간석기 등의 요소를 지닌 신석기문화가 번성한 지역도 있었다.

우리나라의 신석기시대가 바로 이 범주에 속하는 것으로 여겨져왔다.[1] 따라서 우리나라 신석기시대는 충적세의 가장 오래된 토기의 출현에서부터 청동기 사용 이전까지, 주로 채집·고기잡이·사냥에 의한 식량공급을 배경으로 전개된 토기문화를 포괄하는 개념으로 사용되어왔다. 이에 따라 우리나라 신석기시대는 토기가 이 시대의 표준유물인 동시에, 연대설정에도 일차적인 기준이 되었고, 따라서 다른 요소들보다 매우 중요하게 다루어져왔다.

그러나 최근 들어 새로운 농경자료들이 경기도 시화지구, 일산 신도시 개발지구, 우도 등지에서 발견되고 있고, 또한 우리나라의 토양이 대개 산성임을 감안하여 농구 등을 중심으로 새롭게 조명해야 한다는 논의도 전개되고 있어, 이에 대한 새로운 관점이 필요할 것으로 생각된다.

우리나라 신석기시대에 대한 조사는 일본인 학자가 1916년에 평남·황해도 바닷가에서 빗살무늬토기를 발견하고, 민무늬토기와 함께 선사시대의 토기로 본 것이 처음이다. 이러한 신석기시대에 대한 연구는 해방 전까지는 주로 일본인 학자의 개인적 학문적 관심에서 이루어졌으며, 이로써 밝혀진 서울 암사동, 부산 동삼동, 청진 농포동 유적의 개략적인 윤곽은 모두 초기의 연구수준을 넘지 못하였다.

광복 후 민족의 분단으로 인하여 연구의 출발을 북한에서는 신석기 분야로, 남한에서는 신라무덤부터 착수하여서 신석기문화 연구에서는 북한이 한 걸음 앞서게 되었다. 북한에서는 1950년경부터 상당수의 신석기시대 유적이 발굴조사되어, 토기를 바탕으로 한 신석기시대의 시기 구분과 초기 농경의 존재를 확인하는 등 커다란 성과를 거두었다.

한편 남한에서는 1967년 이후부터 이 분야의 연구가 활발히 진행되어, 층위를 이룬 신석기유적의 발굴과 절대연대 측정치의 증가, 그리고 새로운 고고학 기술의 응용 등으로 종래 생각하였던 신석기문화의 양상을 과학적으로 해석할 수 있는 자료들이 많이 쌓이게 되었다.

현재까지 우리나라에서 신석기시대 토기가 발견된 유적은 약 200여 곳에 이른다. 이들은 주로 대동강·한강유역과 부근 섬을 포함한 서해안지역, 두만강유역의 동해안지역, 그리고 낙동강유역의 남해안지역 등 세 지역에 밀집 분포되어 있는데, 이 지역들 사이에는 문화양상의 차이 또한 적지 않다.

서해안지역에는 대동강을 중심으로 한 서북지방의 온천 궁산, 평양 남경, 평양 금탄리, 봉산 지탑리유적과 한강유역의 암사동, 미금 미사리, 시흥 오이도 유적 등을 대표적으로 들 수 있다.

이 지역 토기의 모양은 곧은 아가리와 뾰족밑바닥으로 이어지는 포탄 모양의 뾰족밑 빗살무늬토기가 주류를 이룬다. 이들 토기의 바탕흙에는 운모를 비롯하

사진 3-1. 암사동 출토 빗살무늬토기

여, 석면·활석이 비짐으로 쓰였다. 무늬는 그릇 겉면의 전면 혹은 일부에 베풀어졌으며, 이들 무늬는 바탕흙이 마르기 전에 이빨이 하나 혹은 여러 개 달린 무늬새기개로 긋거나 눌러서 새겼다.

서한 뾰족밑유형토기('서한토기'라고도 함)라고 불리는 이 토기는 아가리·몸통·바닥 부분 등 각각의 부위에 베풀어진 무늬에 따라 3기(제 1 기 5000~3500 B.C., 제 2 기 3500~2000B.C., 제 3 기 2000~1000B.C.)로 나누어진다(사진 3-1).

동해안지역은 주로 두만강 중·하류지대, 함경도 동해안 일대, 강원도 일부 지역을 가리킨다. 이 지역에 대한 고고학적 조사는 비교적 활발하게 이루어져서, 선봉(웅기) 송평동, 서포항, 농포동, 나진 초도의 유적을 비롯하여, 양양 오산리 유적 등이 조사되었으며, 이들 유적이 이 지역 신석기문화 연구의 기본자료가 된다.

이 지역의 토기는 그릇 모양에서 편평밑인 점이 특징이고, 바탕흙에는 굵은모래가 섞여 있으며, 간혹 조개가루를 비짐으로 쓴 것도 있다. 무늬는 아가리 부분과 몸통 부분에 국한되어 베풀어졌으며, 그 수법은 뾰족한 무늬새기개로 눌러서 점 같은 것을 넣어 만들고, 때로는 무늬없는토기도 출토되고 있다. 이들 토기를 동한 편평밑유형토기('동한토기'라고도 함)라고 부르기도 한다.

이 동한토기는 서포항유적 발굴조사로 층위관계가 잘 나타나, 제 1 기에서 제 5 기로 구분된다.

남해안지역의 특징을 강하게 나타내고 있는 유적으로는 부산 동삼동유적을 비롯하여 김해 수가리, 통영 상노대도 유적 등이 있다. 이 지역 토기는 동삼동유적의 층위에 따라 5기로 구분되는데, 이들 토기를 일괄하여 남한유형토기('남한토기'라고도 함)라고 부르고 있다.[2]

2. 자연환경

사람들의 생활은 개인 또는 집단이 속해 있는 환경과 결코 떼어서 생각할 수 없는데, 신석기시대에서 이러한 관계가 더 밀접하였을 것으로 여겨진다. 여기에서 '환경'이라는 것은 크게 개개인 또는 군집으로 인간과 관련된 '문화환경'과, 이들을 직·간접으로 포함하고 있는 '자연환경'의 2가지로 나누어볼 수 있다.

인간이 만든 문화와 역사는 환경과의 삼각관계에서 이루어진다고 하겠다. 이러한 의미에서 신석기시대의 이해를 위해서는 당시 자연환경에 대한 지식이 대단히 중요하고, 절대적이라고도 할 수 있으나, 우리나라에서 이 분야의 연구는 아직 부족한 형편이다.

당시의 기후는 후빙기라고 하는 범세계적인 기후변화가 일어나게 되는데, 여기에 대해서는 외국의 연구결과가 많은 도움이 된다. 200만~300만년이란 오랜 기간에 걸쳐서 계속된 빙하시대가 지금부터 약 1만년 전후를 경계로 서서히 물러가자, 지구상에는 현재와 비슷한 날씨로 회복되기 시작하는 후빙기가 도래한다. 그러나 후빙기는 홍적세의 빙기·간빙기와 같은 심한 기후변화는 아니었다 하더라도, 세부적으로는 기온의 상승과 하강이 되풀이되었다. 이러한 고기후의 변천을 알기 위한 방법으로는 해수면의 변화, 동·식물상의 연구, 꽃가루 분석, 지구화학적 연구 등 여러 가지 방법이 동원되어야 한다.

충적세가 시작되면서 대륙 북쪽을 덮고 있던 거대한 얼음덩어리가 차차 녹아내림에 따라 결국 바다로 흘러들어가, 전세계적으로 해수면이 점차 올라가게 되었다. 이에 따라 약 100m 전후 깊이인 황해나 대한해협도 이때에 형성되고, 우리나라는 지금과 같은 반도의 모습을 가지게 되었다. 특히 기후상의 극상기 (climatic optimum)로 불리는 시기에는 해수면이 급속히 상승하여, 현재보다도 몇

미터 이상 높아지게 된다.

이로 인하여 서해안에서는 해수면이 약 8,000B.P.에는 7.3m, 약 4,000B.P.에는 1.7m 정도로 낮아져서, 후빙기초에는 서해안가의 얕은 바다 밑이 대부분 육지였을 것이다. 따라서 신석기 초기의 유적들이 바다 속에 잠겼을 것으로 짐작된다.[3]

한편 이와 반대로 서해안의 지형조사에서 6,000~3,000B.P. 사이에 현재보다 2~3m 높은 곳에서 모래톱이 발견되었고, 동해안의 방어진과 포항에서도 3~7m 높이의 해안단구가 나타나고 있다. 또한 수가리 조개더미유적에서도 마모된 조개층이 5.8~7m 해안의 높은 곳에서 보이고 있다.[4]

이러한 현상은 신석기시대의 기온이 오르내림을 반복하는 사이에 나타나는 것으로, 좀더 다양한 방법을 통한 연구가 이루어져야 해석될 수 있을 것이다. 해수면의 상승은 우리와 인접한 산동반도와 일본에서도 모두 보이고 있고, 우리나라의 고양·일산지역의 발굴조사에서도 나타나고 있어 좀더 구체적인 자료가 되는 것이다.

동·식물상에 관해서는 농포동, 동삼동, 수가리, 상노대도, 안면도 고남리 조개더미유적에서 출토된 짐승·새·물고기뼈·조개에 대한 분석이 있다. 우리나라의 신석기유적에서 조개더미유적이 차지하는 비중을 감안할 때, 아직 시론적일 뿐 연구가 더욱 진척되어야 할 것이다. 물고기·조개류는 상대적으로 남아 있는 상태가 양호해서, 조개 연구로 바닷물의 온도, 잡은 계절, 주민들이 산 기간, 인구 규모까지 해석이 가능하므로, 더욱 비중을 두어야 하겠다.

또한 식물상에 관한 자료로는 꽃가루 분석이 필수적이다. 우리나라에서는 속초 영랑호를 비롯한 남한 20여 개소의 호수와 습지에서 보링(boring) 채취한 자료를 가지고 꽃가루 분석한 것을 시작으로, 최근 일산 신도시 개발지역 조사에 시도 다양하게 시도되고 있다.

영랑호의 퇴적물에 대한 지구화학적 분석에 의하면 7,000~5,500B.P. 경이 가장 높은 기후를 나타내고, 5,000~4,500B.P.경에는 비교적 한랭한 기후를 보이는 것으로 조사되었다.[5]

일산지역에서 새로이 밝혀진 자료를 보면, 약 7,000~6,000B.P. 사이에는 기후가 따뜻해졌고, 5,000~4,500B.P. 사이에는 온난 건조한 기후, 그리고 3,000~2,300B.P. 사이에는 한강이 넘쳐 흐르고 농사를 짓던 곳이 물에 잠긴 것으로 조사되었다.[6]

이와 같은 연구결과는 신석기시대의 기후를 궁산리유적에서 출토된 물소뼈와, 동삼동유적에서 출토된 말전복 등을 통하여 현재보다 따뜻하였을 것이라는 짐작만 했던 것과 비교하면 많은 진전을 가져온 것이다.

이러한 자료들에 대한 연구가 심화되고 중국·일본과 같은 동북아시아 주변지역의 옛 자연환경 자료와 비교 연구한다면, 좀더 구체적으로 우리나라 신석기시대 자연환경을 밝힐 수 있을 것이다.

3. 문화의 기원과 주민

우리나라의 신석기시대는 지역에 따라서 약간의 차이는 있으나, 대략 3번의 변화가 있었던 것으로 생각된다. 토기를 만들어 쓰기 시작하면서부터 편평밑토기와 덧무늬토기를 사용하던 전기와, 빗살무늬토기가 주로 사용되던 중기, 다양한 그릇이 나타나며 바탕흙에 변화가 있던 후기가 그것이다. 그러면 이와 같이 변화 발전하여온 신석기문화의 담당자들은 누구였으며, 어떠한 계통의 사람이었을까?

먼저 신석기사람은 구석기사람과 어떤 연결관계를 가지는가 하는 것이 문제가 된다. 구석기시대가 끝난 후인 약 12,000B.P.에서 신석기시대의 시작 연도인 8,000B.P.까지의 약 4천년 동안의 공백을 메울 수 있는 중석기시대의 유적들이 점차적으로 널리 나타나고 있음을 볼 때, 이 둘을 연결하는 고리가 더욱 분명해진다고 하겠다.

우리나라의 첫 신석기사람은 편평밑토기와 덧무늬토기를 사용하던 사람들이었다. 그러나 현재까지 알려진 유적의 분포상태나 조사결과만으로 그들의 인종 계통을 밝히기는 힘든 형편이다.

그후에 등장한 빗살무늬토기사람들은 오랫동안 우리 신석기시대의 주인공 역할을 해왔다. 종래까지 이들은 유럽의 캄케라믹(Kammkeramic)사람이 동쪽으로 이동한 시베리아에 기원을 둔 퉁구스족 혹은 알타이족의 한 갈래인 것으로 흔히 생각하였고, 또는 기록에 나오는 예인(濊人)이나, 고아시아족으로 보기도 하였다.[7] 그러나 아직은 해석에 여러 가지 어려운 점이 있는 것도 사실이다.

우리나라의 신석기문화가 북유럽이나 시베리아와 같은 북방계통의 신석기문화에 연결되는 자료도 있지만, 8,000B.P.의 아틀란틱기라고 하는 세계적 기후변

화에, 사냥·고기잡이·채집 등 각 방면에서 기술을 개선하면서 아가리 부분에
만 무늬를 새긴 편평밑토기 사용인들이 독자적이고 자생적인 신석기문화를 정착
시켰을 가능성도 있다.[8]

그런데 토기로 보아 신석기시대에는 적어도 세 차례 정도 문화가 변화하였던
것으로 보이며, 구체적인 집단의 변화와 특징에 대한 문제는 앞으로 해결되어야
할 과제로 남아 있다.

신석기주민의 성격에 대해서 좀더 확실하게 밝혀질 것으로 기대되나, 당시에
살던 사람뼈가 더 많이 발견되어야 체질인류학적인 비교와 검토가 가능할 것이
다. 여하튼 신석기문화의 전통은 청동기시대로 계승되어서, 우리 민족의 형성에
근간을 이룬 것은 확실하다고 하겠다.

II. 사회와 문화

1. 사   회

1) 농   경

인류가 수백만년이나 되는 오랜 세월에 걸친 사냥·채집경제단계의 생활에서,
급격한 발전을 이룩한 계기는 농경을 하면서부터이다. 지금까지 구대륙이나 신
대륙 각처에서 아주 이른 시기부터 농경이 실시된 흔적이 발견되었다.

조기 농경의 발생과정을 보여준 근농지방의 '비옥한 조생달지역'과 자그로스
(Zagros) 지역에서는 밀이, 중미지역에서는 옥수수를 적어도 약 1만년 전에 재배
한 것으로 밝혀지고 있다. 이렇듯 곡물재배와 더불어 전개된 신석기문화는 농경
과 불가분의 관계가 있다.

우리나라에서는 1916년에 일본인 학자가 이 해안에 분포하는 토기의 주민은
주로 고기잡이 생활을 하였다고 주장한 이래, 신석기시대 생업경제는 고기잡이
를 주로 한 사냥·채집사회로 파악되어왔다. 그러나 지탑리에서 조나 피로 보이
는 탄화된 곡물이 돌보습·돌낫·갈돌과 함께 출토되면서(1957), 농경의 존재가

인정되기 시작하였다.[9]

　북한에서는 신석기시대 초기단계부터 농경이 있었다고 주장하고 있으며, 괭이 농사에서 보습농사로 발전단계를 상정하고 있다. 즉 서포항 1·2기와 궁산문화 1기의 괭이·뒤지개·갈돌의 존재를 근거로 화전과 괭이농사가 있었다고 보고, 궁산문화 2기부터 보습농사가 시작되었다고 주장하였다. 돌보습은 쟁기의 초기 형태로, 그리고 낮은 잡초나 나뭇가지를 자르는 데 쓰인 것으로, 후기의 유적에 많이 보이는 곰배괭이는 호미의 용도로 보고 있다(사진 3-2).

　남한에서는 1970년대까지만 해도 지탑리유적을 후기유적으로 보았으나, 1980 년대부터 중서부지방의 연대 구분이 세워짐에 따라 농경이 중기 이전부터로 올 라가게 되었다.

　또한 농경 관련자료를 종합해볼 때, 신석기시대 농경의 발달단계는 뒤지개농 사 →괭이농사(전기)→보습농사(중기 이후)로 발전하였다는 견해도 있으나,[10] 농경 의 직접적인 증거자료인 곡물의 출토 예가 적은 지금의 시점에서는 계속 과제로 남는다.

　우리 겨레의 주곡으로 자리잡고 있는 벼농사는 청동기시대에 시작된 것으로

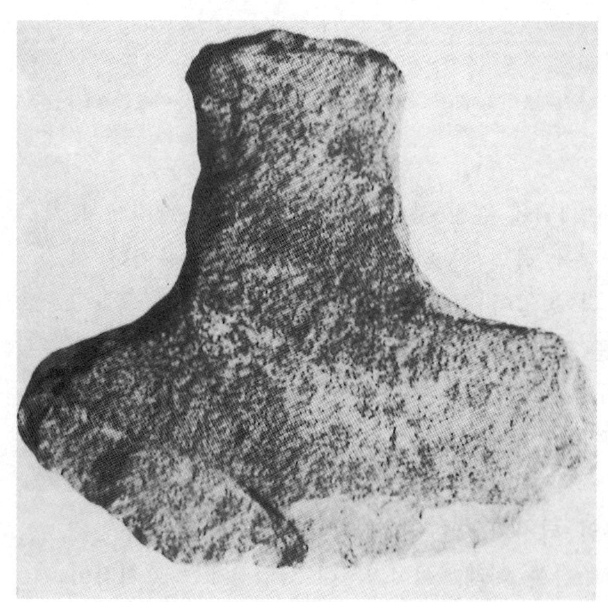

사진 3-2　곰배괭이

사진 3-3. 일산 가와지유적 출토 볍씨(MASCA 5,020B.P.)

보고 있었으나, 1980년대 이후부터 벼농사가 신석기시대에 실시되었다는 증거가
나타나고 있다. 즉 영산강유역의 꽃가루 분석에 의하여 약 3,500년 전부터 벼가
이 지역에서 재배되었다고 보고 있으며, 서해안의 우도에서는 신석기 말기로 추
정되는 빗살무늬토기의 바닥에서 볍씨자국이 발견되었다.

또 김포 가현리지구의 이탄층에서 4,010B.P.의 절대연대를 가진 탄화미가 발
견되었고, 일산 가와지유적에서도 4,330B.P.(MASCA 5,020B.P.)의[11] 연대를 가
진 볍씨가 발견되어, 신석기시대 중기 이후에는 벼농사가 널리 행해졌음을 알
수 있게 한다(사진 3-3).

농경에 관하여는 신석기시대에 농경의 흔적이 있더라도 그 자체를 식량생산단
계로 볼 수 없다는 주장과, 우리나라 농경이 내륙 아시아지방의 초기 농경과 유
사하여 신석기 초기단계부터 농경이 행해졌다고 보는 견해가 있는데, 앞으로의
연구가 진척됨에 따라 뚜렷하게 밝혀질 것으로 기대된다.

농경의 발달과 함께 안정된 정착생활이 가능해지고 이에 따라 취락이 대형화
하였으며, 사회생활도 분업화 전문화되는 경향을 보이는 등 신석기사회는 급속
한 발전을 이룩하게 되었다.

사진 3-4. 흑요석제 화살촉

2) 사 냥

짐승은 인간의 식량자원으로서 커다란 이용가치가 있으며, 뼈·뿔·이빨·가죽 등은 개인의 일상생활에 필요한 연모의 재료로 이용되는 등 중요한 위치를 차지하고 있다.

사냥은 신석기시대에도 빼놓을 수 없는 중요한 식량획득 수단이었는데, 기술이나 연모면에서는 구석기시대와 다른 모습을 띠게 된다. 구석기시대에는 주로 주먹도끼나 찌르개와 같은 것을 손으로 잡고 대상물을 직접 찌르든가, 또는 사냥돌을 끈으로 묶어 던져서 잡는 비교적 근거리 사냥을 하였던 데 비하여, 신석기시대에는 활과 화살을 이용하여, 사냥대상물에 접근하지 않고도 먼 거리에서 날쌘 짐승이나 날짐승을 사냥할 수 있게 되었다(사진 3-4).

이러한 사냥방법의 변화는 신석기시대의 초기 유적인 서포항·오산리유적 맨 아래층에서 돌화살촉이 발견됨으로써 증명된다. 초기의 유적 외에도 중기·후기의 여러 유적에서도 돌화살촉이 많이 출토되었고, 특히 궁산리유적에서는 40개가 넘는 돌화살촉이 한 곳에서 발견되었다. 이로 보아 활을 이용한 사냥활동은 이른 신석기시대부터 계속하여 우리나라의 전지역에 성행하였음을 알 수 있다.

실제로 우리나라의 여러 유적에서 출토되는 짐승뼈들을 살펴보면, 사슴·노루·멧돼지·개 등 수십여 종에 이른다.

이 가운데 사슴과 멧돼지뼈는 수량이 가장 많아 신석기사람이 즐겨 먹던 육류인 것으로 짐작된다. 특히 사슴은 시베리아 일대에 살던 민족들에게는 특별한 종교적 의미를 가지는 경우가 있어서, 단순한 식용 이외에 제사용으로 쓰였을 가능성도 있다.

평남 궁산리유적에서는 영양의 뼈가 100개체 이상 나왔는데, 이것은 사냥보다 가축의 가능성을 시사하는 것이다. 아울러 개뼈도 서포항·농포동·궁산리 등 여러 유적에서 출토되는 것으로 미루어보아, 인류와 가장 가까운 짐승인 개 역시 신석기시대에 이미 가축화되었던 것으로 추정된다.[12]

또한 이러한 뭍짐승 이외에도 궁산리와 같은 유적에서는 많은 양의 새뼈들이 출토되어서, 날짐승도 중요한 사냥 대상물이 되었음을 알 수 있다. 뿐만 아니라 이들이 낳은 알 역시 좋은 단백질 공급원이 되었을 것이다.

가죽은 다듬어서 옷을 지어 입거나 잠자는 데 사용되었으며, 뼈는 가공해서 송곳·화살촉·낚시바늘·장신구 등을 만드는 훌륭한 재료로 쓰였을 것이다. 이처럼 사냥은 여러 면에서 신석기사람들에게 필수적인 생활의 일부가 되었던 것으로 생각된다.

3) 고기잡이

삼면이 바다로 둘러싸인 우리나라는 근해에서 한류와 난류가 교차하고, 해안이 잘 발달되어 어종(魚種)이 풍부할 뿐만 아니라, 조개류나 해조류도 번성하였다. 이러한 환경에서 신석기시대의 사람들은 일찍부터 해양자원에 눈을 돌리게 되었고, 고기잡이 기술을 적극적으로 개발하여, 작살 사용, 낚시질, 그물치기, 채집 등의 방법을 사용하였다.

작살 사용은 뼈를 깎아 만든 작살이나 돌창을 이용하여 물고기를 잡는 방법이다. 부산 동삼동유적에서는 옆면에 미늘이 3개씩 달린 사슴뼈로 만든 작살이, 통영 상노대도에서는 톱날처럼 이가 여러 개 달린 깎아 만든 작살이 여러 점 출토되어서, 작살을 이용하여 고기를 잡았음을 알 수 있다(그림 3-1).

낚시질은 신석기시대 사람들이 창안해낸 고기잡이 방법이다. 이른 신석기시대 유적인 서포항·오산리·동삼동 등지에서 낚시가 출토되고 있어, 초기부터 이 기술을 이미 사용하였음을 알 수 있다.

그림 3-1. 작살을 이용한 고기잡이

　이 시대의 낚시에는 낚시바늘과 이것을 묶어서 매는 낚시축이 하나로 된 단식（單式） 낚시와, 분리된 결합식（結合式） 낚시가 있다. 오산리유적에서 출토된 70여 개 낚시와 남해안유적의 낚시는 대부분 결합식이므로, 신석기시대 사람들은 이 방식을 즐겨 사용한 것으로 해석된다(사진 3-5).

　그물치기는 당시에 사용된 그물이 유기질이기 때문에 그 자체는 남아 있지 않지만, 동삼동 조개더미에서 그물이 찍힌 토기가 출토되고, 그물에 매달아 사용했던 돌그물추가 발견되어서 그물을 사용하였음이 입증된다. 그물추는 납작하고 작은 강자갈의 양끝을 쪼아내어 끈을 묶어 그물에 매달 수 있게 한 것으로, 신석기 중·후기로 편년되는 서해안의 청호리유적이나 금탄리유적에서는 수백 개가 넘게 출토되었다.

　조개더미유적에서 출토되는 생선뼈를 분석해보면, 신석기사람들이 어떤 종류의 물고기를 잡아먹었는지를 알 수 있다. 동삼동유적에서는 도미·대구·농어·감성돔·뼈가오리 등 수십 종이 넘는 어종이 확인되었다.

　해안에서 채집한 해초·굴·조개는 식량자원의 확보에 적지 않게 공헌했던 것으로 짐작된다. 동삼동의 경우 총 31종의 조개류가 채집되었는데, 특히 굴·꼬

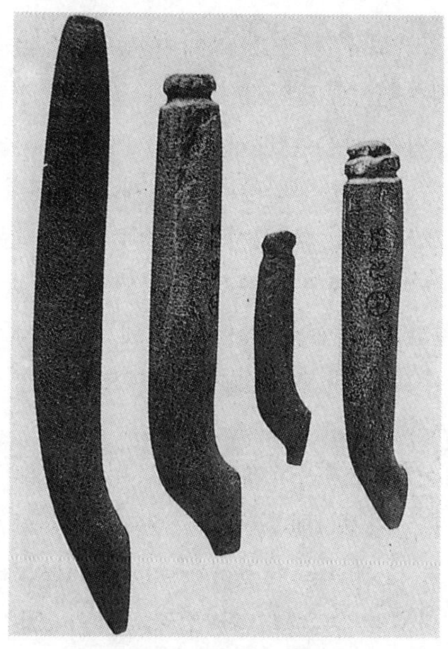

사진 3-5. 오산리 출토 낚시

막·전복·소라 등이 많았다. 더구나 전복·소라는 깊은 바다의 암초 밑에서 서식하는 것으로, 해저 지식에 밝은 전문적인 잠수부에 의하여 채취되었을 것으로 짐작된다.

이와 같이 우리나라 신석기시대 주민은 고기잡이에 커다란 비중을 두었는데, 신석기시대 초기에는 낚시질이 성행하다가, 중기와 후기에는 그물치기를 이용한 공동작업으로 많은 고기를 잡았던 것으로 보인다.

4) 식물채집

우리나라처럼 사계절이 뚜렷하고, 계절마다 여러 가지 식물자원이 풍부한 곳에서 신석기시대 주민들이 식물자원을 이용하였음은 분명하다. 더구나 신석기시대에는 지금보다 기후가 더 온난하여 우리나라 대부분의 지역이 상록활엽수림과 낙엽활엽수림으로 덮여 있었기에, 당시 주민들은 비교적 쉽게 식량을 얻을 수 있었을 것으로 여겨진다.

그 가운데서도 야생식물인 도토리가 암사동, 미사리, 오산리, 합천 봉계리 등의 유적에서 출토되고 있는 것으로 보아 많이 이용되었을 것이다. 일부에서는

이 도토리를 신석기사람들의 주식으로 여기며 높은 칼로리를 가진 좋은 식량자
원으로 생각하였고, 옛 맷돌인 말안장 모양의 갈돌과 갈판의 출현도 도토리를
가공하기 위한 연모로 여겨왔다(사진 3-6).

그렇지만 이러한 것은 급격한 인구증가가 전제되는 신석기사회와 집단을 너무
축소하여 본 것이 아닌가 한다. 즉 암사동유적의 경우 발굴된 집터의 수는 20여
채에 지나지 않지만, 유적의 범위로 보면 적어도 수백 채 이상의 큰 마을이 있
었을 것이라는 것이 일반적 견해이다. 이 시대에 한 집에 적어도 4~5명이 살았
던 것으로 생각하면, 수백 명의 사람들이 매일 도토리만 주식으로 하였다는 것
은 불가능하다.

이들이 단순히 사냥이나 고기잡이와 채집에만 의존해서 식량을 충족하였다고
보기도 어렵다. 오히려 구석기시대부터 터득한 다양한 식물을 식용으로 하는 방
법과, 사냥·고기잡이를 통해서도 해결하기 어려웠던 식량을 직접 경작해보려는
시도에서 농경이 발생하였을 것으로 여겨진다.

일본의 경우 신석기시대에는 약 85종의 식용식물이 이용되었던 것으로 조사되
었다. 우리나라에서도 이러한 정도의 식용식물과 함께 도토리도 한 부분을 담당

사진 3-6. 갈돌과 갈판

하며, 농경의 산물과 함께 식물성 식량을 대신한 것으로 보이고, 비중은 후기로
갈수록 작아진 것으로 생각된다.

2. 문　화

1) 집(터)

　인간활동의 대부분이 집을 중심으로 해서 이루어져온 것은 예나 지금이나 다
를 바가 없기에, 집터는 신석기시대 여러 활동에 대한 자료들의 집합소라고 해
도 좋을 것이다. 지금까지 우리나라에서 발견된 신석기시대 집터의 유적은 약
10여 개소가 된다.

　구석기시대에는 동굴을 집으로 이용하면서 간혹 막집과 같은 야외 임시주거를
만들어 쓴 데 비하여, 신석기시대에는 거의 대부분 땅을 파고 견고히 만든 움집
을 짓고 살았다.

　암사동이나 궁산리유적의 움집들은 50~100cm 깊이로 땅을 파낸 다음, 지름
6m 정도 크기의 둥근꼴이나, 한 변의 길이가 5m 정도인 네모꼴의 살림집을 만
들었다. 그리고 긴 나무나 억새풀을 이용하여 그 위를 고깔 모양으로 덮어씌워
지붕을 만들고, 한쪽에 출입시설을 마련하였다(그림 3-2, 사진 3-7).

　또한 춘천 교동, 단양 상시, 의주 미송리 등에서는 동굴집터가 발견되었는데,
신석기시대의 동굴집터는 극히 예외적인 것으로서 특수한 형식의 집이었다고 믿
어진다.

　이렇게 볼 때 신석기시대의 주거형태는 움집이 보편적이라고 할 수 있으며,
이러한 움집은 추위를 방지하고 보온성이 뛰어나 추운 지역이나 산악지대에 적
합한 북방계 주거형식이라고 할 수 있다.

　지금까지 발견된 움집은 주로 바다나 큰 강을 끼고 있는 낮은 습지나 널찍한
평지에 자리잡고 있고, 간혹 언덕 비탈에 만들어진 것도 보인다. 그런데 집안의
바닥면은 늘 건조하지 않으면 안되기 때문에, 지탑리와 같은 낮은 언덕이나 미
사리와 같은 하안단구가 좋은 입지조건이 되고 있다.

　이들 집터는 한 유적에서 몇 개씩 모여 있는 것이 대부분이고, 그 가운데는
서로 겹쳐 있는 예도 있다. 이 시대에는 이미 취락을 이루고 살았고, 또한 한

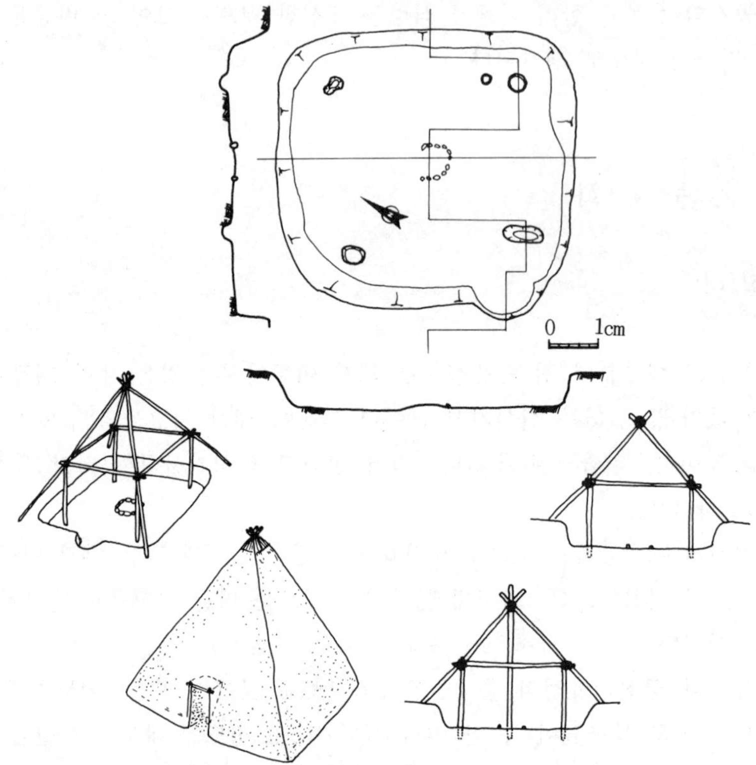

그림 3-2. 암사동 집터(4호) 및 복원도

사진 3-7. 암사동 집터 발굴 모습

취락에서 여러 시기에 걸쳐 새로운 집을 지으면서 이어 살았음을 알 수 있다. 집 모양은 둥근꼴 또는 모를 죽인 네모꼴이 대부분이었다가, 후기가 되면서 긴 네모꼴이 새로 나타나게 되는데, 크기는 대개 20~30㎡이다. 바닥과 벽면은 대부분 진흙을 굳게 다진 뒤, 동물 가죽이나 돗자리 같은 것을 깔고 생활하였던 것으로 보인다.

집에 설치된 시설물은 화덕자리·출입시설·저장시설이 있다. 화덕은 둥근 강자갈을 이용하여 집 가운데에 둥글거나 네모나게 만들었다. 집 자체가 50~100cm씩 땅을 파고 지어졌기 때문에, 출입시설은 계단이나 경사로를 만들어 외부와 연결시키고, 그 위로 나무와 억새풀을 덮었다. 저장시설은 대부분 구덩이를 파거나 토기를 이용하였는데, 여기에는 취사용 연모와 음식물을 저장하였던 것으로 보인다.

신석기시대 사람들은 집 내부를 적절히 이용하여 다목적으로 시용히고 있음이 여러 유적에서 나타나고 있다.

당시 집 안에서는 사람들이 몇이나 살았고 가족구성원은 어떠하였는가 하는 의문은 매우 중요한 일이지만, 이를 규명하는 것은 그리 쉬운 일이 아니다. 그럼에도 한 사람의 내부 사용면적이 얼마나 되느냐에 착안하여, 당시 가족의 수를 환산한 연구가 있다.

이에 따르면 우리나라 신석기 집터 가운데 가장 작은 것은 지탑리 3호로 9㎡이고, 큰 것은 지탑리 1호로 49㎡이다. 제일 작은 것은 부부 1쌍이 거주할 수 있는 것으로 보이고, 이보다 큰 집터의 경우도 4.5㎡씩의 차이를 두고 변해가는 경향이다. 그래서 4.5㎡의 넓이는 성인 1명이 필요로 하는 최소 면적으로 해석하였다.[13)]

이렇게 볼 때 집터의 크기가 18㎡인 암사동 7호와 궁산리 1호 집터가 우리나라 신석기시대의 가장 보편적인 집 크기였을 것으로 짐작된다. 이 집에 살 수 있는 가족 수는 부부와 자녀 2명 정도이고, 경우에 따라서는 1명이 더 있을 수 있다는 계산이 된다.

이와 같이 신석기시대에는 보통 18㎡ 크기의 집을 짓고, 평균 4~5명으로 구성된 가족을 단위로 하는 핵가족사회인 것으로 해석된다.

2) 의식행위와 예술

신석기시대는 삶과 직결되는 의식주 해결을 위한 행위와 함께, 사회나 문화 전체 속에서 신비함과 초자연적인 존재와의 관계에서 이루어지는 사유와 행동도 뒤따랐다. 선사시대 사회의 초자연적 존재에 대한 사유는 조직적이지는 않았지만, 토착신앙 또는 의식행위가 사회나 개인에게 중요한 역할을 하고 있었음은 틀림없다.

우리나라 신석기시대 신앙에 대한 자료로는 풍요와 다산을 기원하는 몇 가지 유물이 있다.

먼저, 뼈를 깎아서 만든 조각품으로는 서포항유적에서 출토된 9.5cm 크기의 서 있는 상을 들 수 있다. 이 조각품은 머리 부분을 사각형 모양으로 깎고 모두 3개의 점으로 두 눈과 입을 표현하고 있고, 긴 무처럼 생긴 몸체 부분에는 팔과 다리를 생략하여 단순하게 표현하였다. 이 몸체의 중앙 부분에는 중심점과 그것을 둘러싼 7개의 점이 둥근꼴을 이루고 있다. 이러한 표현은 여성을 상징하는 것으로서, 당시 사회의 풍요와 다산을 기원하는 뜻이 담긴 것으로 생각된다.

동삼동유적에서는 가리비 조가비 위에 두 눈과 입을 뚫어 만든 사람얼굴 모습을 나타낸 유물이 출토되어 이채롭다. 조가비에 이런 방식으로 얼굴 모습을 나타낸 것은 일본 신석기유적에서 흔히 보이는데, 이것은 얼굴만이 강조된 일종의 신상(神像)으로 여겨진다.

이보다 더 구체적으로 얼굴을 나타낸 것이 오산리유적에서 출토되었다. 이 유물은 토기를 만드는 데 쓰이는 찰흙덩어리를 5.1cm 크기로 납작하게 눌러서 얼굴 모양을 만든 다음, 두 눈과 입은 손가락으로 깊게 눌러 표현하고, 볼 부분은 코를 돋보이게 하기 위해 조금 덜 눌렀다. 이것은 얼굴 모양의 예술품으로 풍요를 기원하는, 우리나라에서 가장 오래된 초기 신상의 하나로서 가치가 높이 평가된다(사진 3-8).

신석기시대의 예술활동에 관한 자료는 서포항유적에서 나온 치레걸이류의 조그마한 조각품들이 있는데, 주로 뚫은 것, 혹은 조가비를 깎아 팔찌 모양으로 만든 것 등이다.

신석기시대 후기에 들어오면 일상 생활연모에도 정성을 기울여 아름답게 치장

사진 3-8. 흙 얼굴과 조가비 얼굴(오산리·동삼동)

하는 노력이 더욱 활발해졌는데, 이것은 토기문양의 다양화를 가져와, 생활도구의 실용성 못지 않게 아름다움을 추구하려는 마음에서 나온 것으로 생각된다.

　신석기시대 사람들은 생존을 위한 의식주 해결에 전념하는 한편, 풍요와 주술 그리고 내세를 위한 믿음세계를 가지고 있었던 것으로 여겨진다.

3) 무　덤

　당시의 의식생활을 살펴볼 수 있는 무덤은 여기에 따른 매장행위가 다분히 여러 의식을 포함한 종교적인 면을 지니고 있어서 중요하다. 그런데 불행하게도 신석기시대의 무덤으로는 동굴유적인 춘천 교동과 돌무덤인 부천 시도, 청원 아득이, 움무덤인 울진 후포리, '고인돌'[支石墓]인 옥천 안터, 양평 앙덕리, 조가비 무덤인 통영 연대도 등이 유적이 알려져 있을 뿐이다.

　교동유적은 무덤으로 이용하고 옮겨간 예인데, 돌끌·돌화살촉·대롱구슬 등과 함께 완전한 토기 5점이 껴묻거리로 발굴되었다. 또한 세 사람의 주검들이 각각 머리를 벽쪽에 두고 발을 중앙부에 모이게 하여 수레바퀴살처럼 누워 있는데, 이렇게 세 사람이 함께 묻힌 것은 이 굴에 시기를 달리하면서 차례차례 매장한 것으로 생각할 수도 있으나, 그보다는 괴질이나 적의 침입으로 일시에 가족 여러 명이 죽자, 살림집에 주검을 묻고 다른 곳으로 이사한 일종의 벽사행위인 것으로 생각하는 것이 좋을 것 같다.

시도의 돌무덤은 신석기시대 중기의 것으로, 움을 파고 돌을 깔아서 만들었는데, 이러한 형식은 남해안의 연대도에서도 나타나고 있다.

아득이유적에서는 굵은줄 빗살무늬토기가 출토되는 돌무덤이 조사되었는데, 표력만한 크기의 강자갈로 둘레를 쌓고, 바닥에는 7개의 강자갈로 편평한 면이 위로 향하도록 깐 형태였다. 주검이 놓여 있었던 것으로 보이는 7개의 바닥돌 가운데, 북쪽 끝의 돌이 10㎝ 높아 베개돌[石枕]인 것으로 생각되며, 무덤방의 크기가 140×45㎝인 것으로 보아 굽혀묻기를 하였던 것으로 보인다.

또한 후포리유적은 동해 바닷가에 닿은 언덕 정상부에서 발견된 무덤유적으로, 지름 4m 안팎의 불규칙한 둥근 움 안에 많은 사람뼈와 간돌도끼가 겹겹이 쌓인 채 발견되어 주목된다.

안터 고인돌유적은 탁자식 고인돌로, 무덤방 안과 밖에서 출토되는 유물이 서로 다르다. 무덤방 안에서는 식생활에 관련된 자료인 갈돌·갈판·그물추와 의식용인 얼굴 모양의 예술품, 엑스(X)자 새긴 돌이, 무덤방 밖에서는 돌자귀·가락바퀴·숫돌 등 일상용품과, 의식용인 지킴돌·눈돌·구멍뚜르개 등이 출토되었다. 특히 얼굴 모양 예술품은 눈을 가늘게 표현하였고, 껴묻거리가 모두 일상생활용품인 것으로 보아 이곳에 묻힌 사람은 여자인 것으로 해석된다.

앙덕리 고인돌유적에서는 묻힌 사람의 머리 방향이 강물의 흐름과 나란하며, 붉은흙을 주검의 위아래에 뿌렸고, 반쪼갬으로 만든 둘레돌과 지킴돌이 나왔다. 그런데 이러한 둘레돌과 지킴돌은 무덤방을 지키는 뜻을 나타낸 것으로, 죽은 사람의 영혼을 보호하였던 것 같다.

4) 토기와 연모

(1) 토   기

토기의 제작은 오늘날의 원주민사회에서도 여자가 맡아하는 것으로 보아, 신석기시대에도 이와 마찬가지였을 것으로 짐작된다. 그러면 신석기시대에 어떠한 토기가 있었는가를 살펴보자. 우리나라 신석기시대의 대표적인 토기는 빗살무늬토기여서, 우리나라의 신석기문화를 '빗살무늬토기문화'라고도 한다.

그런데 동북해안과 남해안 여러 유적의 빗살무늬토기층 밑에서 민무늬·덧무늬·편평밑토기 등이 나오고 있는데, 이들은 모두 전형적인 빗살무늬토기보다 앞선 시기의 토기로, 우리나라에서는 가장 오래된 형식이다.

빗살무늬토기는 둥근밑과 편평밑으로 크게 구분되며, 지역에 따라서 무늬 새기는 방법을 달리하고 있다. 둥근밑 빗살무늬토기가 주를 이루는 서해안지방은 가장 고전적인 형태인 암사동식 토기 이외에도, 문양의 내용과 무늬를 새긴 부위의 차이에 따라, 금탄리 I식, 시도식, 금탄리 II식으로 부를 수 있는 유형이 있다.

그릇의 모양이 둥근밑이라서 서해안과 유사성을 가지는 남해안지방의 토기는 누른 줄무늬나 굵은줄무늬 등이어서, 문양 내용이나 부위에서 큰 차이를 보인다. 서해안지방의 토기가 전면에 무늬를 새긴 것을 고전으로 하여 차츰 소멸하는 과정을 밟고 있는 데 비하여, 남해안지방의 토기는 처음에 아가리 부위에 새기던 것이 전면으로 확대되며, 다시 아가리 부분에만 무늬가 있다가 사라지는 과정을 밟는다.

동해안의 빗살무늬토기들은 편평밑이 주를 이루며 무늬를 전면에 새기는 것은 아주 적고, 대부분 아가리 부분과 밑 부분을 공백으로 남겨두고 가운데만 무늬를 새기고 있다.

이러한 신석기시대의 토기는 가장 활발히 연구가 진행된 분야이지만, 문양에 대한 것을 제외하고는 제작과정 등 종합적 연구가 아직까지 미흡한 편이다.

토기의 기능에 대해서도 한강유역 빗살무늬토기의 용량을 통계적으로 분석하여, 대·중·소형으로 나눈 뒤 이를 각기 음식의 준비·조리·저장의 기능을 가지고 있는 것으로 분석한 연구가 유일하다.[14]

(2) 석   기

신석기시대의 석기는 만든 방법에 따라 간석기와 뗀석기로 구분된다. 간석기는 신석기시대 초기부터 만들어졌다고 생각되나, 본격적인 사용은 중기 이후에 니디난다. 이 석기들은 쓰임새에 따라 농경용과 공구용, 사냥·고기잡이용으로 구분할 수 있는데, 농경용구는 다시 갈이용과 수확용·조리용으로 구분된다. 갈이용에는 돌괭이·보습·곰배괭이·삽 등이 있고, 수확용으로는 반달돌칼·낫, 조리용구로는 갈돌·갈판 등을 들 수 있다.

신석기시대 초기에 처음으로 나타난 갈이용의 돌괭이는 서포항 I기층, 오산리 V-3층과 궁산유적에서 출토되었는데, 이것은 신석기시대의 시작과 함께 농경이 있었음을 시사하는 적극적 자료임이 분명하다.

신석기시대 중기 이후에는 돌괭이를 비롯하여 보습이 출현하고, 괭이의 발달

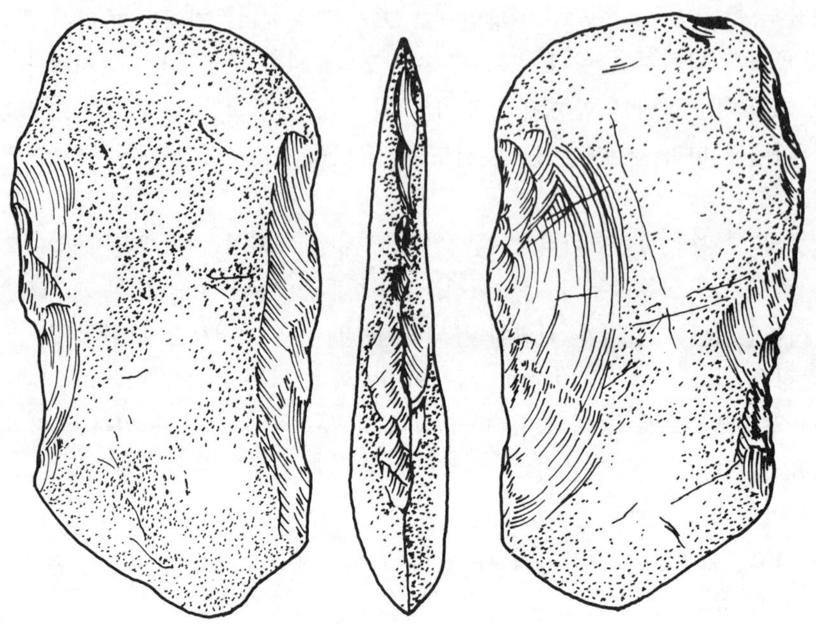

그림 3-3. 앙덕리 출토 돌도끼

된 형태인 곰배괭이와 돌보습·반달돌칼·낫·갈돌·갈판 등이 나타난다. 그 밖에 공구용으로 돌칼·돌도끼·돌끌이, 사냥·고기잡이용으로 돌화살촉·그물추·돌창 등이 다양하게 나타난다(그림 3-3).

　이러한 석기들은 보통 많이 출토되나 변화의 양상이 뚜렷하지 않고, 형태의 구분 등에 정형성이 발견되지 않아 연구에서 소외되었던 것이 사실이다. 그러나 이 분야에 대한 연구는 농경기원과 같은 많은 문제를 해결하는 열쇠가 될 것으로 생각된다.

(3) 뼈연모 및 기타

　우리나라의 신석기시대 유적에서는 석기들과 함께 뼈나 나무 등으로 만든 연모나 치레걸이가 다양하게 만들어졌던 것으로 보인다. 뼈연모로는 농경용과 고기잡이용 등이 있는데, 서포항이나 궁산유적의 뿔괭이와 뒤지개 등의 농경용구와, 뼈창(찔개살), 작살 등의 고기잡이용구가 신석기시대 초기부터 나타난다. 중기 이후에는 오산리에서와 같이 결합식 낚시바늘을 비롯하여, 동삼동유적의 뼈바늘, 수가리유적의 자돌구 등이 더욱 다양하게 나타난다(사진 3-9).

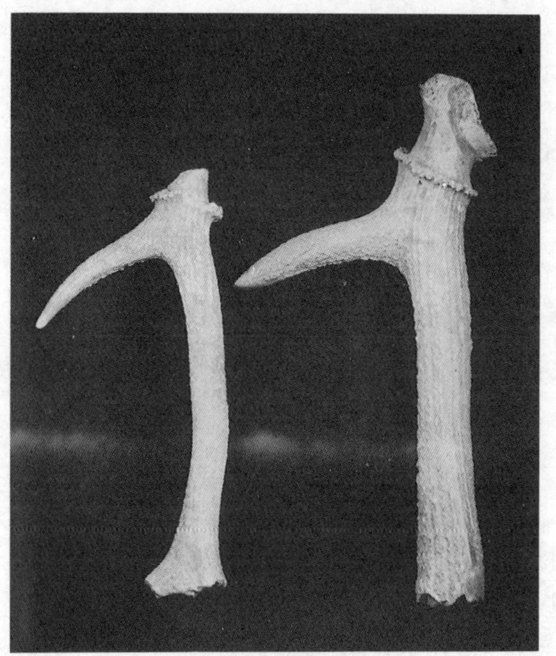

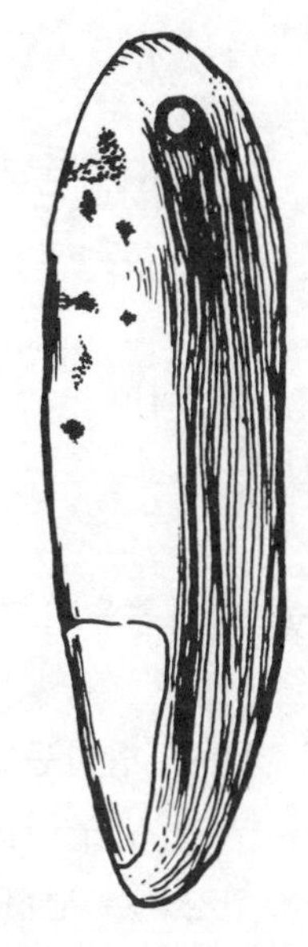

사진 3-9. 궁산 출토 뿔괭이　　　　　그림 3-4. 상시 출토 치레걸이

　　후기에는 뼈연모들이 더욱 다양해져 뼈로 만든 작살·뼈바늘·뼈끌·뼈창·뼈송곳·뼈낚시 등과, 멧돼지 이빨로 만든 낫·칼·무늬새기개 등이 있으며, 조가비로 만든 팔찌·목걸이 등도 보인다. 또한 옷감이나 그물짜기 등의 수공업에 사용되었던 뼈연모와 뼈로 만든 호신부도 나타난다.

　　나무로는 훨씬 다양하게 연모를 만들어 사용하였을 것으로 여겨지나, 우리나라의 토양이 대부분 산성이어서 나타나지 않았다.

　　그 밖의 자료로는 대리석이나 구운 흙, 동물의 이빨이나 뿔, 조가비, 대롱구슬 등을 사용하여 치레걸이·호신부·조소·조각품 등을 만들었는데, 서포항유적의 치레걸이나 호신부, 오산리의 흙 얼굴, 동삼동의 조가비 얼굴 등이 대표적인 예이다(그림 3-4).

Ⅲ. 중부지역의 신석기유적(그림 3-5)

1. 집(터)

1) 서울 암사동유적

서울시 강동구 암사동에 있는 이 유적은 아차산성을 강 건너로 바라보는 한강변 왼쪽 모래질 단구 위에 자리한다. 유적이 처음 알려진 것은 1925년 을축년 대홍수 때 한강물이 넘쳐 유적이 잘려나가 유물 포함층이 노출됨으로써, 토기·석기 등 많은 유물이 나타나게 되면서부터이다.

이 유적에 대한 조사는 1967년 한국대학박물관협회의 연합발굴이 있은 뒤, 국립중앙박물관에서 1971~1975년까지 4차에 걸쳐 조사하였고, 1984년 선사유적공원을 만들기 위하여 서울대학교 박물관팀이 집터를 다시 발굴한 적이 있다.

지금까지 모두 20여 채의 신석기시대 움집터와 딸린 시설, 돌무지 구조, 빗살무늬토기, 석기 등이 발굴되어서, 유물·유적으로 볼 때 우리나라 중서부지방의 신석기문화를 대표하는 유적이라고 할 수 있다.

움집 형식에는 둥근꼴이 많으며, 모를 죽인 네모꼴도 있다. 집의 크기는 한쪽 길이가 5~6m쯤이고, 움 깊이는 70~100cm쯤 되고, 집터 가운데 돌을 둘러놓은 불 땐 자리가 있고, 입구는 주로 남쪽에 있다. 기둥구멍은 대체로 집 1채에 4개가 있어, 네 모서리에 기둥을 곧게 세우고 도리를 얹어 서까래를 서로 기대어 세운 것으로 보인다(사진 3-10·3-11·3-12).

토기는 달걀을 반쪽 잘라놓은 모습의 뾰족밑·둥근밑 모양으로, 토기의 아가리·몸통·바닥 부분으로 나누어 무늬를 새겼는데, 아가리에는 짧은 빗금무늬·점무늬·사내끼무늬를 새기고, 몸통에는 물고기등뼈무늬를 주로 베풀었다. 무늬 새긴 부분에 따라, 이른 시기에는 토기 전체에 새긴 것이 많고, 늦은 시기로 오면서 아가리 부분에만 무늬를 넣었다.

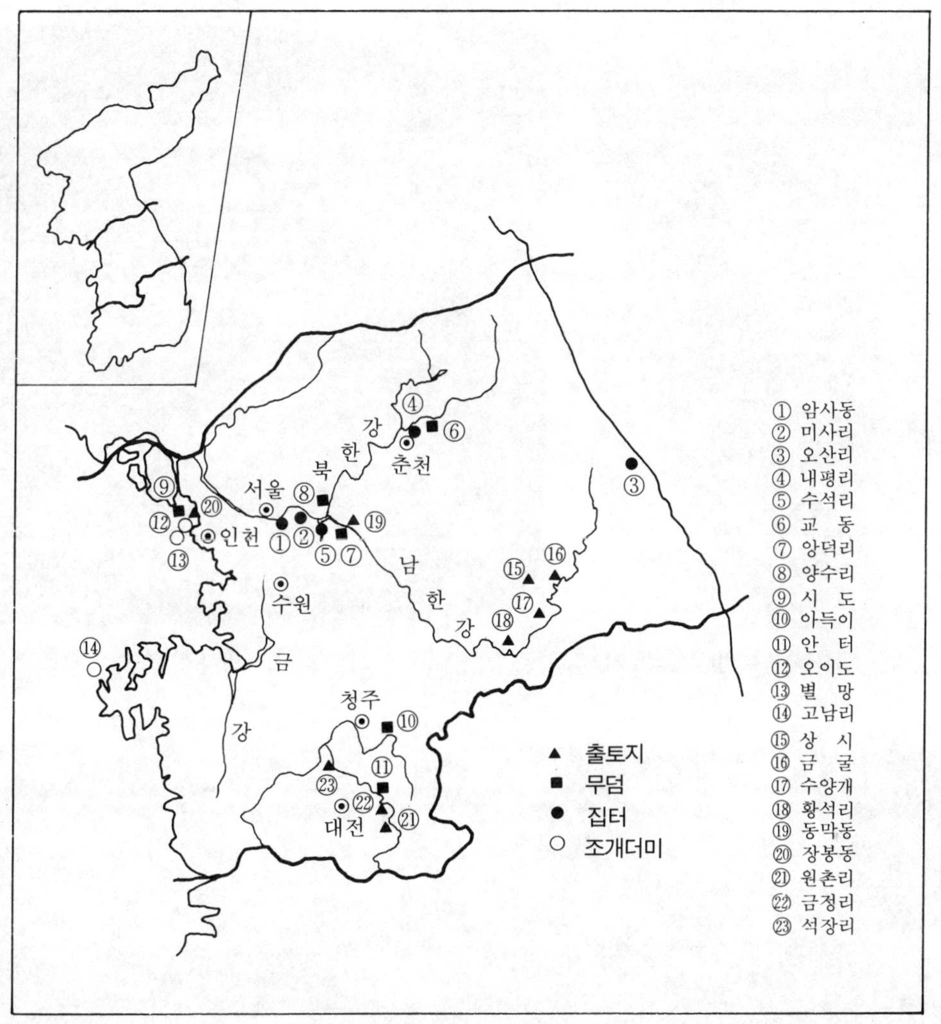

그림 3-5. 중부지역의 신석기유적

석기는 주로 강자갈로 만든 도끼·화살촉·그물추 등 뗀석기가 많고, 간석기도 있다. 농사에 쓰이는 괭이·돌낫·보습·갈돌·갈판도 있어, 암사동 신석기시대 사람들은 농경생활을 하며 마을을 이룬 것으로 보인다. 그 밖에 도토리와 같은 자연열매를 따다 음식을 만들어 먹은 자취도 남아 있다.

암사동유적은 방사성탄소 연대측정에 따르면 6,230~3,343B.P.(MASCA 7,250~3,830B.P.)에 걸쳐 있어서, 신석기시대 이른 시기부터 늦은 시기에 해당한다.

현재 암사동유적은 사적 제267호로 지정되어 있으며, 움집이 복원되어 선사유

사진 3-10. 암사동 출토 빗살무늬토기

사진 3-11. 암사동 집터

사진 3-12. 복원된 암사동 집터

사진 3-13. 미사리유적 전경

적공원으로 공개되고 있다.

> * 김종철, 〈서울시 암사동 선사취락지〉, 《한국고고학연보》 2, 1975 ; 임효재, 《암사동유적
> 긴급발굴조사보고》(암사동유적 발굴조사단), 1983.

2) 하남 미사리유적

경기도 하남시 미사리에 있는 이 유적은 1960년에 서울대학교 김원용 교수가
조사힌 뒤, 1987년부터 1992년까지 3차에 걸쳐 연합 발굴조사가 실시되고 있다.
조사결과 이 유적은 신석기시대부터 청동기·초기삼국·삼국시대에 걸친 집단
취락지가 있었음이 확인되었다(사진 3-13).

유적의 층위는 표토에서 자갈층에 이르기까지 17개의 층위 가운데 12층부터
17층까지는 유물이 출토되지 않는 비문화층이고, 10·11층은 신석기시대, 8층에
서는 청동기시대와 초기 삼국시대, 4층부터는 삼국시대 이후의 유물이 출토되고
있다.

신석기층에서는 지름 2.5m 되는 타원형의 움집이 발견되었는데, 바닥에서 빗

살무늬토기·뗀돌도끼·갈돌 등이 출토되었고, 토기 안에서 탄화된 도토리가 나왔다. 한편 집터의 흔적으로 보이는 여러 곳에서 화덕자리가 많이 발견되었으며, 빗살무늬토기·화살촉·그물추·돌도끼 등이 함께 출토되었다. 이곳에서 나온 빗살무늬토기의 이른 시기 것은 모래질이나 찰흙질 바탕흙에 운모가 비짐으로 쓰였고, 늦은 시기에는 찰흙질 바탕흙에 석면·활석·굵은모래가 비짐으로 이용되었다.

토기의 무늬는 아가리 부분에 빗금무늬·손톱무늬·점무늬 등을 새겼고, 몸통에는 물고기등뼈무늬, 바닥에는 방사선무늬를 새긴 것이 보편적이다.

이 유적은 방사성탄소 연대측정 결과 5,000B.P.(MASCA 5,850B.P.)로 밝혀져, 이웃의 암사동유적과 더불어 한강유역의 신석기문화를 이해하는 데 좋은 길잡이가 된다.

  * 임효재, 〈미사리 긴급발굴보고〉, 《한국고고학연보》 8, 1981.
  * 미사리 선사유적 발굴조사단, 《미사리》 1~5권, 1994.

3) 양양 오산리유적

강원도 양양군 손양면 오산리에 있는 이 유적은 동해안으로부터 내륙 쪽으로 약 200m 떨어진 '쌍호'라고 불리는 자연호수의 동북 모서리인 모래언덕 위에 형성되어 있다. 서울대학교팀이 1981~1987년까지 6차에 걸쳐 약 600㎡를 발굴하였다. 그 결과 12개의 둥근꼴 집터와 '심발형'(아가리)토기, 결합식 낚시바늘, 돌톱, 흑요석, 흙얼굴 등이 출토되었다(사진 3-14).

사진 3-14. 오산리 출토 심발형토기(Ⅴ-1층)와 덧무늬토기

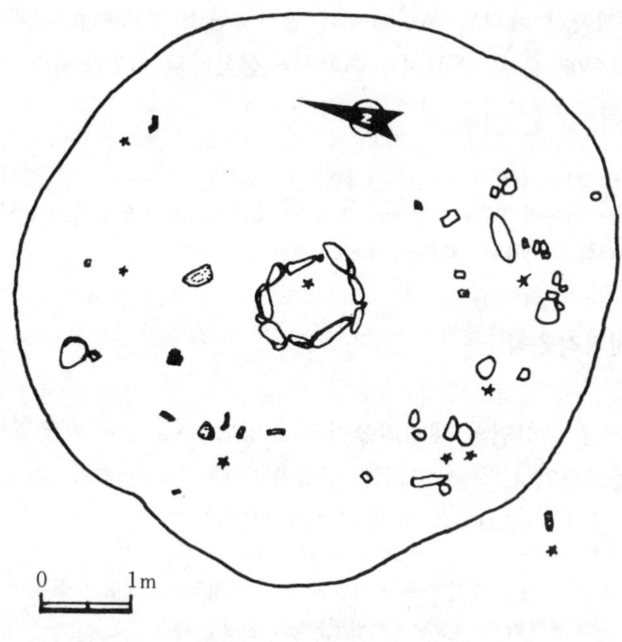

그림 3-6. 오산리 집터(4호)

크게 6개의 층위로 나누어지는 이 유적은 Ⅱ·Ⅲ·Ⅴ층이 신석기시대 층인데, 각기 상·중·하층으로 구분된다. Ⅴ층에서 확인된 12채의 집터는 지름 6m 정도의 둥근꼴에 가까운 집터의 바닥면에 약 5cm 두께의 찰흙을 깐 다음, 중앙에 네모꼴 화덕자리(크기 110×70cm)를 만들었다. 그런데 이곳의 집은 신석기시대 다른 유적의 움집과는 다르게 가는모래로 된 지반 위에 넓게 찰흙을 깔고, 그 위에 불을 놓아 단단하게 한 지상가옥 형태라고 해석된다(그림 3-6).

이들 집터의 안과 둘레에서는 복원이 가능한 토기와 석기가 다량 출토되었다. 토기는 모두 편편밑을 기본으로 하고 있는데, 좁은 바닥에 비하여 봄통 부분이 넓은 바리꼴이 대부분이고, 항아리와 같은 큰 토기도 있다. 무늬는 아가리 부분에만 누른 무늬와 새긴 무늬가 베풀어졌다.

또한 돌로 만든 결합식 낚시바늘이 70여 개나 발굴되어, 동아시아에서도 유례를 찾기 힘든 자료로 평가되며, 흑요석은 분석결과 백두산이 원산지임이 밝혀져, 그곳과의 밀접한 문화적 관련성을 나타내고 있다.

신석기 상층(Ⅱ층)에서는 전형적인 빗살무늬토기의 특징을 가지고 있는 토기들이 발굴되어, 서해안지역 빗살무늬토기와 연결되는 사실이 주목된다.

한편 이 유적에서 채집된 목탄시료의 방사성탄소 연대측정 결과 12,000B.P., 7,120B.P., 7,050B.P.로 밝혀져, 우리나라 신석기의 기원문제와 아시아 신석기 연구에 큰 기준을 제시하고 있다.

   * 임효재·권학수, 《오산리유적》(서울대학교 박물관) 제 9 책, 1984 ; 김원용·임효재·권학수, 《오산리유적 Ⅱ》(서울대학교 박물관) 제10책, 1985 ; 임효재·이준정, 《오산리유적 Ⅲ》(서울대학교 박물관) 제13책, 1988.

4) 춘천 내평리유적

강원도 춘천군 북산면의 내평리유적은 소양댐 수몰지구 발굴조사로 돌깐집터와 움집이 발굴되었다. 돌깐집터는 한강유역에서 보기 드문 집터로서, 석기와 함께 신석기 말기의 토기조각이 많이 발견되었다.

   * 한병삼 외, 〈소양강 수몰지구 유적발굴조사〉, 《팔당·소양댐 수몰지구 유적발굴종합조사보고》(문화재관리국. 《팔당·소양댐》으로 줄임), 1974.

5) 미금 수석리유적

경기도 미금시 수석동에 있는 이 유적은 산마루턱에서 집터가 발굴되어 주목된다. A·B지구로 나뉘는 수석리유적은, A지구는 전형적인 빗살무늬토기의 특색을 보이며, 빗살무늬와 민무늬토기의 접촉과 변화의 과정을 보여준다.

야트막한 언덕 위 B지구에서는 바람을 막기 위해 반대편 경사면을 파고들어간 6개의 집터가 조사되었다. 반움집·반굴식의 3평 안팎 크기의 집터는 기둥을 직접 땅 위에 세웠던 것으로 보이고, 특별한 구조가 없이 화덕자리만 뒷벽 쪽 한구석에 약간 치우치게 만들어, 연기의 배출이 편리하도록 하였으며, 빗살무늬가 출토되었다(그림 3-7).

   * 김원용, 〈수석리 선사시대 취락주거지 조사보고〉, 《미술자료》 11, 1966.

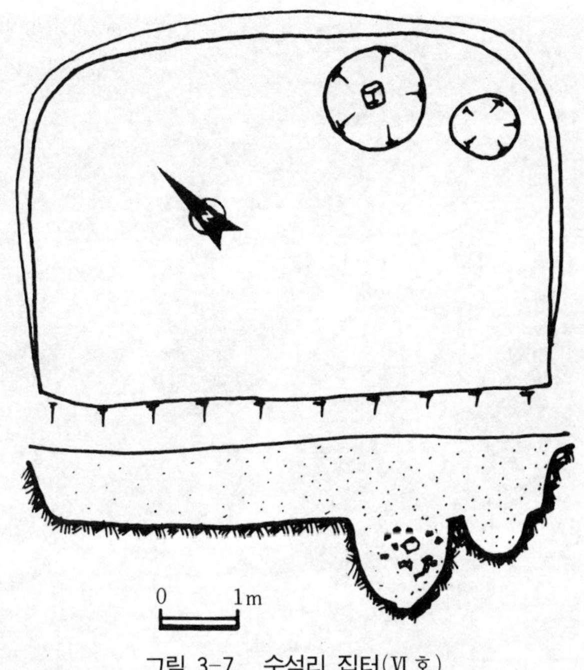

그림 3-7. 수석리 집터(Ⅵ호)

2. 무덤유적

1) 춘천 교동 동굴유적

1963년 성심여대(현 한림대) 신축교사 건축 때에 발견된 강원도 춘천시 교동유적은 봉의산에 있는 풍화화강암의 경사면을 파고들어가, 지름 4m, 천장높이를 2.1m 크기로 만든 인공동굴이며, 신석기시대의 집터이기도 하다.

이곳에서는 머리를 동·서·남쪽의 벽을 향하여 수레바퀴살 모양으로 둔 3구의 주검과 함께 많은 돌연모, 5점의 완형 빗살무늬토기가 발굴되었다. 주검 아래에서는 화덕자리가 확인되어서, 이 동굴을 집으로 하여 살던 사람들이 어떤 이유에서인지 죽음을 당하자 그들이 살던 집터에 그대로 장례를 치르고 떠났던 것으로 해석된다(사진 3-15·3-16).

풍화암반을 파고 만든 둥근 굴집의 천장은 그을음이 새까맣게 묻어 있고, 주검들이 누워 있는 모습으로 보아, 사람이 죽자 무덤으로 하고 새집으로 이사간

사진 3-15. 춘천 교동유적 전경

사진 3-16. 교동 출토 편평밑토기

것으로 해석된다. 이곳의 편평밑 아가리무늬토기들은 모두 동해안과, 두만강유역 출토 토기들과 연결되며, 돌연모로는 부장용품으로 보이는 화살촉과 간돌도끼가 출토되었다.

이 교동유적은 우리나라 신석기시대 동굴집터의 존재와 장례를 알려주는 좋은 자료로, 신석기 후기의 것으로 여겨진다.

    ＊ 김원용, 〈춘천 교동 혈거유적과 유물〉,《역사학보》20, 1963.

2) 양평 앙덕리유적

경기도 양평군 개군면 앙덕리에 있으며, 팔당댐 수몰지역 발굴조사로 1972년 연세대학교팀이 발굴하였다. 이곳에는 구석기 전통의 뗀석기가 발견되는 홍적세층이 있고, 고인돌도 10여 기가 떼를 이루고 있다.

·발굴조사된 고인돌 덮개돌은 견운모 편암으로, 크기는 270×170×30~40cm이며, 손질을 많이 하여 거북 모양을 하였고, 많은 구멍이 파져 있다.

무덤방의 크기는 밖의 길이가 180cm, 안이 160cm쯤 되어 바로펴묻기를 하였던 것 같다. 묻힌 사람의 머리 방향은 강물 흐름과 나란하며, 붉은흙을 주검의 위 아래에 뿌렸다.

유물로는 흑요석으로 만든 긁개, 세모꼴 화살촉, 나무 깎는 데 쓰인 뗀돌도끼·돌대패·돌끌·돌자귀와, 의식행위를 살펴볼 수 있는 나는 새 모양을 새긴 예술품, 구멍 만들개 등이 출토되어 주목된다(그림 3-8·3-9).

한편 이 고인돌에서는 9점의 뗀돌도끼와 세모꼴 화살촉이 출토되었는데, 만든

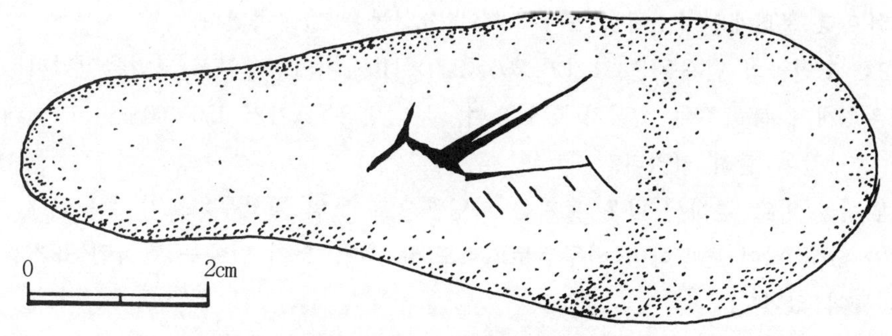

그림 3-8. '날아가는 새'를 그린 예술품(앙덕리 출토)

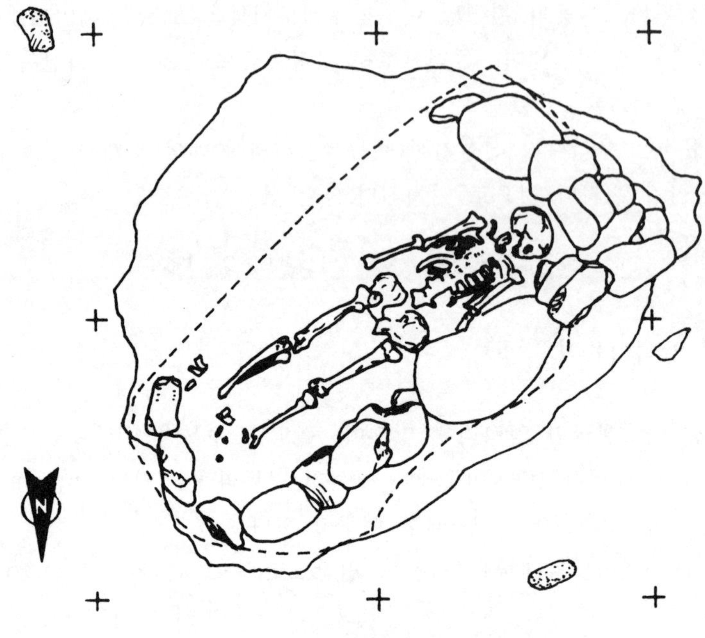

그림 3-9. 양평 앙덕리 고인돌(복원도)

수법으로 보아 신석기시대의 유적으로 해석된다.

 * 이융조, 〈양평 앙덕리고인돌 발굴보고〉, 《한국사연구》 11, 1975.

3) 양평 양수리유적

경기 양평군 양서면 양수리(두물머리)에 있으며, 팔당댐 수몰지역 발굴조사의
일환으로 문화재연구소에서 모두 5기의 고인돌을 발굴하였다.

2호 고인돌의 덮개돌은 크기가 200×200×110cm이며, 탁자식 고인돌이었다. 굄
돌은 3개가 북서쪽에 쓰러져 있었으며, 무덤방은 크기가 150×60cm이고 둘레에
는 강자갈이 깔려 있었다.

덮개돌 바로 옆에서 나온 토기는 바탕흙으로 보면 빗살무늬토기 계통인데, 무
늬가 없고 밑이 편평하여 민무늬토기로도 보이며, 토기 안에는 탄화된 유기물질
이 들어 있었다.

한편 양수리 고인돌의 덮개돌 밑 15cm 되는 무덤방 안에서 나온 숯으로 방사

성탄소 연대측정한 결과 3,900B.P.(MASCA 4,140B.P.)가 나왔는데, 이 자료는 고인돌문화의 연대를 결정짓고 있어서 매우 중요하다.

* 이호관·조유전, 〈양평군 양수리 지석묘 발굴보고〉, 《팔당·소양댐》(문화재관리국), 1974.

4) 부천 시도유적

경기도 부천시 시도에 있는 이 조개더미유적은 국립박물관팀의 발굴조사로 전체 문화의 성격이 알려지게 되었다.

시도의 돌무덤은 풍화화강암의 원토층에 1.5×1.2m, 깊이 30㎝의 타원형 움을 파고, 그 위에 지름 10~15㎝ 정도의 막돌을 쌓아 만들었다. 돌과 움 사이에서는 많은 양의 숯과 빗살무늬토기 조각이 발견되었나. 이렇게 낳은 양의 숯이 있는 것으로 보아, 움에 주검을 묻고 나무로 덮고 돌을 쌓은 것으로 해석된다.

이 숯의 방사성탄소 연대측정 결과는 2,870B.P.(MASCA 2,960B.P.)여서, 빗살무늬토기의 특징과 함께 신석기시대 말기의 문화로 해석된다.

* 한병삼, 《시도패총》(국립박물관 고적조사보고) 8, 1970.

5) 청원 아득이 돌무덤유적

대청댐 수몰지역 발굴조사로 1977년 충북대학교팀이 발굴한 유적으로 충북 청원군 문의면 가호리에 있다.

이 유적에서는 돌무덤이 조사되었는데, 표력만한 크기의 강자갈로 둘레를 쌓고, 바닥에는 7개의 강자갈로 넙적한 면이 위로 창히도록 수평으로 낀 형태었다. 이것은 칠성신앙의 한 단면으로 보이며, 무덤방의 크기(140×45cm)로 보아 굽혀묻기를 하였던 것으로 보인다(사진 3-17).

이곳에서 출토된 빗살무늬토기는 굵은줄무늬와 가는줄무늬의 두 계통이 섞여 출토되어, 유적의 문화성격을 해석하는 데 중요한 자료가 되고 있다.

* 이융조, 《대청댐 수몰지구 유적발굴보고서》(충북대학교 박물관), 1979.

사진 3-17. 아득이 돌무덤

6) 옥천 안터 고인돌유적

충북 옥천군 동이면 석탄리 안터마을에 있는 이 유적은 충북대학교팀이 1977년 대청댐 수몰지역 문화유적 발굴조사의 일환으로 발굴하였다.

이 고인돌은 탁자식이고 선돌과 짝을 이루고 있는 디소릿드 형식인데, 선돌은 사람을 의인화한 것으로 보이며, 배[腹] 부분에 지름 90cm 되는 둥근 원이 새겨져 있다.

거북 모양의 덮개돌은 화강암으로 크기는 320×210×33~36cm이며, 거의 수평으로 놓여 있다. 무덤방의 크기는 75×145cm이며, 바닥을 고른 뒤 노란 찰흙을 뿌렸다. 그리고 장례의식 때에 쓰인 것으로 보이는 붉은흙이 유구 전체에 덩어리 상태로 있었으며, 굄돌은 서쪽으로 기울어져 있다.

묻힌 사람은 북쪽 강을 바라보고 있었던 것 같으며, 무덤방의 방향에 따라서 색을 배치하였던 흔적이 발견되었는데, 이는 인디언의 색 관념과 일치하고 있어 시사하는 점이 많다.

유물은 무덤방 안팎에서 출토되는 것이 서로 다르다. 무덤방 안에서는 식생활에 관한 자료인 빗살무늬토기·갈돌·갈판·그물추와 의식용인 '얼굴' 모양의 예술품, 엑스(X)자를 새긴 돌이, 무덤방 밖에서는 돌자귀·가락바퀴·숫돌 등

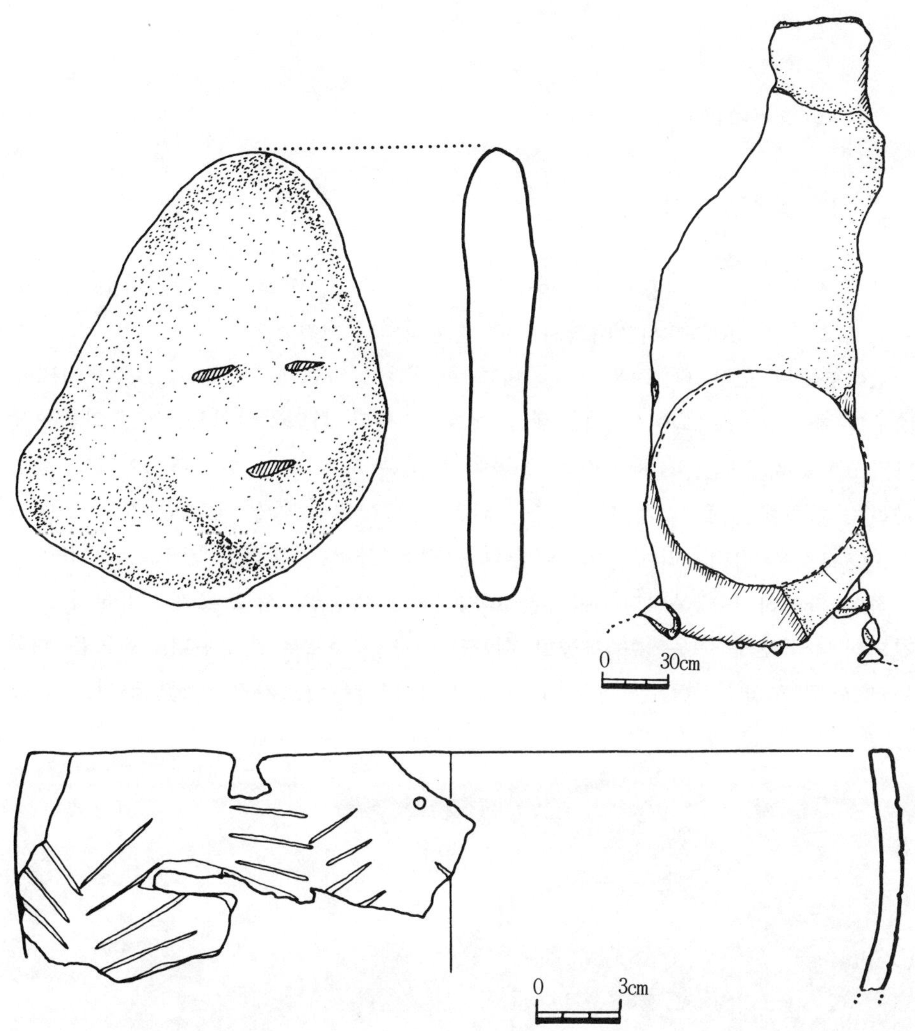

그림 3-10. 안터 고인돌 출토 얼굴예술품 선돌 빗살무늬토기

일상용품과, 의식용인 지킴돌·눈돌·구멍뚜르개 등이 출토되었다(그림 3-10).

빗살무늬토기는 입술 부분에 굼이 있고 무늬는 긋기방법으로 만들어, 안터 고인돌의 축조시기를 밝히는 데 중요하다. 얼굴 모양 예술품은 눈을 가늘게 하였고, 껴묻거리가 모두 일상 생활용품인 것으로 보아, 이곳에 묻힌 사람은 여자인 것으로 해석된다.

　＊ 이융조, 《대청댐 수몰지구 유적발굴보고서》(충북대학교 박물관), 1979.

3. 조개더미

1) 시흥 오이도유적

이 유적은 경기도 시흥시 군자동 오이도에 있으며, 시화지구 간척사업 유적조사의 일환으로 1987년 서울대학교팀이 발굴하였다(사진 3-18).

오이도에는 모두 세 곳에 조개더미가 형성되어 있는데, 발굴된 B조개더미는 12개의 층위로 구성되어 있다. 세 곳에서 조사된 화덕자리의 모습은 타원형에 가깝고, 윗부분에는 10㎝ 가량의 돌들이 불먹은 채로 덮여 있었다. 이러한 화덕자리는 처음에 흙을 얕게 파고 불을 피운 뒤 그 위에 돌을 덮었던 것으로 여겨진다. 그것은 화덕자리에 덮인 돌들의 윗면은 불먹은 흔적이 없고, 밑부분에는 흔적이 확연하기 때문이다. 이러한 화덕자리는 부근의 시도 조개더미에서도 발견되어 굴·조개 등을 1차 가공할 때 불을 피운 것으로 추정된다. 유물은 뼈와 돌로 만든 화살촉, 돌도끼, 굴 따는 석기와 빗살무늬토기가 발굴되었다. 이 토

사진 3-18. 오이도 조개더미 발굴 장면

기들은 크기에 따라 음식물의 준비용과 저장용으로 나누어진다.

이 유적에서는 채집한 조가비를 시료로 측정한 방사성탄소연대는 4,080B.P. (MASCA 4,640B.P.)로 나타났다.

　＊ 임효재·박순발, 《오이도패총》(서울대학교 박물관), 1988.

2) 시흥 별망유적

서울대학교팀이 1978년에 경기도 시흥시 군자동에서 발굴한 이 유적에서는 조개층(하)과 찰흙층에서 빗살무늬토기가 출토되었다.

토기는 모두 그릇의 표면 3분의 2 정도만 무늬를 새긴 것으로, 아가리 부분과 몸통 부분의 문양이 서로 다른 문양요소로 새긴 것과 물고기등뼈무늬로만 새긴 것이 있다.

　＊ 김원용, 〈초지리(별망)패총발굴조사〉, 《한국고고학보》 7, 1979.

3) 안면도 고남리유적

충남 태안군 고남면 고남리의 감나무골에 형성되어 있다. 이 유적에 대한 조사는 1988년부터 한양대학교 박물관팀이 연차적으로 조사하고 있는데, 그해 1차 발굴한 곳을 A지구(신석기시대)로, 1989년 발굴한 지역을 B지구(청동기시대)로 나누어 조사하였다.

이 A지구는 모두 8개의 층위로 구분되는데, 빗살무늬토기만이 나오는 5～7층이 신석기시대의 문화층이다. 빗살무늬토기는 6층(갈색토층)에서 많이 출토되었는데, 이들은 시도·별망·오이도유적 등에서 보이는 것들과 비슷한 서해안 게통이다.

편암과 점판암으로 만든 화살촉·돌도끼·돌끌·홈돌 등이 출토되었고, 여러 종류의 조가비와 멧돼지·우수리사슴과 같은 젖먹이 짐승류도 발견되었다.

이 유적에서 출토된 목탄과 조가비를 방사성탄소 연대측정한 결과 3,340B.P. (MASCA 3,570B.P.)로 밝혀졌다.

　＊ 김병모·심광주, 《안면도 고남리패총 Ⅰ》(한양대학교 박물관), 1990 ; 김병모·안덕임,
　　《안면도 고남리패총 Ⅱ》(한양대학교 박물관), 1991.

4. 출토유적

1) 남한강유역

(1) 단양 상시 바위그늘유적

충북 단양군 매포면 상시리에 위치한 이 유적은 1980년 연세대학교팀이 발굴하여, 세 곳의 바위그늘을 조사하였다.

이 가운데 빗살무늬토기가 주로 출토되는 제 3 그늘을 보면, 전체 6개의 층 가운데, 4층에서 덧띠무늬토기가 발견되고 있다(사진 3-19).

토기의 바탕흙 분석 결과 찰흙에 석영·사장석·활석 등이 비짐으로 이용되었는데, 무늬가 베풀어진 곳은 아가리 부분과 몸통 부분의 일부이며, 무늬는 찍은 무늬와 새긴 무늬로 나누어진다. 바닥은 뾰족밑 모양으로, 시기는 신석기시대 중기 정도로 보고 있다.

또한 남해안지역에서 주로 나오는 투박조개와 덧띠무늬토기가 발견되어, 이

사진 3-19.　상시 1 바위그늘 덧무늬토기(입지름 30.3cm)

유적이 남해안 신석기문화와 많은 관련성이 있을 것으로 보인다.

  ＊ 손보기, 《상시 1 그늘 옛 살림터》(연세대학교 선사연구실), 1984 ; 홍현선, 〈상시 3 바위
   그늘의 문화연구〉(연세대학교 석사논문), 1987.

(2) 단양 금굴유적

이 유적에서는 구석기문화층 위에 있는 2-ㄴ층에서 돌그물추를 비롯하여, 뗀
석기·뼈연모·치레걸이·조가비 등과 함께 빗살무늬토기가 출토되었다.

이곳에서 출토된 뼈연모로는 뼈송곳·뼈바늘이, 치레걸이로는 행달조개의 조
가비와 뿔고둥으로 만든 것이 나왔다(사진 3-20).

빗살무늬토기의 바탕흙은 모두 찰흙이며, 비짐으로는 굵은모래와 운모가 쓰였
고, 서리기나 테쌓기 방법으로 만들었다.

토기는 전체로 보아 임사동 양식도 있지만, 토기에 누늬가 베풀어진 위치, 무
늬를 새긴 수법, 무늬의 생김새 등으로 보아 남한유형토기와 비슷한 특징을 가
지고 있다.

  ＊ 손보기, 〈단양 도담리지구 유적발굴조사〉, 《충주댐(I)》(충북대학교 박물관), 1984.

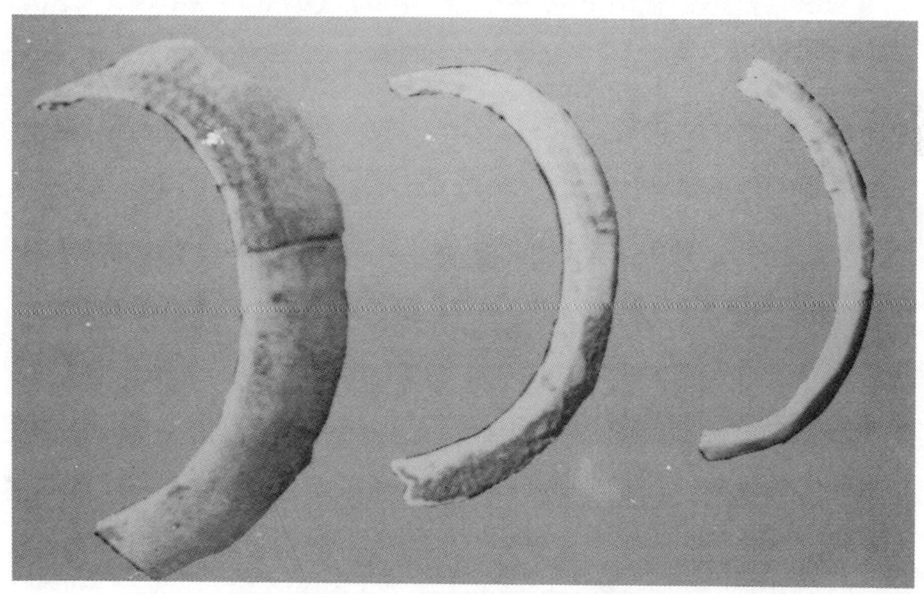

사진 3-20. 금굴 출토 조가비 팔찌

118

(3) 단양 수양개유적

이 유적에서는 구석기문화층 위에 있는 3-ㅁ층에서 돌도끼와 빗살무늬토기가 출토되었다. 돌도끼는 떼기를 베풀어 만들었으며, 빗살무늬토기에는 석영질 모래와 장석가루가 관찰되어, 다른 지역 빗살무늬토기와 거의 같이, 물고기등뼈무늬가 베풀어져 있다.

* 이융조, 〈단양 수양개 구석기유적 발굴보고〉, 《충주댐(I)》(충북대학교 박물관), 1984.

(4) 제천 황석리유적

이 유적은 충북 제천군 청풍면 황석리 남한강 상류의 충적층 대지에 위치하는데, 충주댐 수몰지구 발굴조사의 일환으로 충북대학교팀에 의해 1982~1983년에 걸쳐 발굴조사되었다.

이곳에서는 강자갈로 만든 뗀석기와 함께 빗살무늬토기가 출토되었다. 이 토기의 무늬는 찍거나 새기는 방법으로 정연하게 베풀었고, 무늬의 구성으로 보아 암사동 계통과 가까우며 이른 시기로 생각된다.

* 이융조 외, 〈제원 황석리 B지구 유적발굴조사보고〉, 《충주댐(I)》(충북대학교 박물관), 1984.

(5) 양주 동막동유적

경기도 남양주군 와부읍 동막동에 있는 이 유적은 한강 북안의 자연제방 위에 형성되어 있다.

이 유적에서는 반쪽 달걀 모양의 빗살무늬토기가 출토되고 있는데, 바탕흙은 운모가 섞인 모래질흙이고, 물고기등뼈무늬가 아가리 부분에 베풀어져 있다.

돌연모는 자갈돌로 만든 것이 많으며, 화살촉·반달돌칼·돌도끼 등의 문화상으로 보아 신석기시대 후기의 것으로 보인다.

(6) 부천 장봉도유적

경기도 부천시 장봉도에 있는 2개의 조개더미에서 많은 빗살무늬토기가 발견되었다. 대부분의 토기는 물고기등뼈무늬가 새겨져 있으며, 이웃의 시도유적과 비교된다.

　＊ 임효재, 〈신석기시대 토기의 시대적 변천과정〉, 《한국사론》 12, 1983.

2) 금강유역

(1) 영동 원촌리유적

　충북 영동군 황간면 원촌리에 있는 이 동굴유적은 중원문화권유적 정밀조사 때에 충북대학교팀에 의해서 동굴의 바닥에서 뗀석기·격지·빗살무늬토기·숯 등이 발견되었다. 이 가운데 빗살무늬토기는 얇고 밝은 적갈색을 띠며, 바탕흙 에는 장석류가 섞여 있고, 구멍줄무늬가 찍혀 있어 주목된다.

　＊ 충북대학교 박물관, 《중원문화권유적 정밀조사보고서 —— 영동·보은군》, 1984.

(2) 영동 금정리유적

　이 유적은 충북 영동군 심천면 금정리에 있으며 영동향토사연구회 박하일의 제보로 충북대학교팀이 확인하였다. 이곳에서 발견된 빗살무늬토기의 바탕흙은 모래질과 찰흙질의 2가지로 되어 있는데, 대부분이 찰흙질이다. 무늬는 찍는 무 늬보다 새긴 무늬가 훨씬 많고, 주로 격자무늬이지만 물고기등뼈무늬와 빗금무 늬도 있다. 이 가운데 빗금무늬는 남해안 늦은 신석기시대 유물과 매우 닮았다 (사진 3-21).

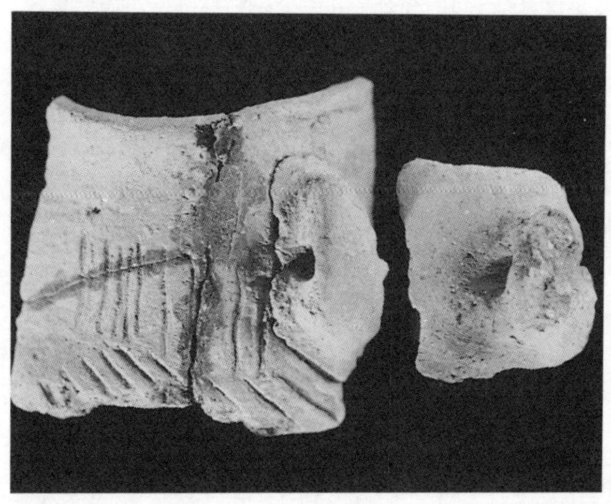

사진 3-21.　금정리 출토 빗살무늬토기

* 이융조 · 신숙정, 〈중원지방의 빗살무늬토기 고찰 —— 금정리유적의 빗살무늬토기를 중심으로〉, 《손보기박사 정년기념 고고 · 인류학논총》, 지식산업사, 1988.

(3) 공주 석장리유적

구석기문화층 위에 있는 신석기층에서 뗸석기와 함께 빗살무늬토기가 발굴되었다. 이 토기는 부여 나복리의 토기와 같은 계통이며, 민무늬토기와의 교류를 보여주는 신석기 후기의 것으로 여겨진다.

방사성탄소 연대측정 결과도 2,990B.P.(MASCA 3,140B.P.)가 된다.

* 이융조, 〈한국고고학의 연대결정에 대한 연구〉, 《한국의 선사문화 —— 그 분석 연구》, 탐구당, 1981.

이 밖에 신석기시대 유물이 출토된 유적은 다음과 같다.

유적이름	위　치	조사 기관	출토유물	비　고
양평리 B	제천군 청풍면 양평리	서울대	빗살무늬토기	충주댐 발굴
광의리 A	제천군 청풍면 광의리	경희대	빗살무늬토기	충주댐 발굴
진목리 A · B	제천군 한수면 진목리	한양대	빗살무늬토기 · 간석기	충주댐 발굴
사기리 C	제천군 한수면 사기리	서원대	빗살무늬토기	충주댐 발굴
도화리	제천군 한수면 도화리	서울대	빗살무늬토기 · 뗸석기	충주댐 발굴
함암리	제천군 한수면 함암리	청주대	빗살무늬토기	충주댐 발굴
명서리	중원군 동량면 명서리	경희대	빗살무늬토기	충주댐 발굴
하천리 D	중원군 동량면 하천리	한양대	빗살무늬토기	충주댐 발굴
하천리 F	중원군 동량면 하천리	경북대	빗살무늬토기	충주댐 발굴
지동리 A	중원군 동량면 지동리	경희대	빗살무늬토기	충주댐 발굴
탄금대	충주시 칠금동		빗살무늬토기	지표조사
소야도	옹진군 덕적면 소야도		빗살무늬토기 · 뼈추	지표조사
진중리	남양주군 와부읍 진중리	숭실대	빗살무늬토기 · 간돌도끼	팔당댐 조사
도곡리	구리시 도곡동		빗살무늬토기	지표조사
삼거리	강화군 하점면 삼거리	국립 중앙 박물관	빗살무늬토기	지표조사
동막동	강화군 하도면 동막동		빗살무늬토기	지표조사

유적	위치	소장	유물	조사방법
도양리	강화군 양도면 도양리		빗살무늬토기	지표조사
용유도	인천시 영종도		빗살무늬토기	지표조사
월미도	인천시 월미도		빗살무늬토기	지표조사
토성지	강릉시		빗살무늬토기	지표조사
영진리	명주군 영진리		빗살무늬토기 · 간돌도끼 · 돌칼 · 뼈	지표조사
가 둔	명주군 사천진리		빗살무늬토기	지표조사
송전리	양양군 송전리		빗살무늬토기	지표조사
백령도	옹진군 백령면		빗살무늬토기 · 간석기	지표조사
막 지	옥천군 안내면 막지리	충북대	빗살무늬토기	대청댐조사
나복리	부여군 초촌면 나복리	국립 중앙 박물관	빗살무늬토기	지표조사
용봉리	천안시 용봉동		빗살무늬토기	지표조사
둔 산	대전시 서구 둔산동	충남대	빗살무늬토기 · 보습 · 갈돌	택지개발조사

Ⅳ. 연구의 방향과 과제

우리의 신석기시대 문화에 대한 연구는 일찍이 해방 이전부터 시작되었으나, 주로 개인적인 관심에서 출발되었기에 문화의 대강만이 알려졌을 뿐이다. 광복 후에도 찬란한 유물이 출토되는 고분 발굴이나, 선사시대 분야에서도 잊혀진 시기였던 구석기와 청동기에 대한 높은 관심으로, 신석기문화에 대해서는 관심을 비교적 덜 가지게 되었다.

그러한 가운데서도 여러 학자들의 노력으로 꾸준한 발전을 이루었는데, 여기에서는 앞으로 해결해야 할 연구의 방향과 과제를 제시하고자 한다.

1. 자연환경 연구

이 시대는 빙하의 퇴각과정으로 인하여 불안정한 기후였기에, 당시의 주민집단이 자연환경과 어떠한 관계를 가지고 있었는지를 파악하기 위해서 이 분야에 대한 연구는 필수적이다. 이 시대의 우리나라 자연환경은, 북유럽을 중심으로 하여 기후를 구분한 선(先) 보레알기, 보레알기, 아틀란틱기, 아(亞) 보레알기, 아 아틀란틱기 등의 기후 구분을 적용할 수 있음이 최근의 연구결과로 밝혀지고 있다.

이러한 신석기시대 기후변화의 가장 큰 원인은 역시 후빙기 이후의 기온상승에서 비롯되었다고 할 수 있고, 이것은 동·식물상과 해수면의 변화를 가져오게 되었다고 생각된다.

그동안의 연구로 이들 변화에 대한 자료가 얼마쯤은 체계화되었으나, 우리나라 신석기시대의 자연환경을 밝힐 수 있는 기본자료인 기후도·식생도·지형도에 대한 전체의 실상을 그리기에는 많은 부족함이 있다. 대만·중국·일본의 연구를 참고하여 어느 정도 해석할 수는 있으나, 좀더 전문적이고 자세한 환경 연구가 필요하다고 하겠다.

현재 꽃가루 분석, 퇴적물 분석, 숯 분석 등 여러 과학적인 방법이 모색되어 신석기시대 자연환경에 대한 연구가 확대 심화되고 있으며, 지질학·고생물학·토양학·기후학 등과 같은 인접과학과의 공동연구가 절실하다.

2. 시기 구분

신석기시대에 대한 시기 구분은 주로 층위를 달리하는 집터의 성격과 각 유적에서 나오는 유물갖춤새를 총체적으로 대비하여 이루어지게 된다. 이 가운데 가장 중요한 기준으로 쓰인 자료가 남북한 고고학 연구에서 모두 토기를 중심으로 하였다. 특히 토기 생김새의 변화, 무늬의 특징, 바탕흙과 토기를 만든 기술의 차이 등이 유적의 시기 구분에 기준이 되어왔다.

그러나 서해안·동해안·남해안 등의 지역에서 각기 다른 특징의 토기가 출토되어 많은 의문과 문제점이 제기되었다. 또 같은 서해안지역의 토기에 대해서도 남한의 학자들은 토기의 무늬가 시기의 변화에 따라 밑부분부터 생략되어갔다고 보는 반면에, 북한에서는 늦은 신석기에서는 토기의 전면에 무늬를 베풀었다고 보고, 이에 따라 유적의 시기를 구분하고 있다.

이와 같은 문제점의 해결을 위해서는 방사성탄소 연대측정법과 같은 과학적인 방법이 응용되어야 하며, 이러한 절대연대 측정법에 의한 연대의 제시는 하나의 객관적 자료가 될 것이다. 현재 이러한 과학적 연대측정값은 계속 발표되고 있어서, 시기 구분에 대한 분명한 기준이 서게 될 전망이다.

3. 유적과 유물

1) 유 적

이 시대의 유적은 크게 집터·조개더미·무덤유적으로 구분될 수 있다. 이 가운데 집터와 조개더미는 생활유적이어서, 당시 사람들의 삶의 모습을 반영하고, 무덤은 의식행위의 산물이기에 이 시대의 문화상 연구에서 중요한 주제가 되어왔다.

집터는 발견되는 유적이 그리 많지 않은데, 확인된 곳은 남한에서 안사동, 미사리, 오산리, 거창 임불리, 봉계리 등이며, 북한에서는 궁산유적을 비롯하여 금탄리·농포동·미송리·지탑리·서포항·토성리·세죽리·신암리·용연리·강상리·남경 등이 있다.

이러한 집터에 대한 연구는 지금까지 주로 하나의 대단위 취락에서 이루어진 삶의 모습을 반영하였다기보다는 남북한 학자들의 연구방향이 모두 집터의 선후관계에 치중해왔다고 하겠다. 그 이상의 연구가 이루어져야 한다는 데는 누구나 공감을 하면서도, 집터 연구가 더 이상 진전되지 않은 까닭은, 문제를 제기하고 연구 해석하는 이론과 방법론이 부족하기 때문이라고 여겨진다.

또한 신석기시대에 들어와서도 동굴생활을 한 흔적이 단양 상시·금굴, 제주 북촌리, 춘천 교동, 부산 율리, 의주 미송리 등지에서 확인되었으나, 여기에 대한 관심이 소홀했던 것이 사실이다. 신석기시대 사람들 가운데에서 환경의 변화에도 불구하고 이전 시기의 생활방식과 주거양식을 계속하는 것이 확인되어서 더욱 중요하다.

조개더미에서는 당시의 생활연모뿐만 아니라, 동물뼈·조개류 등 자연유물도 풍부하게 출토되어 일찍부터 주목되어왔다. 그러나 여기에 대한 연구는 역사학자나 고고학자들 모두가 토기나 석기 등 인공유물을 중심으로 해왔기에, 자연과학 분야의 지식을 거의 갖추지 못한 것이 학계의 실정이다.

최근 상노대도유적의 조사를 기점으로, 조개더미를 만든 사람들의 식량획득과 기술, 동물뼈, 동·식물상의 비교연구 등을 통하여, 당시의 사회를 복원하려는 노력들이 나타나고 있어 바람직하다.

그렇지만 이러한 노력들은 아직 시작 단계일 뿐으로 많은 관심과 노력을 기울여야 할 것이다. 조개더미유적에 대한 분포도를 작성하고, 각 유적에 대한 성격과 연대를 밝히고, 이를 통해 당시 해안선의 복원 등도 시도하여 자연환경을 복원하는 연구가 필요하다. 그래서 당시 고기잡이·사냥방법·사회조직·문화상의 복원이 이루어져야 할 것이다.

무덤에 대해서는 발굴된 자료가 드물어, 당시의 사유형태와 의식세계를 총체적으로 파악하기 어려운 실정이다. 이 분야에 대한 지속적인 관심이 요구된다.

2) 유　　물

신석기시대의 유적에서 출토되는 유물 가운데 가장 대표적인 것은 역시 토기이다. 토기는 시기에 따라 제작방법의 차이가 나기 때문에, 시기를 구분하기 위한 수단으로 많이 언급되어왔다. 그렇지만 토기에 대한 연구가 주로 육안의 관찰에 의해서 그릇의 모양과 무늬의 특징 연구가 주가 되었고, 토기의 전파 기원에 관심이 집중되어왔다.

최근에 토기 연구의 새로운 경향은 과학적 분석에 의하여 토기를 만드는 과정을 복원하고, 무늬의 통계를 내거나 비짐을 분석하여, 점차 의미 있는 해석을 시도하고 있다.

석기에 대해서는 주로 형식 분류와 만든 기술에 대한 연구가 주된 관심의 대상이었다. 그러나 형식 분류에 치중하면서도 연모의 발달로 생기는 생산력의 발달과 이에 따른 사회구성체의 문제 연구를 본격화하여야 할 것이다.

간석기와 뗀석기에 대한 연구는 모두 부족하여 아직 생김새에 따라 이름을 짓는 단계에 불과하다. 격지를 포함한 뗀석기에 대한 연구도 본격화하고, 간석기와 뗀석기와의 비교연구, 제작수법과 사용, 그리고 기능에 대한 연구를 구체화한다면 좀더 문화성격이 뚜렷해질 것으로 기대된다.

뼈연모의 연구는 당시의 동물상을 알 수 있고, 식생활을 짐작할 수 있어 매우 주목된다. 대표적인 뼈연모로는 화살촉과 낚시·작살·찔개살 등의 고기잡이 연모와, 뚜지개·새기개·송곳·바늘·칼·치레걸이·팔찌 등의 생활연모가 있는데, 이들에 대한 복원적 연구가 본격화되어야 하겠다. 최근 뼈화석을 통한 종(species)의 감정과 뼈의 부분 분류, 잡는 방법 등의 연구는 매우 바람직한 것으로 보인다.

현재까지 예술품에 대해서는 오산리·동삼동·서포항·농포동유적 등에서 출토된 몇몇 예뿐이어서, 예술품을 찾아내는 일부터 시작하여야 할 것이다. 자료의 축적에 따라 이에 대한 분류, 그것을 만든 사람들의 사유형태를 추구하는 일이 필요하다고 하겠다.

4. 살림살이

1) 농　　경

현재까지 농경은 실물발견에만 의존해왔기에, 부정의 논리에서 출발하였다고 해도 지나친 말은 아니다. 여기에 대한 연구는 이제 단순한 곡물의 발견에만 의존할 것이 아니라, 꽃가루나 유공충(有孔蟲), 논 잡초 등의 검출법, 식물규산체 (plant opal)의 검출법 등 미세화석 분석법의 좀더 적극적인 방법이 연구되어야 하겠다. 또 출토된 연모의 쓰임새에 대한 과학적인 검토도 필요하다.

최근 신석기시대 유적에서 출토되는 볍씨는 벼농사의 시작과 전파 경로 등 우리나라 농경의 기원문제를 다루는 데 중요하다. 그리고 도토리에만 한정되어 있는 채집경제에 대해서도 좀더 다양한 연구가 병행되어야 하겠다.

2) 짐승기르기와 사냥

신석기시대의 유적에서 출토되는 짐승뼈의 89%가 산짐승에 속하는 것으로 보아 사냥은 짐승기르기보다 역할이 훨씬 컸음을 알 수 있다. 산짐승 가운데 가장 많이 잡힌 것은 사슴과(科)와 멧돼지 종류였고, 그 밖에 사향노루·산양 등 뭍짐승과 물개·바다사자 등 물짐승이 있다.

그리고 산짐승류의 뼈는 집돼지 뼈가 나타나면서 비율이 떨어지는데, 이것은 짐승기르기가 본격화되었음을 의미한다. 이러한 짐승기르기는 사냥에 필요한 개를 길들이는 단계, 고기를 얻는 데 필요한 돼지를 기르는 단계, 소나 말과 같이 부릴 수 있는 짐승을 기르는 단계로 발전한 것으로 여겨진다.

그리고 최근 수가리나 상노대도 등의 일부 유적에서 종 분류가 시도되었으나,

126

이 연구는 아직 미비한 실정이다.

3) 고기잡이

고기잡이의 증거로는 물고기뼈나 조가비와 고기잡이 연모를 들 수 있다. 물고기뼈를 통하여 당시에 명태·대구·청어·방어·숭어·고등어·광어 등 오늘날 잡아먹는 것과 같은 고기를 잡았음이 확인되었다. 조가비는 식량자원으로서만이 아니라, 당시의 환경을 복원할 수 있는 중요한 자료가 되지만 연구가 미비하다.

고기잡이 연모를 통하여 당시의 작살 사용, 낚시질, 그물치기, 채집 등의 고기잡이법을 유추할 수 있으나, 일차적인 분류 수준에 머무를 뿐 실험이나 복원을 위한 시도가 제대로 이루어지지 못한 실정이다. 민속학적 자료와 비교를 하며 당시의 생활모습을 복원할 수 있는 방향으로 나아가야 할 것이다.

4) 교　　역

이 시대의 교역에 관한 문제는 민족문화의 고유성과 독자성만을 강조하거나, 전파라는 시각에서만 본다면 연구의 결론을 얻기 어려울 것이다. 현재까지 신석기시대의 교역에 대하여는 동삼동·상노대도 등 남해안의 유적에서 일본 큐슈지방 죠몽토기와 비슷한 유물이 출토되어, 이들 지역 사이에 교역이 있었을 것이라는 막연한 추측만 있었다.

또 과학적인 방법을 통하여 오산리 출토의 흑요석이 백두산 계통이라는 것을 밝혔으며, 상노대도·욕지도 등에서 나온 흑요석도 분석되고 있다. 흑요석의 원산지가 확인되고 출토지가 연결된다면, 당시의 교역관계에 접근하여 문화를 복원하는 데 크게 기여하게 될 것이다.

주

1) 김원용, 《세 3 판 한국고고학개설》, 일지사, 1986.
2) 임효재, 〈편년〉, 《한국사론》 12, 1973.
3) 이　찬, 〈자연환경〉, 《한국사》 1(국사편찬위원회), 1973.
4) 안승모, 〈신석기시대〉, 《한국고고학보》 21, 1988.

5) 安田喜憲 外, 〈韓國における環境變遷史と農耕の起源〉, 《韓國における環境變遷史》, 1980.

6) 한국선사문화연구소·경기도, 《일산 새도시개발지역 학술조사보고》 1, 1992.

7) 김정배, 〈고조선의 민족구성과 문화적 복합〉, 《백산학보》 12, 1972.

8) 서국태, 《조선의 신석기시대》, 1986 ; 임효재, 《한국고대문화의 흐름》, 집문당, 1992.

9) 고고학·민속학연구소, 《지탑리원시유적 발굴조사》, 1962.

10) 길경택, 〈한국선사시대 농경과 농구발달에 관한 연구〉, 《고문화》 27, 1985.

11) 방사성탄소 연대측정 결과 실제 연대와는 약간의 차이가 있음을 과학적으로 증명한 이래 ('제 2 방사성탄소혁명'), 펜실베이니아대학교 박물관에서 이 오차에 대한 정정을 위하여 새로운 계산 방법을 도출하여 세계선사학계에 발표하였다. 우리나라에서도 필자(이융조, 〈한국고고학의 편년에 대한 한 연구〉, 《한국사연구》 15, 1977)가 우리나라의 선사고고학 자료를 분석하여 발표한 적이 있다.

12) 임효재, 앞의 책.

13) 김정기, 〈주생활〉, 《한국사론》 17(국사편찬위원회), 1987.

14) 임효재·S. M. Nelson, 〈한강유역 즐문토기의 용량축출과 그 문화적 의미〉, 《한국고고학보》 1, 1976.

제 4 장 청동기문화

Ⅰ. 청동기시대의 개관

1. 시대 개념과 구분

청동기시대는 사람들이 청동을 이용하여 연모를 만들어 사용하면서 살림을 꾸리던 시기를 가리킨다. 맨 처음에는 구리에 다른 광물을 섞지 않은 순동을 그대로 두드려서 연모나 치레걸이를 만들다가, 차츰 아연이나 주석·납 등을 섞어서 단단한 청동을 얻는 방법을 터득하게 되었다.

이렇게 좀더 발달된 기술을 가지고 있는 청동기문화가 우리나라에도 있었다는 사실이 밝혀지게 된 것은 광복 이후 우리 선사문화의 연구에서 얻은 값진 성과 가운데 하나이다.[1] 일제시대에는 식민사관에 의하여 우리나라에 청동기시대가 없었고, 석기와 금속으로 만든 연모가 함께 쓰였다는 금석병용기(金石倂用期) 또는 동석기시대(銅石器時代, Eneolithic Age)의 문화단계가 있었다고 주장해왔다.

청동기시대에 널리 쓰이던 민무늬토기와 간석기·청동기를 중심으로 이룩된 문화를 민무늬토기문화(無文土器文化)라고도 하는데, 이것은 앞시기의 신석기시대를 가리키는 빗살무늬토기문화와 구분이 되며, 청동기시대를 포괄하고 있다. 그런데 청동기시대의 개념은 넓은 뜻으로, 다른 곳에서 만들어진 청동기라도 그것이 유입되어 사용하기 시작한 때부터를 청동기시대로 이해하는 적극적인 해석이 요즈음의 경향이다.

우리나라에서 청동기시대를 설명할 때에는 청동기문화의 분포지역을 어디까지로 볼 것이냐 하는 것과, 다른 곳에서 만들어진 청동기라도 그것이 사용된 때부터를 청동기시대로 볼 것인가, 아니면 청동기의 주조기술이 들어와 청동기를 독자적으로 만든 시기부터를 청동기시대로 할 것인가 하는 시대의 개념문제에 따라서, 청동기시대의 시기와 범위가 달라질 수 있다.

청동기 분포지역의 구분은 대체로 청동기의 지시유물인 동검(銅劍)을 중심으로 하고 있다. 여기에 따르면, 동검의 전체적인 모습이 중국 악기인 비파를 닮은 비파형(요령식) 동검이 많이 출토되는 고조선의 영역인 요령지역을 포함하여, 중국 동북지방과 우리나라 전역을 그 범위로 정하고 있는 것이 일반적이다.[2]

이러한 비파형 동검이 바로 한국식 동검(세형 동검)으로 발전하였음을 알 수 있게 하는 것은, 이 한국식 동검의 출토지역이 위의 지역을 비롯하여 연해주와 일본의 큐슈지역에서 출토되고 있는 사실로써 밝혀지고 있다.

구리에 다른 금속을 섞어 청동을 얻기까지 사람들은 순동을 사용하다가, 점점 단단한 금속을 만들 수 있는 기술을 배워 청동기를 만들기 시작하였다. 청동은 구리에 비소나 주석, 그리고 납을 섞어 만든다. 주석의 합금 비율이 28%일 때가 구리의 경도를 가장 굳게 하며, 납은 주조한 다음 표면의 마감 처리를 위하여 사용한다. 그런데 우리나라의 청동기에는 유동성을 좋게 하여 주조하기 쉽게 하는 역할을 하는 아연이 포함되어 있어, 성분으로 보면 시베리아지역의 청동기와 비슷한 점이 많다.

이러한 청동을 가지게 된 사람들은 처음에 동검이나 청동으로 만든 연모보다는 청동단추·방울·청동손칼 등 작은 제품이나 치레걸이를 주로 만들었는데, 이것은 우리나라뿐만 아니라 세계적으로 공통된 현상이다. 이와 같이 이른 시기에 만들어진 청동유물이 발견된 우리나라의 유적으로는 용천 신암리, 평양 금탄리, 나진 초도가 있다.

신암리유적의 위층(Ⅱ층)에서 출토된 민무늬토기와 청동손칼·청동단추는 압록강 건너 요령지역의 우가촌(牛家村) 위층과 상마석(上馬石) 위층의 유물과 비슷하여, 매우 밀접한 관련이 있었을 것으로 보인다.[3]

금탄리유적의 Ⅲ문화층에서는 청동끌이, 나진 초도유적에서는 가락지처럼 청동판을 두드려서 만든 청동단추와 청동방울이 나왔다. 종성 삼봉리에서는 청동단추의 거푸집이 발견되어, 우리나라에서도 청동단추가 만들어졌다는 사실을 뒷받침해주고 있다.[4]

청동기문화의 연대설정에는 청동기만을 대상으로 한 변화과정을 보려는 견해와, 같이 나오는 유물이나 유구를 비교하여 기준을 설정하려는 견해도 있는데, 주로 비파형 동검이나 한국식 동검의 변천과정에 따라 시기를 구분하고 있다. 그러나 이 구분도 청동기시대에는 석기나 나무연모·뼈연모가 실제 생활에 많이 사용되어서 올바르다고 생각되지는 않는다.

우리나라 청동기문화의 상한연대에 관해서는 지금까지 여러 견해들이 있어, 하나로 정리되지 못하고 있다. 특히 청동기문화의 시작연대에 대하여는 빗살무늬토기와 민무늬토기와의 관계, 청동기가 무기나 생산을 위한 연모로서 어떠한 기능을 가졌는가 하는 문제 등이 밝혀지지 않아 어려움이 많으나, 학계의 대체적인 분위기는 기원전 10세기 이전으로 보고 있다.

그리고 청동기문화의 후기단계는 초기 철기문화와 겹치고 있고, 실제로 훌륭한 여러 가지 청동기가 이 시기에 많이 발견되고 있어, 전체적으로 우리나라의 청동기문화를 실펴볼 때 이 시기를 청동기문화 후기로 보는 것이 더욱 합리적일 것으로 생각된다.

이와 같은 몇 가지 점을 바탕으로 보면, 우리나라의 청동기문화는 비파형 동검이 출토되고 있는 중국 동북지역까지를 포함하며, 우리 청동기문화의 뿌리인 시베리아 청동기문화와 관련시키려는 더욱 적극적인 입장에서 이해할 필요가 있고, 그 상한은 기원전 10세기 이전으로 보아야 할 가능성이 많다.

후기 청동기문화는 초기 철기문화의 영향을 많이 받은 것은 사실이며, 여러 가지 청동기가 발견되고 있어 기원전 3세기까지로 볼 수 있을 것이다.[5]

2. 기 원

우리나라 청동기문화의 기원에 대해서는 여러 가지 의견들이 있지만, 동검을 비롯한 무기나 연모에 앞서 만들어진 청동손칼·청동단추 등이 언제, 어떻게 생산되었는가 하는 문제를 해석하는 것이 더 합리적일 것이다.

청동기문화는 크게 보아 중국 은(殷)나라 청동기문화의 영향을 받았다는 의견과, 시베리아지역의 미누신스크(Minussinsk), 스키트(Scyth) 청동기문화에 북방 오르도스(Ordos)지역 청동기가 섞인 시베리아 청동기의 영향이 미쳤다는 2가지의 견해가 있지만, 대체적으로는 후자의 영향이 더 많았던 것으로 보인다. 우리나라에서 출토된 청동기의 합금술과 청동기 성분을 분석하면, 중국과는 다르게 아연이 섞여 있는 점이 이러한 사실을 뒷받침해준다.

그러나 전북 완주지역에서 중국 청동기문화의 대표적 유물인 도씨검(桃氏劍)이 한꺼번에 여러 점 발견되고 있어, 서해안을 중심으로 한 문화의 전파나 교류도 전혀 무시할 수 없는 실정이다.

우리나라의 청동기문화에 많은 영향을 준 시베리아지역의 미누신스크 청동기문화는 크게 안드로노보(Andronovo)기, 카라스크(Karasuk)기, 타가르(Tagar)기 등으로 나누어진다. 이 가운데 안드로노보문화는 시베리아의 중부지역을 중심으로 형성된 문화이며, 다음 단계의 카라스크문화는 기원전 13세기경 남부 시베리아지역의 예니세이강 상류를 중심으로 청동기문화를 만들어, 외몽고지역으로 전파한 다음 중국의 은문화와도 부분적으로 교류를 가지게 된다. 이러한 카라스크 청동기문화는 몇 가지 특징을 지닌 채 동쪽으로 점차 옮겨와, 우리 청동기문화의 뿌리와 연결된다.

농경생활을 바탕으로 이루어진 카라스크 청동기문화는 몽고 계통의 사람들이 이룩한 것으로 넓은 판석으로 만든 돌널무덤이 특징이며, 청동기에는 안으로 굽은 자루머리에 동물이 장식된 손칼, 자루가 달린 동검, 뒤쪽에 꼭지가 달린 청동단추, 그리고 여러 개의 청동단추를 이어붙인 연주(連珠) 모양 장식이 있다.

그런데 강계 풍룡동의 돌널무덤에서는 시베리아지역에서 발견되는 것과 같은 청동단추가 출토되어, 우리의 청동기문화가 이러한 카라스크 청동기문화의 영향을 받았다는 사실을 더욱 뚜렷하게 보여주고 있다.

우리나라의 청동기문화와 깊은 관계를 지닌 카라스크문화는 중국 동북지역의 요령지방에서 비파형 동검을 특징으로 하는 문화를 발달시켰는데, 최근 부여 송국리, 상주, 승주 내우, 여천 적량동에서 비파형 동검이 많이 출토되고 있어, 청동기문화의 교류 가능성과 기원에 관한 중요한 자료로 등장하고 있다.

Ⅱ. 사회와 문화

청동기문화와 사회는 앞시대와 비교할 수 없을 만큼 삶의 방식이 다원화되면서 복합적으로 발달하게 된다. 삶의 방식에서도 농경생활이 사냥이나 채집보다

는 더 큰 역할을 하게 되었고, 집도 신석기시대의 강가나 바닷가보다는 낮은 구
릉지대에 위치하며, 꽤 넓은 지상가옥의 형태로 발전한다.

그리고 연모도 살림의 쓰임새에 따라 다양하게 나타났으며, 날이 날카로운 간
석기가 널리 발달되었다. 토기는 찰흙의 바탕흙에 굵은 모래나 활석을 섞어서
구운 민무늬토기가 중심을 이루며, 생김새는 쓰임의 목적에 따라 여러 가지가
있다. 무덤은 많은 노동력과 기술이 필요한 큰 돌을 가지고 만든 것이 보편화되
었다.

1. 사   회

1) 농경과 목축

우리나라에서 농경이 처음 이루어진 시기는 신석기시대이나, 청동기시대가 되
면 농경이 발달하여 앞시기와는 비교되지 않을 만큼 활발해지며, 보편적으로 이
루어졌다.

청동기시대의 경작지는 이때의 집터가 거의 대부분 낮은 구릉지대에 있었던
점에서, 논농사보다는 밭농사였던 것으로 추정된다. 이러한 점은 볍씨와 조·수
수·기장 등의 잡곡이 한꺼번에 출토되는 사실로도 짐작된다.

농경의 직접적인 자료가 되는 곡식은 벼농사에 관한 것과 잡곡으로 크게 나누
어볼 수 있다. 탄화된 쌀은 가장 북쪽인 평양의 남경유적을 비롯하여 여주 흔암
리·송국리 등의 유적에서 출토되었으며, 진양 대평리, 부안 소산리 등의 유적
에서는 토기에 볍씨 자국이 찍혀 있어서, 이 시기의 농경에 관한 사실을 알려준
다.[6]

낮은 구릉의 기슭에 있는 흔암리유적의 12호와 14호 집터에서는 화덕자리 옆
과 토기 안에서 탄화된 쌀을 비롯하여, 조·수수·보리·콩이 함께 출토되었는
데, 이것은 남경유적에서와 같이 여러 종류의 잡곡이 재배되고 있었음을 보여준
다. 또한 곡물과 함께 반달돌칼·갈판·괭이·보습 등이 발견되어, 그때의 농경
기술에 대하여 더욱 자세히 알 수 있게 되었다.

송국리유적에서는 탄화된 쌀이 54-1호, 54-11호, 54-13호 집터에서 출토되었으
며, 특히 54-1호 집터에서만 359g이나 되는 많은 양의 쌀이, 50-1호, 54-1호 집

134

터에서는 민무늬토기의 바닥에 볍씨 자국이 찍힌 것이 발견되었다. 잡곡과 그물추 등의 고기잡이용 연모가 없이 쌀만 발견되어 벼농사가 좀더 널리 퍼진 것으로 여겨진다(사진 4-1).

한편 이 시기에 잡곡만 나온 유적으로는 북한지역의 회령 오동, 무산 범의구석, 송림 석탄리유적이 있다. 오동유적의 집터에서는 탄화된 콩·팥·기장이, 범의구석의 15호 집터에서는 기장·수수가, 5호 집터에서는 조가 발견되었고, 석탄리의 39호 집터에서는 조·팥이 출토되어 당시의 농경생활에 관한 자료를 제공해주고 있다.

다음으로 농사를 짓는 데 사용된 연모를 보면, 나무를 베거나 밭갈이에 쓰인 돌도끼, 땅을 가는 데 이용된 돌괭이, 이삭을 따는 데 쓰인 반달돌칼, 그리고 곡식의 껍질을 벗겨내는 갈돌·갈판이 있다.

나무로 만든 농사용 연모의 이용은 당시의 유적에서 발견되는 자귀·끌·대패 등 나무연모를 만들기 위한 공구가 많이 나오고 있어, 쉽게 짐작해볼 수 있다.

실제로 의주 주의리의 니탄층에서 나온 후치는 보습농사의 전통을 이어받은 좀더 발달된 밭갈이 연모로 이해된다. 여기에서 발견된 후치는 자연적으로 구부러진 참나무를 이용하여 'ㄴ'자 모양이 되게 만들었는데, 땅에 닿는 앞부분의 끝은 납작하고 뾰족한 보습날처럼 생겼으며, 뒤는 손잡이를 꽂을 수 있도록 구멍이 여러 개 파져 있었다.

사진 4-1. 송국리 출토 탄화된 쌀

사진 4-2.   반달돌칼

　이 시기의 농경연모를 대표하는 반달돌칼은 곡식의 이삭을 따는 데 쓰인 것으로 전국에서 출토되며, 곡식의 생태적인 면을 고려하여 만든 훌륭한 농기구로 생각된다. 그것은 벼나 조·피는 낱알이 잘 흩어지지 않고, 익는 과정도 불규칙하여 한꺼번에 딸 수 없으므로, 줄기를 자르는 낫보다는 이삭을 따는 칼이 훨씬 효율적이어서 넓게 이용된 것으로 보인다(사진 4-2).

　또한 수확용 연모인 돌낫이 가끔 발견되고 있지만, 이것의 쓰임새에 대해서는 다른 살림살이에 이용되었다는 견해도 있다.

　청동기시대의 농경에 관한 또 다른 훌륭한 자료는 대전에서 나온 것으로 알려진 농경문청동기(農耕文靑銅器)가 있다.[7] 따비를 가지고 밭의 이랑을 일고 있는 사람의 모습이 아주 사실적으로 묘사되어 있는 이 청동기는 아래 부분이 떨어져 나갔으며, 현재 남아 있는 크기는 길이 12.8cm, 너비 7.3cm, 두께 1.5mm이다(사진 4-3).

　위쪽의 테두리에 네모꼴의 구멍이 6개 있는데, 닳은 상태로 보아 끈을 매어서 달았던 것으로 여겨진다. 앞면의 양쪽에는 'Y'자 모양의 두 쪽으로 갈라진 나뭇가지 위에 독수리 같은 새가 1마리씩 앉아 있는데, 종교적 의식과 관련이 있는 것으로 생각된다.

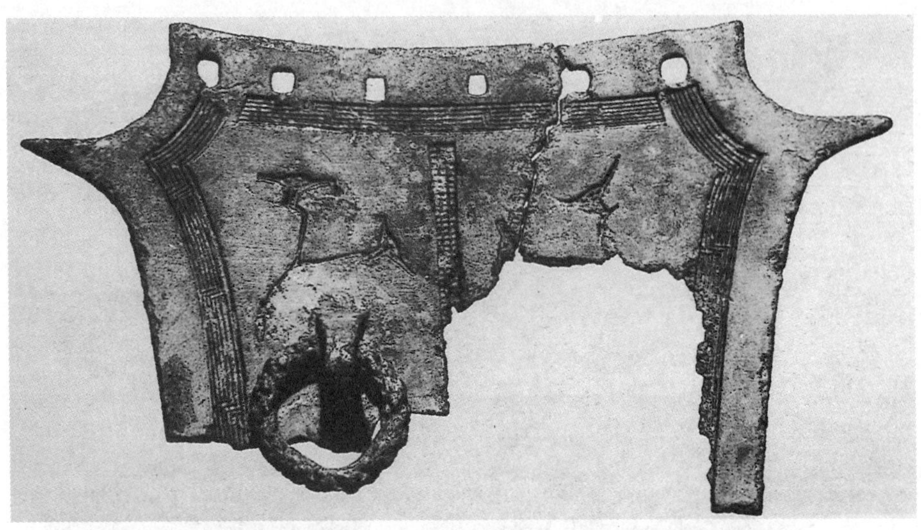

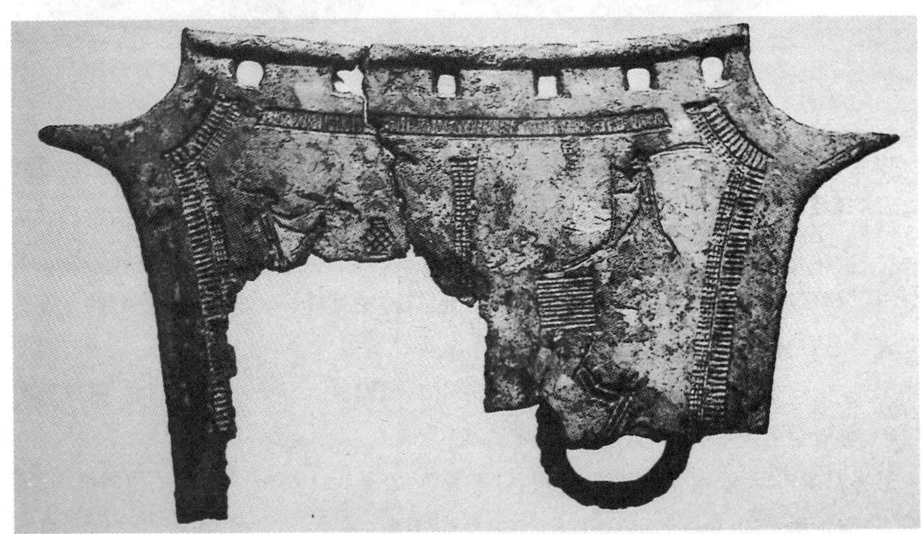

사진 4-3. 농경문 청동기(앞·뒤)

　뒷면에는 밭 가는 모습과 수확하는 모습이 표현되어 있다. 오른쪽으로는 머리가 뒤로 길게 뻗쳐 있고, 남자가 따비로 밭을 갈고 있다. 따비 아래에는 10개의 줄을 그어 밭고랑을 나타내고 있으며, 밭고랑 밑에는 사람이 두 손으로 괭이를 높이 받쳐들고 있다. 그리고 왼쪽에는 상투가 달린 사람이 손을 내밀고, 그 앞에는 망을 씌운 그릇이 있어 곡식을 담는 모습을 나타내고 있다.

이렇게 농경에 관한 여러 가지의 표현이 나타나 있는 이 청동기는 씨앗을 뿌리는 봄과 거두어들이는 가을철에 있었던 제사의식과 관련이 있는 것으로 보이며, 청동기시대의 농경에 관한 생생한 모습을 알려주고 있다.

이러한 농경과 더불어 당시에는 집에서 짐승기르기를 하였다. 사람들이 맨 처음 어떻게 짐승을 길들여 키웠는가 하는 것은 여러 가지 의견들이 있으나, 청동기시대보다 앞서 이루어진 것은 분명하다.

짐승기르기는 청동기유적에서 발견되는 많은 집짐승뼈를 통하여 집에서 길렀다는 사실을 알 수 있는데, 길들여진 짐승은 주로 개·돼지·소였다. 개는 일찍부터 사냥을 위하여 기르게 되었고, 잡식인 돼지는 농경사회에서는 아주 알맞은 짐승으로 여겨진다. 그리고 소는 농경의 발전과정과 밀접한 관련이 있을 것으로 보이는데, 당시의 농기구로 쓰인 후치의 출토로 보아 가축으로 이용되었을 가능성도 높다.

여러 유적에서 발견된 짐승뼈로는 돼지뼈가 가장 많은데, 범의구석의 2문화층 집터에서는 무려 20마리 분의 돼지뼈가 나와 가축화의 정도를 이해하는 데 도움이 된다. 또한 초도유적에서도 사냥된 토끼·족제비 등과 함께 많은 돼지뼈가 나왔으며, 범의구석에서는 흙으로 빚어 만든 돼지 조소품이 나와, 이 시기에 돼지기르기가 널리 퍼져 있었다는 사실을 시사해준다. 소뼈는 범의구석과 오동유적에서 찾았다.

2) 사냥과 고기잡이

청동기시대에는 농경에 못지 않게 짐승을 사냥하고 물고기를 잡는 일도 살림의 일부분을 차지하였다. 이러한 사냥과 물고기잡이가 그때의 살림을 이어나가는 데 얼마만큼의 역할을 하였는가 하는 문제는 자세히 알 수 없으며, 계절에 따라서 그 정도가 달랐을 것이다.

이 시대의 사냥은 짐승의 고기는 물론 살림에 필요한 털가죽을 얻기 위한 것으로 생각된다. 사냥으로 잡힌 짐승은 족제비·수달·토끼와 같은 작은 짐승을 비롯하여, 산양·멧돼지·곰 등의 큰 짐승도 있었다.

사냥에 쓰인 연모는 이 시기의 유적에서 많이 나오는 여러 가지의 화살촉으로 보아 활이나 창이었던 것 같으며, 봉산 신흥동 3호 집터에서 나온 불에 탄 사냥용 그물은 발달된 사냥의 수단을 알 수 있게 한다.

고기잡이는 큰 강가나 바닷가 근처에 살던 사람들에게는 살림에 큰 역할을 하였던 것으로 보인다. 이 시기의 고기잡이를 알 수 있는 자료로는 그물추와 낚시가 있다.

그물추는 여러 가지의 크기와 생김새가 있는데, 이것은 고기를 잡는 방법의 차이와 기술상의 발달을 보여준다. 크기는 3~4cm와 7~8cm 되는 것이 많으며, 강가에서 발견되는 것은 바닷가 옆에서 나온 것보다 작다. 그런데 금탄리와 남경유적에서는 그물추가 한꺼번에 600~650개가 출토되어, 이것으로 그물의 크기를 미루어 짐작할 수 있으며, 발달된 기술수준을 알 수 있다.

뼈낚시는 범의구석 15호 집터와 온성 수남 5호 집터에서 나온 갈구리 모양이 있으며, 바다고기잡이에는 결합식 낚시가 쓰인 것 같다. 초도유적에서 나온 결합식 낚시는 활처럼 휘게 깎은 2개의 뼈를 묶어 하나의 낚시가 되게 하였다. 이것은 바다에 물고기가 떼를 지어 다닐 때 효율적으로 잡기 위한 연모로 이해된다. 초도유적에서는 바닷가의 상어·망어·명태·가자미 등이 있다.

2. 문　화

1) 집(터)

청동기시대의 집터는 거의 대부분 강언저리나 계곡이 내려다보이는 낮은 구릉지대에 있으며, 드물게는 보령 교성리처럼 산꼭대기에 있는 경우도 있다. 앞시기보다는 크고 비교적 많은 집들이 한 곳에 모여 작은 마을을 이루고 있다.

이러한 마을은 바람을 막아주는 작은 산을 뒤에 두고 앞으로는 작은 내가 있어, 살림에 필요한 물을 쉽게 구할 수 있는, 오늘날의 자연적인 마을과 아주 비슷하다.[8] 그리고 가끔씩은 금굴이나 상시유적처럼 동굴이나 바위그늘을 이용하여 살림을 꾸리기도 하였다.

이 시대의 집은 주로 움집이었던 것으로 보이는데, 움의 깊이는 신석기시대보다 훨씬 얕고 일부에서는 반지상가옥으로 발전하였다.

집의 평면 형태는 대부분 네모꼴이나 긴 네모꼴인데, 크기가 네모꼴은 한 변의 길이가 5m쯤 되며, 긴 네모꼴은 5×7m 정도이다. 파주 옥석리 집터(크기 3.7×15.7m)는 청동기시대에서는 찾아보기 드문 큰 편에 속한다. 이렇게 큰 집은 대가족이 공동으로 살던 집이거나, 살림에 필요한 연모를 만들던 제작소였던 것으로 보인다.

그런데 서산 휴암리, 청원 내수리, 부여 송국리, 광주 송암동, 거창 대야리 등의 유적에서는 드물게 둥근꼴의 움집이 발견되어 주목된다. 이런 둥근꼴의 움집은 집 안 가운데 쪽을 긴 타원형으로 조금 판 다음 2개의 기둥을 세웠으며, 화덕자리는 없고 저장구덩이가 있는 것이 보편적이다.

집터에서는 기둥을 세우기 위하여 팠던 기둥구멍과 화덕자리·물길·저장구덩이가 발견되고 있다. 기둥구멍은 집터의 가운데 쪽에 있는 것을 중심으로 집의 어깨선 안팎을 돌아가면서 만들어놓았는데, 승주 곡천유적에서는 기둥을 튼튼하게 하기 위한 버팀나무의 구멍자리도 발견되었다.

그리고 집터 안의 화덕자리는 강자갈로 만들거나, 흙으로 둑을 쌓거나, 맨땅을 조금 움푹하게 파서 만들기도 하였다. 그러나 둥근꼴의 집터에서와 같이 화덕자리가 없는 경우도 있다.

집의 바닥은 맨땅을 그대로 다지기도 하고, 찰흙을 4~5cm 두께로 간 다음 불에 구워 단단하게 만든 것도 있는데, 바닥에는 짚이나 풀을 엮어서 깔았을 것으로 짐작된다. 실제로 평양 남경유적에서는 갈대를 엮어서 깔았던 흔적이 발견되기도 하였다.

청동기시대의 움집은 벽체와 지붕이 나누어져, 벽체가 밖에서 보이도록 되어 있다. 이렇게 되자 용마루와 도리 등 서까래를 걸 수 있는 천정시설이 필요하며, 천정과 벽이 높아져 집의 구조가 복잡하게 되었다. 이러한 점으로 보아 그때의 사람들은 신석기시대의 집보다 집 안을 밝게 하였으며, 활용할 수 있는 면적도 훨씬 넓어졌음을 알 수 있다.

청동기시대 집의 또 다른 특징은 한 곳에 10여 채에서 100여 채 이상의 집들이 모여 취락을 이루는 것인데, 송국리·흔암리·휴암리·금탄리·석탄리·범의구석유적 등을 대표로 들 수 있다.

이 가운데 석탄리유적에서는 약 10만㎡의 범위에서 100여 채가 넘는 집터가 발굴되었고, 범의구석유적에서는 약 1,200㎡에 몇 겹으로 서로 겹친 50여 채의 집터가 발견되어, 큰 마을을 이루면서 한 곳에 모여 지속적으로 살았음을 알 수 있다.

2) 무　덤

청동기시대의 무덤으로는 고인돌[支石墓]을 비롯하여 돌널무덤[石棺墓], 돌깐
무덤[敷石墓]이 있으며, 늦은 시기가 되면 독무덤[甕棺墓]이 나타난다.

(1) 고 인 돌

고인돌은 커다란 돌을 가지고 만든 구조물로 우리나라 선사시대의 여러 유적
가운데서 가장 두드러진 성격을 지니고 있으며, 상당히 일찍부터 조사 연구되기
시작하였다.

유적분포를 보면 주변지역인 중국에서는 주로 요동반도에 있으며, 남부지역인
절강성에서도 가끔 발견되고, 일본은 큐슈지역에서만 나타난다. 우리나라에는
이들 지역과는 비교가 되지 않을 만큼 수만 기(基)에 이르는 많은 고인돌이 내
륙은 물론, 제주도를 비롯한 여러 지역에까지 퍼져 있다.

고인돌은 주로 강을 낀 낮은 구릉지대나, 주변의 자연지세에 알맞은 골짜기
방향이나 강·해안선을 따라 있다. 수적으로 많이 분포하는 평안도·황해도·전
라도지역은 서해안에 인접한 지역이라는 점에서, 바다와 고인돌 사이의 연관성
이 있을 것으로 생각된다.

고인돌의 기능은 죽은 사람을 묻기 위하여 만든 '무덤고인돌'이 거의 대부분
인데, 형식은 밖으로 드러난 덮개돌[蓋石]을 받치고 있는 굄돌[支石]에 따라 몇
가지로 나누어지며, 덮개돌 밑에 있는 무덤방[墓室]의 짜임새는 만든 방법과 재
료에 따라 여러 가지가 있다.

탁자식(북방식;전형) 고인돌은 판판한 굄돌을 세워서 지표 위에 네모꼴의 무덤
방을 만들고, 그 위에 덮개돌을 올려놓은 형식이다. 오늘날 남아 있는 고인돌을
보면 덮개돌의 무게를 받고 있는 굄돌의 긴 벽은 그대로 있지만, 고인돌을 만든
다음 나들이문 역할을 한 것으로 짐작되는 짧은 벽(막음돌)은 거의가 파괴되어
없는 상태이다. 이러한 형식은 주로 황해도나 평안도의 서북지방에 많이 있고,
드물게는 강화·고창·나주·거창에서도 발견되고 있다 (사진 4-6).

바둑판식(남방식, 기반식;변형) 고인돌은 땅 위에 놓인 3~4개 또는 그 이상의
받침돌이 덮개돌을 받치고 있는 것으로, 땅속에 있는 무덤방은 구덩·돌널·돌
덧널 등 여러 가지가 있다.

구덩식(무지석식, 개석식) 고인돌은 땅 위에 커다란 덮개돌만 드러나 있는 것으로, 우리나라에서 가장 많이 분포되고 있어 고인돌의 기원문제를 밝히는 데 중요하다.

고인돌의 발굴조사 결과 제천 황석리와 양평리, 달성 진천동, 춘천 중도 등의 유적에서는 사람뼈가 나왔다.

그리고 껴묻거리로는 민무늬토기를 비롯한 여러 가지의 토기와, 간돌검·화살촉 등의 석기, 드물게 청동유물이 출토되고 있다.

최근 승주 내우, 여천 적량동의 유적에서는 한 곳에서 여러 점의 비파형 동검이 나왔으며, 속초 조양동유적에서는 이른 시기의 부채꼴 모양의 청동도끼가 발견되기도 하였다. 드물게는 꾸미개인 굽은옥[曲玉]과 대롱옥[管玉]이 출토되기도 한다.

황석리유적에서처럼 사슴이나 소과(科), 돼지 등의 짐승뼈가 발견되는 경우도 있는데, 이것은 고인돌을 만들 때 있었던 제의(祭儀)나 묻힌 사람의 영생을 바라는 내세의 믿음에 관한 자료를 보여주는 것으로 여겨진다. 또한 고인돌 사회의 사람들이 무덤을 만들 때 가지고 있던 정신세계를 이해할 수 있는 'X'자를 새긴 자갈돌이 옥천 안터와 화순 대전유적에서 발견되었다.

고인돌을 만든 시기를 밝혀주는 방사성탄소 연대측정 결과는 얼마되지 않으나, 양평 양수리 고인돌의 연대측정값이 3,900B.P.(MASCA 4,140B.P.)로 밝혀져, 뗀돌도끼와 함께 신석기시대부터의 자료로 보게 하는 큰 기준을 제시하고 있다.

옥천 안터 고인돌에서도 늦은 시기의 빗살무늬토기가 출토되며, 담양 문학리, 중원 하천리, 제천 함암리 고인돌에서는 이른 철기시대의 토기나 쇠똥[鐵滓]이 출토되어, 이 고인돌은 늦은 신석기시대부터 만들어지다가 청동기시대에 널리 퍼졌고, 이른 철기시대까지도 가끔 쓰였던 것으로 이해된다.

우리나라에 집중적으로 퍼져 있는 고인돌에 관해서는 바다를 통해 동남아시아나 중국 동북부지역에서 전해졌다는 전파설과, 주변지역과는 비교되지 않을 만큼 많은 고인돌과 그 축조연대가 이르다는 점에서, 주변지역과 관계없이 자체적으로 만들어졌다는 자생설이 있다.

커다란 덮개돌을 옮겨 고인돌을 만드는 데에는 훌륭한 기술과 많은 사람들의 힘이 필요하였을 것이며, 이러한 기술과 노동력은 선사시대의 사회와 문화를 이해하는 데 중요하다. 지금까지 밝혀진 여러 자료로 보아, 고인돌을 만들던 때에는 사람들이 공동체의식 속에서 참여하였던 것 같다.

(2) 돌널무덤

돌널무덤은 무덤방의 벽·바닥·천장을 각기 1장의 판석으로 한 상자 모양의 짜임새를 가리키지만, 경우에 따라서는 풍화암반층을 판 다음 한 벽에 여러 장의 판석을 잇대어 짠 것도 있고, 또 네 벽에 판석·모난돌·강돌을 섞어 쌓아 벽을 만든 것도 있다.

돌널무덤은 거의 전국적으로 있으나, 양적으로는 매우 적은 실정이다. 이러한 사실은 땅 위에 아무런 흔적이 없어 우연하게 조사된 것이 거의 대부분이기 때문이다.

우리나라 돌널무덤의 기원에 관해서는 시베리아 계통의 청동기문화권에서 찾아볼 수 있다. 시베리아지역에서는 이른 청동기시대인 안드로노보기 때 돌널무덤이 나타나, 다음 단계의 카라스크—타가르기에 널리 퍼지는데, 우리나라 청동기시대의 돌널무덤과 단추 모양 장식, 동물 장식 유물이 출토되어, 이들과 관련이 있는 것으로 여겨진다.

무덤방은 짜임새에 따라서 다음과 같이 몇 가지 형식으로 나누어진다.

첫째는 무덤방의 네 벽과 바닥·천장이 1장의 판석으로 짜여진 것으로, 상자무덤[箱式石棺, 石箱墳, 板石墓]이라고 부른다. 이러한 돌널무덤은 길이가 50~200cm까지 여러 가지이고, 묻기는 바로펴묻기·굽혀묻기·두번묻기 등 다양하였던 것으로 생각되는데, 시중 풍룡동, 사리원 상매리, 단양 안동리, 진양 대평리 유적 등이 있다. 풍룡동에서는 청동단추 모양 장식품이, 상매리에서는 청동화살촉이, 안동리에서는 점판암으로 만든 화살촉이 껴묻기되었다.

둘째는 1장 이상의 판석을 서로 잇대어 무덤방을 만든 것으로, 김해 회현리에서 발견된 것 외에는 부여 가증리·중정리·송국리 등 모두 금강유역의 부여지방에서 조사되었다. 출토된 유물은 거의가 간돌검이나 화살촉이며, 송국리에서는 청동끌, 비파형 동검도 나왔다.

셋째는 무덤방의 네 벽을 강돌이나 모난돌을 쌓아서 만든 것으로, 드물게 판돌이 섞이기도 하며, 대부분 후기에 해당하는 것이다. 주로 이러한 짜임새의 무덤이 조사된 지역으로는 대전 괴정동, 부여 연화리, 아산 남성리 등의 금강유역과, 중국 동북지역의 요령지방에서 많이 발견되고 있어, 두 지역 사이의 문화교류에 대한 짐작을 할 수 있게 한다. 껴묻거리는 한국식 동검, 청동거울, 천하석으로 만든 치레걸이가 많으며, 검은간토기·덧띠토기 등도 있다.

(3) 돌깐무덤

돌깐무덤은 무덤방을 중심으로 그 주위에 돌을 깔아서 만든 무덤 양식으로, 가장자리를 따라 갓돌을 박아 묘역(墓域)을 이루었고, 무덤 표면에 판판한 돌을 덮어놓는 독특한 형식이다. 이 무덤은 돌널무덤처럼 땅 위에는 아무런 흔적이 드러나 있지 않아 조사된 경우가 많지 않으며, 발굴이 되었다고 하더라도 돌무지무덤이나 다른 무덤의 변형으로 이해되는 경우가 많았다. 대표적인 유적으로는 양평 상자포리, 진양 대평리, 사천 신월 등이 있다.

먼저 상자포리와 대평리의 무덤은 긴 네모꼴이고, 신월리유적은 둥근꼴의 다각형 형태로 돌널과 돌덧널이 함께 찾아지고 있다. 한편 묘역 안에 있는 무덤방은 거의가 1기이지만, 신월 ㄴ구역에서 6기가 빌견되어 서로 가까운 핏줄이거나 한 집안의 식구가 묻힌 가족무덤으로 여겨진다. 그리고 무덤방은 강이나 작은 냇가의 물 흐름과 나란한데, 이것은 물의 속성에 따른 영생·재생의 의미가 있는 것으로 여겨진다(사진 4-4).

사진 4-4. 소곡리 신월 돌깐무덤(1호)

꺼묻거리는 민무늬토기와 석기가 많고, 깨진 토기조각이 나오는 것은 무덤을 만들 때 있었던 의식의 한 행위에서 비롯된 것 같다. 그러나 다른 유물이 적은 이유는 묻힌 사람의 신분관계나 당시 사회에서 널리 행해지던 묻기 습속과 관련이 있을 것으로 생각된다.

(4) 독 무 덤

독무덤은 주검이나 뼈를 독[甕]이나 항아리[短頸壺]에 넣어 땅을 파고 묻는 무덤의 한 양식으로, 묘제 전통은 철기시대를 거쳐 역사시대까지 계속 이어져왔다.

청동기시대의 독무덤은 독을 1개 이용하여 만들고, 위쪽에는 넙적한 돌 같은 것으로 뚜껑을 덮은 외독[單甕棺]이 유행하였다. 이러한 독무덤은 주로 강이나 냇가를 낀 들판과 붙어 있는 구릉지대에 있는데, 부여 송국리를 비롯하여 공주 송학리·남산리, 익산 석천리 등 주로 금강유역에서 조사되었다. 송국리유적의 독은 바닥이 납작하고 배가 부르며, 목은 없으나 아가리 쪽이 조금 밖으로 휜 '송국리식 토기'의 특징을 가지고 있다(사진 4-5).

독을 바르게 세우고 위쪽에 뚜껑을 덮고 묻었는데, 송국리에서는 독의 바닥이나 아래쪽에 조그마한 구멍이 뚫려 있어, 물빠짐과 연관이 있는 것으로 보인다.

사진 4-5. 송국리 독무덤

3) 믿음과 예술

(1) 믿 음

청동기시대 사람들이 가졌던 믿음에 대한 대상이나 방법에 관해서는 지금까지 알려진 자료가 많지 않다. 그러나 당시의 사람들이 가지고 있었던 원초적인 믿음의 형태는 큰 나무, 큰 돌 등 자연 대상물이 주가 되었던 것으로 짐작된다.

이러한 자연 대상물에 대한 믿음은 생업경제에 의존하였기 때문에 자연적인 여러 현상을 극복해가면서 농사를 지을 때, 사람들이 가지게 되는 풍요의 의미와도 관련이 있었을 것이다.

고인돌의 입지조건과 굄돌의 형태로 보아, 처음부터 구조적으로 무덤방을 이룰 수 없게 만든 형식을 '제단고인돌'로 보고 있기도 하다. 이것은 당시 사람들이 절대적으로 믿고 있던 대상이나 자연의 힘에 커다란 관심을 가지고, 고인돌 사회에서 행해지던 여러 가지 의식을 거행하였던 곳으로 여겨지는데, 이러한 제단고인돌이 강화·포천·고창·진천·안양·고흥 등지에서 조사되었다(사진 4-7).[9]

사진 4-6. 배천 용동리 고인돌

사진 4-7. 포천 수입리 고인돌

(2) 예   술

이 시대의 예술은 당시 사람들의 사유형태·믿음 등과 함께 복합적으로 이해
되어야 할 것이지만, 아직까지는 자료의 부족으로 뭉뚱그려 해석하는 데에는 어
려움이 많다.

여기에서는 청동기시대의 예술을 크게 바위그림, 집터에서 발견된 조소품, 그
리고 토기나 청동기에 새겨진 무늬 등으로 나누어서 살펴보도록 하겠다.[10]

① 바위그림

바위그림은 대표적으로 울주 반구대 근처의 위아래로 천전리와 대곡리, 그리
고 고령 알터유적이 있다(사진 4-8·4-9·4-10).

이들 바위그림의 제작시기에 관해서는 여러 견해들이 발표되었는데, 여기에서
는 주된 그림의 시기를 청동기시대로 보고 설명하고자 한다.

사진 4-8. 알터 바위그림

사진 4-9. 천전리 바위그림

사진 4-10. 대곡리 바위그림

우리나라의 가장 대표적인 바위그림이라고 할 수 있는 반구대 바위그림은 태화강가의 경남 울주군 언양면 천전리와 대곡리의 두 유적이 있다.

반구대에서 강 상류 쪽에 있는 천전리 바위그림에는 사람·동심원 등의 기하학적인 무늬와 짐승 등이 새겨져 있다. 탈을 쓴 사람얼굴 모습과 마름모꼴의 기하학적인 무늬가 가장 많으며, 소용돌이·물결무늬가 있다. 짐승은 사슴과 호랑이가 새겨져 있고, 바위의 아래쪽에는 역사시대의 선각(線刻)된 사람 모습이 있다. 또한 이 바위그림에는 신라시대의 여러 글씨가 있어, 삼국시대까지 계속적으로 특수한 의식이 거행되었던 곳임을 알 수 있다.

강 하류 쪽에 있는 대곡리 바위그림은 크게 평면 그림과 선 그림으로 만들어져 있다. 평면 그림에는 고래·거북과 같은 물짐승과 멧돼지·사슴·순록 등의 뭍짐승, 그리고 성기가 달린 남자가 있다. 한편 선 그림에는 교미하는 멧돼지와 고래고기를 분배하는 그림, 그물과 울 안에 갇힌 짐승, 사람얼굴 모습이 있다.

왼쪽에는 대부분 새길 대상을 전부 쪼아내어 표현하였고, 오른쪽 부분에는 선으로 새길 대상의 윤곽을 쪼아내어 표현하였다. 특히 새끼를 가진 모습과 내장이 표현된 엑스선 투시법은 북부 유라시아지역의 바위그림에서 많이 발견되고 있어, 이 바위그림의 문화전통을 이해하는 데 도움이 된다. 그리고 이곳의 바위그림은 처음 새긴 다음 다시 그 위에 덧그려 넣은 점도 돋보인다. 이러한 반구대 바위그림은 당시 사회환경이나 살림방식을 가르치는 교육장소나 의식을 집행하였던 곳으로 해석된다.[11]

경북 고령군 개진면 양전동에 있는 알터바위그림에는 동심원·네모·십자형 등의 기하학적 무늬가 새겨져 있는데, 이것을 가면과 태양의 상징으로 해석하여, 당시 사회의 풍요를 기원하는 제단으로 여기기도 한다.[12]

한편 영일·함안·합천·여천 등지의 고인돌 덮개돌에서도 바위그림이 있어 주목된다. 영일 인비동의 고인돌에는 검집에 꽂힌 간돌검과 화살촉이 새겨져 있으며, 같은 지역의 칠포리 고인돌과 바위에 화살촉과 가면으로 짐작되는 상징물이 새겨져 있다.

또한 함안 도항리의 고인돌에는 많은 구멍과 새긴 선·동심원·화살촉이 그려져 있고, 이 가운데 동심원은 매우 뚜렷하고 정교하여 알터와 비교된다. 합천 저포리 고인돌에도 둥근 원이 새겨져 있다.

② 조 소 품

흙을 빚어서 형상을 나타내려고 한 조소품들이 이 시기에 많이 발견되고 있다. 신석기시대부터 만들어진 조소품들은 개를 대상으로 나타낸 것이 많은데, 청동기시대에는 돼지와 남자의 조소품이 많은 것이 특징이다.

무산 범의구석유적에서는 돼지를 표현한 조소품이 여러 점 나왔으며, 여성의 가슴을 뚜렷하게 표시한 조소품도 있다. 그리고 서포항에서는 사람의 형상 10여 점이, 연길 소영자유적에서는 뼈와 흙으로 만든 인형이 발견되었다.

이와 같이 조소품으로 만든 사람의 모습은 집단의 번성을 바라는 조상신으로, 짐승의 형상은 번식을 비는 주술적인 것으로 해석하는 견해가 있다.

③ 무   늬

청동기시대의 토기나 청동기에 새겨진 무늬로도, 당시의 예술에 관한 한 측면을 살펴볼 수 있다. 토기에 나타난 무늬는 크게 번개무늬와 선무늬가 있다. 번개무늬는 신석기시대 두만강유역의 용천 신암리·쌍학리, 나진 초도유적에서 나온 토기에서, 선무늬는 함경도지역의 토기에서 볼 수 있다. 웅기 송평동이나 초도유적에서 나온 토기에는 주로 점선과 실선의 곡선무늬가 있다.

사진 4-11. 청동거울의 줄무늬

청동기에 새겨진 무늬는 청동기 자체가 일상적인 살림연모보다는 의식에 쓰이는 의기와 같은 특수연모의 성격이 짙기 때문에 이 무늬는 상징성이 더욱 강한 것 같다. 특히 대쪽 모양 동기, 가지방울 동기, 방패 모양 동기 등 이형 청동기에 새겨진 무늬는 청동기의 생김새와 더불어 무늬가 중요한 의미를 가지고 있었던 것으로 생각된다.

청동기의 무늬는 기하학무늬와 상징무늬로 나누어진다. 기하학무늬에는 세모·동심원·고사리·점줄을 나타낸 것이 있는데, 세모와 동심원무늬는 주로 청동거울에, 고사리무늬는 가지방울에서 찾아볼 수 있는데, 동작을 상징하는 것으로 이해된다(사진 4-11).

　상징무늬는 사람이나 새·사슴 등의 짐승이 새겨진 것으로, 농경문 청동기와 아산 남성리에서 나온 검파형 동기에서 찾아볼 수 있다.

4) 유　물

(1) 토　기

　청동기시대에 일반적으로 쓰인 민무늬토기는 신석기시대의 빗살무늬토기와는 다르게 무늬가 없고, 대부분 적갈색이나 황갈색을 띠며, 낮은 온도에서 구워 흡수성이 강한 편이다. 비짐으로 굵은 모래알이나 활석이 많이 섞여 거친 느낌을 주며, 바닥은 거의가 편평밑이다.[13)

　민무늬토기는 음식을 끓이고 저장하며 담는 등 크게 3가지 기능으로 쓰였다. 먼저 음식을 끓이는 데 사용된 토기는 원통 모양의 깊은 바리토기가 있고, 토기의 밑바닥에 1개의 구멍을 만들어 시루와 같이 쓴 것도 있다. 곡식과 같은 것을 저장하는 토기로는 주로 목항아리·단지·입큰단지와 같은 단지 모양 토기가 있고, 음식을 담는 데 쓰인 그릇에는 접시·대접·굽접시가 있다(사진 4-12).

사진 4-12　민무늬토기(안면도 고남리)

그리고 토기의 생김새나 밖으로 드러난 특징이 다른 민무늬토기와 뚜렷이 구분되며, 출토된 지역의 문화특징을 잘 보여주는 팽이토기, 화분토기, 구멍무늬토기, 덧띠토기, 미송리식 토기, 가락리식 토기, 송국리식 토기 등이 있다.

팽이토기는 모래·활석·석면가루를 비짐으로 썼는데, 주로 적갈색이나 흑회색을 띠고 있다. 생김새는 말 그대로 팽이 모양에 매우 좁은 밑바닥을 붙인 것 같아 그릇의 배가 부르고, 밑으로 내려갈수록 뾰족하다. 아가리는 겹으로 되어 있으며, 바깥쪽에는 빗금이 평행되게 그어져 있다. 청천강 이남의 평안·황해도에서 많이 출토되고 있으며, 고인돌이나 이 시대의 집터에서 나온다.

화분토기는 생김새가 화분 같고, 주로 함경도지역에서 많이 발견되고 있어, 팽이 모양 토기의 출토지역과 서로 비교된다. 생김새의 특징으로는 아가리의 위쪽에 골이 패여 있고, 아래에는 구멍이 돌려져 있다. 이렇게 구멍이 돌려져 있는 것은 중·남부지역에서 많이 출토된 구멍무늬토기와 깊은 관련이 있는 것으로 여겨진다.

구멍무늬토기는 생김새가 깊은 바리 모양인데, 아가리 바로 밑에 1줄로 드문드문 구멍을 뚫었거나, 반쯤 뚫은 굼이 특징이다. 그런데 이러한 구멍이나 굼의 쓰임새에 관하여는 아직까지 뚜렷하게 밝혀진 것이 없고, 꾸밈을 위한 것으로 해석하는 의견이 많다(사진 4-13).

그리고 이 토기에는 입술에 톱니처럼 금을 새긴 골아가리토기도 있어, 만든 방법이 여러 가지임을 알 수 있다. 이 토기는 화분 모양 토기와 연결되며, 중·남부지역의 여러 유적에서 발견되고 있다.

덧띠토기는 입술 바깥쪽의 단면에 둥근꼴이나 세모꼴의 찰흙띠를 붙여서 입술을 두텁게 만든 것으로, 밑바닥에는 굽의 높낮이가 있다. 이 토기는 청동기시대의 후기나 초기 철기시대에 한강유역을 중심으로 경기·충청도지역에 널리 발달한 것으로 밝혀졌으나, 최근 발굴된 고양 일산지역의 조사결과 적어도 청동기시대 중기 이전부터 일산을 중심으로 한 한강유역에서는 굽잔토기와 같이 살림에 널리 쓰였던 것으로 확인되었다.

미송리식 토기는 의주 미송리의 동굴에서 처음 발견된 토기로, 주로 청천강 이북과 중국 동북지역의 길림·요령지방에 분포한다. 토기의 바탕흙은 모래질이 많으며, 검정색·회색·적갈색 등이고 겉면은 반질반질하다. 생김새는 편평밑 항아리로 어깨 부분에 손잡이가 달려 있고, 목이 넓게 올라가다가 안으로 조금 오므라들며, 아가리 바로 밑부분과 몸통에는 가는줄무늬가 있다.

사진 4-13. 미사리 구멍무늬토기(높이 44.6cm)

가락리식 토기는 서울 가락동 집터에서 출토된 토기 형식에서 이름을 붙인 것으로, 생김새는 팽이 모양 토기의 변형으로 겹아가리의 화분 모양이며, 아가리 아래쪽에 손톱자국 같은 것이 돌려져 있다. 한강유역의 여러 유적에서 출토되고 있으며, 특히 여주 흔암리유적에서 많이 나왔다(사진 4-14).

송국리식 토기는 부여 송국리의 집터에서 처음 발견된 토기이며, 금강 이남의 여러 곳에서 조사되었다. 토기의 생김새는 아가리가 조금 바라지고 배부분이 약간 부른 긴 몸통과, 축약되고 좁은 편평밑을 가지고 있다

한편 민무늬토기는 비짐 속에 굵은 모래알이 포함되어 있어서 쓰임에 어려움이 많았을 것으로 짐작되는데, 당시 사람들은 토기의 겉면을 매끈하게 만든 더욱 효율적인 토기가 필요하였을 것이다. 이렇게 해서 만든 토기가 붉은간토기·검은간토기·가지무늬토기로 보인다.

붉은간토기는 바탕흙이 아주 곱고, 겉면에는 철분이 많은 광물질을 바르고 문질러서 광택이 난다. 생김새는 둥근 바닥에 아가리가 벌어진 단지 모양이 많으나, 최근에는 바리·잔·굽잔 등도 있다. 이 점은 붉은간토기가 고인돌이나 돌널무덤에 껴묻기 위하여 특별히 의식용으로 만든 것이라는 이제까지의 견해에

사진 4-14. 가락동 민무늬토기(높이 26.4cm)

강한 의문을 갖게 한 것이며, 실제로 흔암리·송국리 등의 집터에서도 발견되고 있어, 앞으로의 연구가 기대된다(사진 4-15).

검은간토기는 고운 바탕흙에 광물질의 염료를 바르고 문질러 구운 것으로, 생김새는 둥근 단지 위에 긴 목이 붙은 것이 가장 보편적이다. 이 토기는 우리나라는 물론 요령지역의 돌널무덤에서도 출토되고 있는데, 충청도지방에서는 덧띠토기·청동기와 함께 발견되고 있다(사진 4-16).

가지무늬토기는 회백색의 고운 바탕흙으로 만들었으며, 생김새는 붉은간토기와 비슷한 둥근 몸통에 짧은 목이 달린 모양으로 어깨 부분에 가지 모양의 검은색 무늬가 있다. 그런데 제천 황석리 고인돌유적에서는 오므린 입술에 편평밑을 가진 대접에서도 가지무늬가 나타나고 있어, 앞으로 이 토기의 성격이 더욱 뚜렷이 밝혀지게 될 것이다.

(2) 석   기

청동기시대에는 청동기가 나타나고 있지만, 제작의 어려움, 재료의 희귀성 때문에 일반에 널리 사용되지 못하고, 살림에는 간석기가 오히려 큰 비중을 차지

사진 4-15. 양평리 붉은간토기(높이 12.5cm)

사진 4-16. 청주 비하동 덧띠토기와 검은간토기

하였던 것으로 보인다. 이 시대에 쓰인 석기는, 앞시기에 비하여 종류도 여러 가지이고 만든 기술도 매우 뛰어났음을 알 수 있다(사진 4-17).[14]

간석기는 크게 쓰임새에 따라 농사를 짓는 데 이용된 돌낫·반달돌칼·돌괭이와, 나무를 자르고 다듬는 데 쓴 돌도끼·돌자귀·돌대패날·돌끌이 있으며, 음식을 조리하는 데에는 갈돌·갈판이, 사냥이나 무기로는 간돌검·돌화살촉 등이 쓰였다.

그 밖에 석기를 다듬는 데에는 숫돌이, 실을 꼬는 데에는 가락바퀴가 쓰였고, 특수한 목적에 이용된 것으로 보이는 바퀴날도끼와 톱니날도끼가 있다.

반달돌칼은 곡식의 이삭을 따는 데 사용된 것으로, 전국의 곳곳에서 가장 널리 오랜 기간 동안에 쓰여, 지역에 따라 생김새가 조금씩 다르기도 하다. 이 연모는 중국의 화북지역에서 처음 발달하여 우리나라 쪽으로 전해진 것 같으며, 손에 거는 끈을 꿰어 묶기 위한 구멍이 뚫려 있는 공통된 특징을 가지고 있다. 대부분 반달 모양에 곧은 외날이나, 함경도지방에는 네모꼴에 안팎날이 많으며, 충청·전라지역에서는 세모꼴도 있다.

돌도끼는 나무를 자르는 데 쓰인 것으로, 묵직하며 날 양쪽을 갈아 조개 모양의 날을 만들고 도끼몸은 네모꼴이나 볼록렌즈 모양이다.

홈자귀[有溝石斧]는 'ㄱ'자 모양의 자루에 묶어서 쓴 연모로 나무 같은 것을 내리쳐서 도려내거나 구멍을 뚫는 데 사용되기도 하지만, 농사를 지을 때 땅을 파는 연모로도 이용되었다. 이러한 홈자귀는 중국의 남부지역이나 태평양지역에 널리 퍼져 있어, 이곳에서 전해온 것으로 보는 견해도 있다. 그리고 홈자귀와 쓰임새가 비슷한 턱자귀[有段石斧]는 주로 팽이형 토기와 같이 나온다.

간돌검은 청동기시대 간석기의 가장 대표적인 유물로, 집터나 무덤 등의 여러 유적에서 발견되고 있다. 주로 점판암 계통을 재질로 하여 만든 간돌검은 생김새나 크기로 보아 사람이 지니고 다녔던 무기로 여겨지며, 자루에 장식이 없는 것(一段柄式, 통자루)과 자루 가운데 홈이 돌려진 것(二段柄式, 홈자루)으로 나누어진다. 검날은 몸의 양쪽에 세워져 있고 몸 한가운데에 세모로 모가 나 있다.

이른 시기의 돌검은 날에 실제로 쓴 흔적이 발견되며, 시기가 늦을수록 무덤에 묻기 위한 의기(儀器)적 성격이 강하여, 지나칠 정도로 크게 만들어졌다. 이러한 간돌검은 우리나라를 중심으로 연해주나 일본 큐슈지역에서만 출토되고 있어, 뚜렷한 하나의 지역적인 특색을 보여주고 있다.

간화살촉은 앞시기의 뗀화살촉보다 널리 쓰였다. 생김새에 따라 슴베가 있는

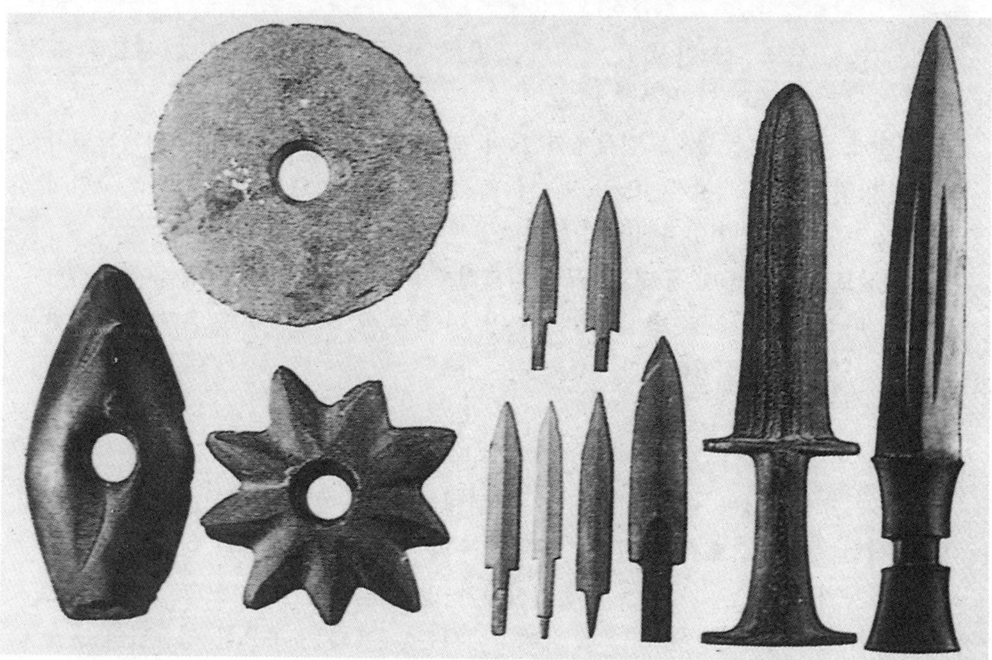

사진 4-17.   여러 가지 석기

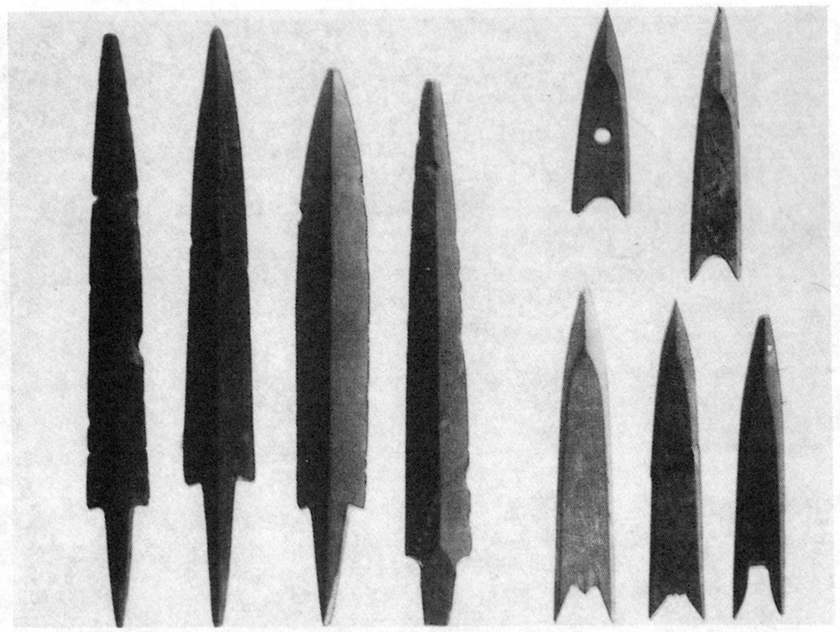

사진 4-18. 여러 가지 화살촉

것과 없는 것으로 나누어지며, 몸체의 단면에 따라서도 버들잎 모양, 세모꼴 등 여러 가지로 나누고 있다(사진 4-18).

이 밖에 평안도나 황해도지역에서 많이 발견되는 바퀴날도끼와 톱니날도끼가 있다. 바퀴날도끼는 지름 10~15cm 되는 크기의 둥그스름한 돌 가운데 구멍이 뚫려 있고, 둘레의 가장자리에는 돌아가면서 날이 세워져 있다.

톱니날도끼는 가운데 구멍이 뚫려 있으며, 톱니처럼 날카로운 날들이 일정한 간격에 따라 가장자리로 뻗쳐 있다. 한편 이 도끼의 쓰임새는 실용보다 특수한 목적에 쓰인 것으로 이해된다.

(3) 청 동 기

청동기는 출토되는 수가 매우 적고 살림에 넓게 쓰이지 못해서, 일부 사람들만 가졌던 특수품으로 여겨진다. 그리고 우리나라에서 발견되는 대부분의 청동기는 청동기시대의 후기나 초기 철기시대와 밀접한 관계가 있으므로, I기 유물, II기 유물로 나누는 경우가 많다.[15] 여기에서는 대표되는 중요한 청동기의 유물들을 설명하고자 한다.

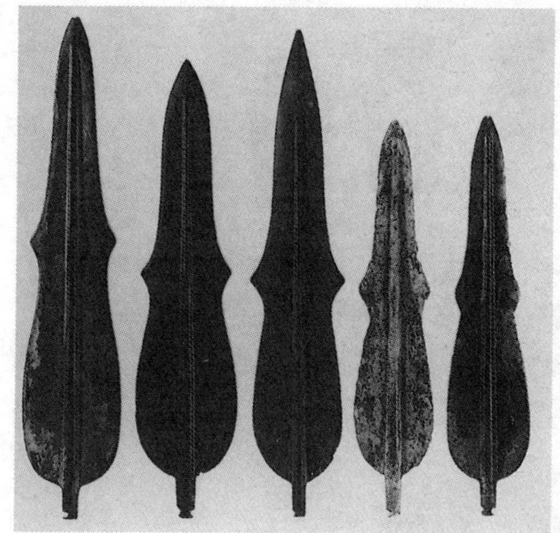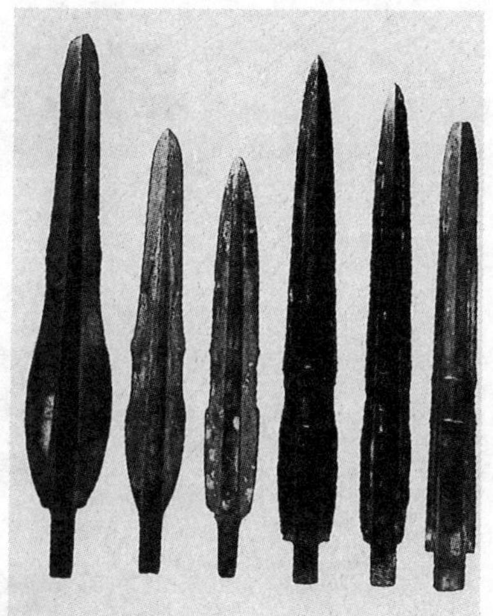

사진 4-19. 비파형 동검과 세형 동검

　동검에는 이른 시기의 비파형 동검과 이를 조형(祖型)으로 한 늦은 시기의 한
국식 동검이 있다(사진 4-19).

　비파형 동검은 날 가운데에 튀어나온 부분이 있고, 동검의 손잡이 쪽으로 내
려갈수록 배가 팽창되면서 곡선을 이루어, 마치 중국의 고대 악기인 비파를 닮
았다고 하여 붙은 이름으로, 길이는 거의가 30~40cm이다. 출토지역과 생김새에
따라, '요령식 동검', '만주식 동검', '부여식 동검', '곡인검', '고조선식 동
검' 등 여러 가지로 불린다.

　1930년대 중국 요동반도의 노철산 곽가둔(老鐵山 郭家屯)유적에서 처음 발견된
이래 요령지역에서 집중적으로 나오며, 한반도에서는 함경도를 제외한 전지역,
특히 서·남해안지역에서 많이 나온다. 다른 청동기에 비하여 구리를 많이 함유
하고 있으며, 날의 돌기 부분과 나란하게 등날에 있는 마디는 다른 동검과 구분
되는 특징이 있다.

　한국식 동검은 비파형 동검의 전통을 이어받아 만들어진 것으로, '세형 동
검', '좁은놋 단검', '청동단검'이라고도 불린다. 형태는 비파형 동검의 돌기가
없어지고 몸통 아래쪽의 배가 부른 곡선이 줄어들어 직선에 가까우며 가늘고,
등날 양쪽으로 피홈[血溝]과 마디가 있다. 이 동검은 주로 청천강 이남의 여러
유적에서 출토되며, 연해주와 일본 큐슈지역에서도 나오고 있다. 그리고 한국식
동검을 만든 거푸집이 영암·개천·용인 등지에서 출토됨으로써, 우리나라에서

사진 4-20. 청동도끼

직접 동검을 만들었다는 사실이 입증되었다.

청동도끼는 시기에 따라 생김새에 큰 차이가 있는데 이른 시기의 것은 부채꼴 도끼[扇形式銅斧]이고, 늦은 것은 어깨가 있는 도끼[有肩式銅斧]이다(사진 4-20).

날이 부채 모양을 하고 있는 부채꼴 청동도끼는 몸통이 긴 네모꼴이며, 뒤 끝이 비어 있고 도끼자루는 오늘날 도끼처럼 수직으로 끼워넣는 것이 아니라, 수평으로 끼우는 자루투겁도끼이다. 이것은 주로 요령지역과 북청 토성리, 의주 미송리, 속초 조양동 등지에서 발견되었으며, 영흥 어랑에서는 거푸집이 발견되었다.

어깨가 있는 청동도끼는 자루를 끼우는 방식이 부채꼴 청동도끼와 같지만, 날 부분의 너비가 좁아지고 몸통에 어깨가 있는 점이 다르다. 그리고 어깨가 없는 긴 네모꼴의 쐐기처럼 생긴 자루투겁은 초기 철기시대의 쇠도끼에 많이 보이는 것으로, 문화의 연속성을 엿보게 한다.

청동화살촉은 길이가 짧으면서 몸통 부분에 홈이 패어진 것으로, 날개 모양의 슴베가 달린 것이 대부분이다. 사리원·김해·보성 등지에서 발견되었는데, 생김새로 보아 실용적이었던 것으로 여겨진다.

청동단추[銅鉋]는 뒷면이 움푹 들어가 둥근꼴을 이루고 있으며, 큰 것은 지름이 5cm쯤 된다.

당시 사람들의 옷이나 장화에 붙였던 것으로 여겨지는데, 실제로 요령지역의 정가와자유적에서는 묻힌 사람의 가죽장화에 가득 붙어 있었다.

청동거울은 거친무늬거울[粗文鏡]과 잔무늬거울[細文鏡]로 나누어진다.

크기가 비교적 작은 거친무늬거울은 기하학적 무늬 구성이 정밀하지 못하여 줄무늬가 굵고 거칠며, 만든 수법이 조잡하다. 요령지역의 정가와자유적에서 지그재그무늬의 거친무늬거울이 나온 것을 비롯하여, 부여 연화리, 익산 오금산, 대전 괴정동의 유적에서 발견되었다.

잔무늬거울은 거친무늬거울을 따라서 만든 것으로, 우리나라의 청동기문화에서 한국식 동검과 더불어 특징 있는 청동기유물이라고 하겠다.

가는선으로 이루어진 삼각형을 기본무늬로 하여 만들어진 이 거울은 꼭지가 가운데에서 치우쳐서 2개가 있어, 1개가 있는 중국 거울과 다르며, 함흥 이화동에서는 3개 있는 것이 나와 요령지역과의 관련성을 보여준다. 중국 거울과 다른 것은 꼭지 외에도 번개무늬 등 독특한 줄무늬가 있는 점과, 거울 가장자리의 단면이 반원형인 점이다.

거울의 면은 오목하게 되어 있어 햇빛을 한 곳에 모아 반사시킬 수 있으며, 물체를 거꾸로 비치게 하는 거울의 쓰임새로 보아 종교나 주술적인 의식에 쓰였을 가능성을 짐작하게 한다.

이 거울은 복잡하면서 정교한 가는줄무늬로 보아 놀라운 주조기술 수준을 알 수 있으며, 밀랍이나 단단한 나무판에 무늬를 새기고 물에 탄 고운 진흙을 두텁게 발라서 특수하게 만든 것으로 보인다.

Ⅲ. 중부지역의 청동기유적(그림 4-1)

1. 집(터)

1) 제천 양평리유적

충북 제천군 청풍면 양평리의 남한강가에 있는 집터유적으로, 1982년 충주댐 수몰지역 문화유적 발굴조사 때 서울대학교팀이 발굴하였다(그림 4-2).

이곳에서 발굴된 1채의 움집터는 동서가 6m, 남북이 4m로 된 긴 타원형이며, 강자갈로 만든 지름 1m, 깊이 20cm의 둥근 화덕자리가 있다. 집터 안에서는 돌검·돌도끼·돌창 등의 석기와 민무늬토기·아가리무늬토기·붉은간토기 등이 발견되었다.

화덕자리에서 나온 숯을 방사성탄소 연대측정한 결과 2,785B.P.(MASCA 3,060B.P.)로 나와 청동기의 이른 시대 유적으로 생각된다.

> ＊ 최몽룡, 〈제원 양평리 B지구 유적발굴조사보고〉, 《충주댐(Ⅰ)》(충북대학교 박물관), 1984.

2) 여주 흔암리유적

경기도 여주군 점동면 흔암리 흔바위마을의 남한강 옆에 있는 산의 경사진 곳에서, 서울대학교팀이 1972~1978년까지 7차에 걸쳐 모두 16채의 집터를 발굴하였다(사진 4-21).

집터는 산기슭의 경사면을 이용하여 만든 것으로 'ㄴ'자 모양으로 파고들어가 편평한 면을 바닥으로 하였는데, 이것은 미금 수석리유적의 집터와 비교된다. 그리고 집터의 평면은 모두 긴 네모꼴이며, 칸막이와 선반이 있는 집터가 발굴되어 당시의 집 구조를 이해하는 데 도움이 된다.

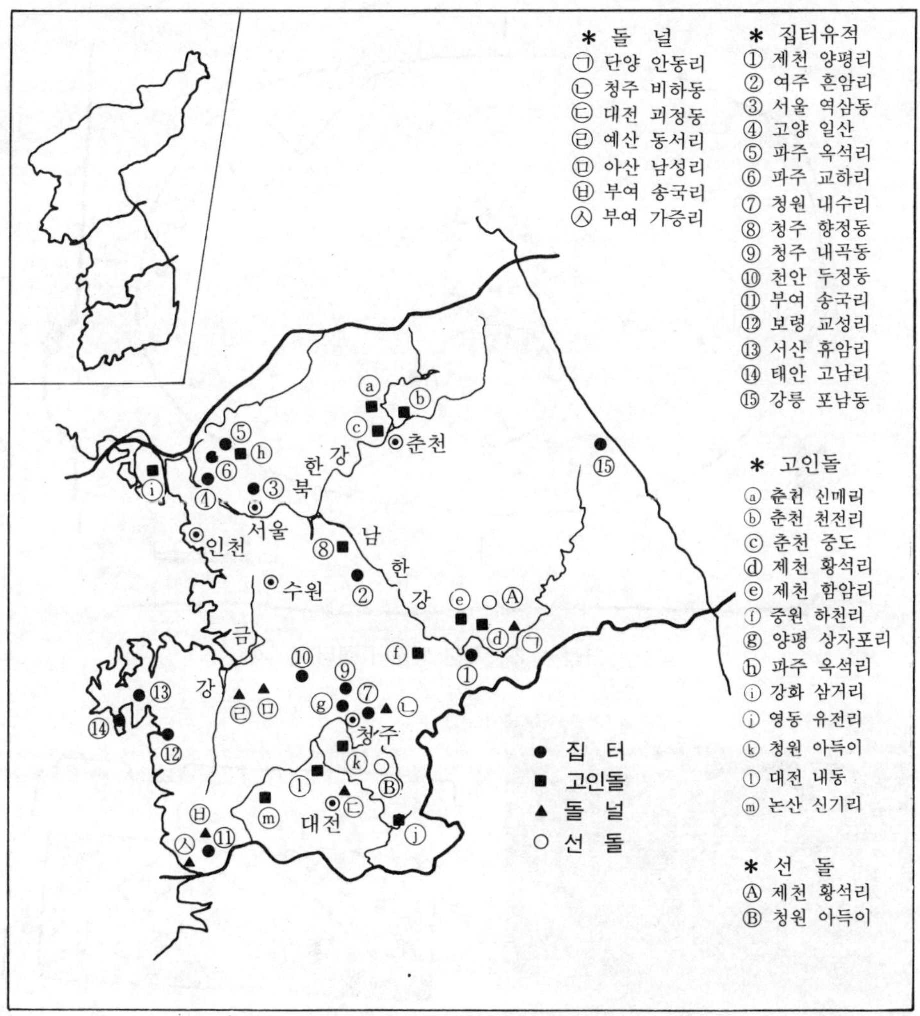

그림 4-1. 중부지역의 청동기유적

집터에서는 갈거나 뗀 돌도끼·화살촉·반달돌칼 등의 석기와, 깊은 바리 모양의 민무늬토기, 그리고 입술에 골이 있는 목긴민무늬토기·붉은간토기 등이 출토되었다.

이러한 유물들의 출토 위치를 보면, 14호에서는 칸막이를 중심으로 북쪽에서는 완전한 토기와 숫돌이, 남쪽에서는 여러 가지의 석기가 나와, 북쪽은 여자, 남쪽은 남자 중심으로 살림을 꾸렸던 것으로 보인다.

집터의 유물은 주로 동북지역의 구멍무늬토기와 서북지역의 팽이토기가 같이

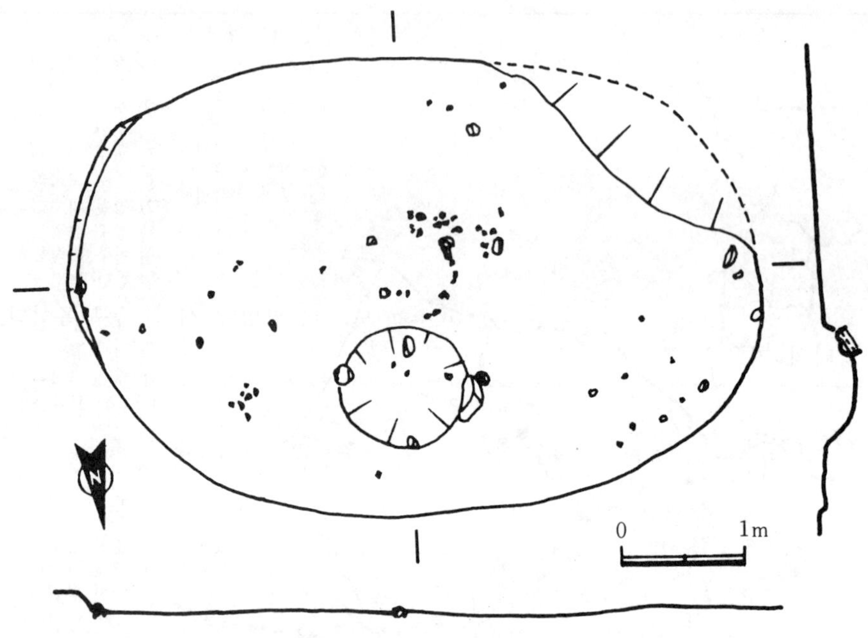

그림 4-2. 제천 양평리 집터

사진 4-21. 흔암리 집터와 평면도(12호)

출토되어, 두 지역의 문화가 한강가인 흔암리유적에서 만나는 것으로 생각되어서, 민무늬토기시대의 문화전파나 교류에 관해 여러 가지 시사를 해주고 있다.

12호 집터에서는 짐승뼈와 쌀·보리·조·수수 등의 탄화된 곡물이 나왔는데, 특히 벼농사와 다른 잡곡이 같이 재배된 혼합농경이 있었음을 알 수 있다.

한편 집터에서 나온 숯을 방사성탄소 연대측정한 결과는 3,210B.P.

(MASCA 3,540B.P.) 등 여러 측정치가 있다.

　＊ 서울대학교 박물관, 《흔암리주거지》 I ～Ⅳ, 1974～1976, 1978.

3) 서울 역삼동유적

　서울시 강남구 역삼동에 있는 이 유적은, 1966년 숭실대학교팀이 움집터 1채를 찾았다. 움집터는 긴 네모꼴(크기 16×3m)로, 긴 방향이 서남—동북쪽이다.

　집터의 가운데 부분에는 기둥구멍이 없고, 서쪽 벽 가운데와 동쪽 벽 북쪽에 굵기가 11～12cm, 높이 20cm쯤 되는 참나무 숯기둥이 서 있어 주목되었다. 집터 안에서는 화덕자리나 칸막이와 같은 흔적은 찾아볼 수 없고, 남쪽 벽의 밋밋하게 경사진 높은 부분이 나들이문 역할을 하였던 것 같다.

　집터 안에서 출토된 유물은 돌도끼·화살촉 등의 석기와 민무늬토기·붉은간토기로서 비교적 많은 편이다. 이 토기들은 가락동유적에서 나온 화분 모양의 '가락리식 토기'와 아주 비슷한 특징을 가지고 있어 주목된다(그림 4-3).

　＊ 김양선·임병태, 〈역삼동주거지 발굴보고〉, 《사학연구》 20, 1968.

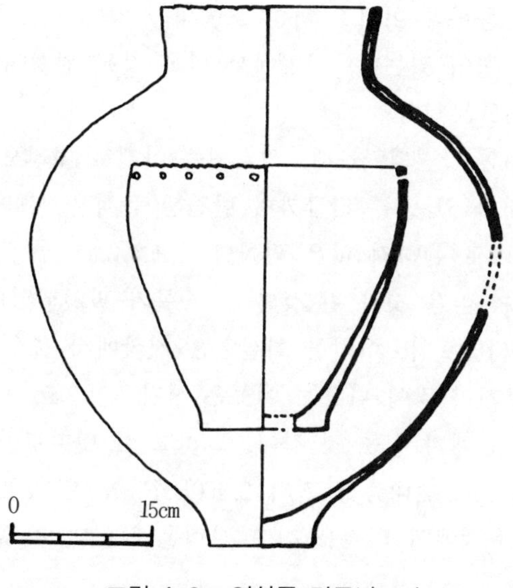

그림 4-3. 역삼동 민무늬토기

4) 고양 일산유적

　이 유적은 일산 신도시가 건설되는 경기도 고양시 일산동에 위치하며, 한국선사문화연구소의 주관으로 1991년 5월부터 8월까지 발굴조사되었다.

　한강 하류지역의 논이나 낮은 구릉지대에 위치하며, 이 일대에는 토탄이 발달되어 있다. 청동기시대의 문화층은 2지역(충북대학교)과 3지역(단국대학교)의 가와지 토탄층에서 발견되었는데, 유물은 대부분 토기이다.

(1) 2지역

　충북대학교팀이 발굴한 곳으로 가와지 마을을 중심으로 하고 있다.

　이곳에서는 여러 형태의 많은 덧띠토기 조각, 굽잔토기 등의 토기와 흙가락바퀴, 그리고 돌화살촉이 발굴되었다.

　대부분 황갈색을 띠고 있는 토기의 바탕흙은 찰흙질이 모래질보다 더 많으면서 비짐으로 석영·운모·장석을 섞었던 것 같다. 그리고 만든 방법은 손으로 빚어 만든 서리기와 테쌓기가 이용되었고, 물레는 사용하지 않았다.

　덧띠토기는 이곳에서 가장 많이 나온 토기로, 생김새는 거의가 편평밑바닥에 약간의 각이 지면서 몸통과 이어진 바리 모습의 겹입술이다. 입술띠의 자른 면은 크게 원형과 삼각형이 있는데, 이곳에서 나온 것은 원형에서 삼각형으로 넘어가는 과도기 것으로 보인다.

　굽잔토기는 모두 5점 발견되었는데, 생김새는 아래로 내려오면서 나팔 모양과 원추형으로 된 2가지가 있으며, 지금까지 발견된 유적은 서울 응봉, 해남 군곡리, 삼천포 늑도 등으로 흔하지 않은 편이다(사진 4-22).

　쇠뿔 모양 손잡이는 곧은 것과 휜 것의 두 종류가 발견되었다. 석기로는 유일하게 납작촉이 발견되었으며, 이러한 화살촉은 전국에서 출토되고 있다.

　한편 2지구에서 토기가 많이 나오는 이곳은 생활유적으로 여겨지며, 한강유역의 응봉유적과 깊은 관계가 있는 것 같다. 그리고 이 덧띠토기의 유물이 나오는 층의 연대는 방사성탄소 연대측정 결과 2,460B.P.(MASCA 2,620B.P.)가 되어, 기원전 7세기쯤 이 유적에서 터전을 잡고 살림을 꾸렸던 것 같다.

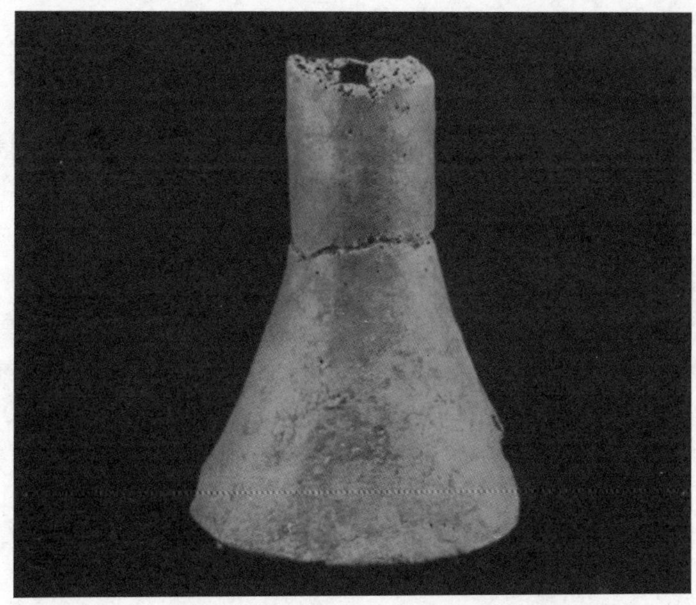

사진 4-22. 일산 가와지 굽잔토기

(2) 3 지역

주엽리 새말을 중심으로 한 곳이며, 단국대학교 박물관팀이 발굴조사하였다.

여기에서는 덧띠토기·민무늬토기·붉은간토기 등 여러 가지 토기가 나왔다. 토기의 안팎을 다듬은 끝손질은 손끝으로 누른 것과 빗질 정면 수법이 있고, 구운 온도는 섭씨 550~750도쯤으로 밝혀졌다. 토기의 생김새를 보면 밑부분은 거의가 편평밑이며, 입술은 바라진 것과 곧은 것이 섞여져 있다. 그리고 토기가 많이 나온 층은 방사성탄소 연대측정 결과 2,600B.P.(MASCA 2,760B.P.)로 나왔다.

한편 일산지역에서 발견된 덧띠토기, 굽잔토기, 쇠뿔 모양 손잡이 등은 지금까지 대체로 늦은 청동기시대의 유적에서 나오는 것으로 알려졌지만, 이곳에서는 다른 유적보다 상당히 이른 시기부터 나오고 있어 앞으로 다른 지역과의 비교연구가 이루어지면, 이 토기의 지역성과 시기에 관한 좀더 뚜렷한 성격을 알 수 있게 될 것이다.

＊ 한국선사문화연구소·경기도, 《일산 새도시 개발지역 학술조사보고(Ⅰ)》, 1992.

5) 파주 옥석리유적

경기도 파주군 월롱면 덕은리의 옥석마을 뒤 구릉지대에 있는 고인돌을 1965년 국립박물관에서 발굴하면서, 그 바로 밑에서 움집터를 찾게 되었다. 이것은 집터와 고인돌의 관계는 물론 서로의 연대를 알 수 있게 하는 중요한 자료로 여겨진다(그림 4-4).

발굴된 집터의 크기(15.7×3.7m)는 선사시대의 움집으로는 굉장히 큰 편에 속하며, 긴 네모꼴로 네 모퉁이는 직각이다. 집터에서는 간돌검을 비롯하여, 20점이나 되는 화살촉·별도끼·돌가락바퀴·돌도끼·숫돌·갈판·민무늬토기가 나왔다. 간돌검은 사용하다가 부러진 것을 다시 갈아서 만든 것이다. 숫돌은 여러 가지로 나누어지는데, 북쪽 벽 가까이에 크고 작은 5개가 출토되었다. 석기를 만드는 재료인 슬레이트 조각이 나온 점으로 볼 때, 집안에서 석기를 만든 것으로 짐작된다.

한편 이 집터에서 나온 숯을 방사성탄소 연대측정한 결과 2,590B.P.(MASCA 2,750B.P.)로 되어, 집터와 간돌검 조형(祖型)에 대한 변화를 알 수 있게 되었다. 또 이 연대는 종래 일본의 학자들이 간돌검은 한국식 동검(細型銅劍)을 모방하여 만들었다고 주장하던 견해가 잘못된 것임을 밝히게 되었다.

고인돌유적의 바로 이웃에서 이처럼 집터가 발견된 곳은 영암 장천리유적과 승주 곡천유적이 있는데, 이것은 고인돌을 만든 당시 사람들이 집터 바로 곁에 그들의 무덤을 만들었던 것으로 여겨져서, 서로의 관계를 보여주는 중요한 유적

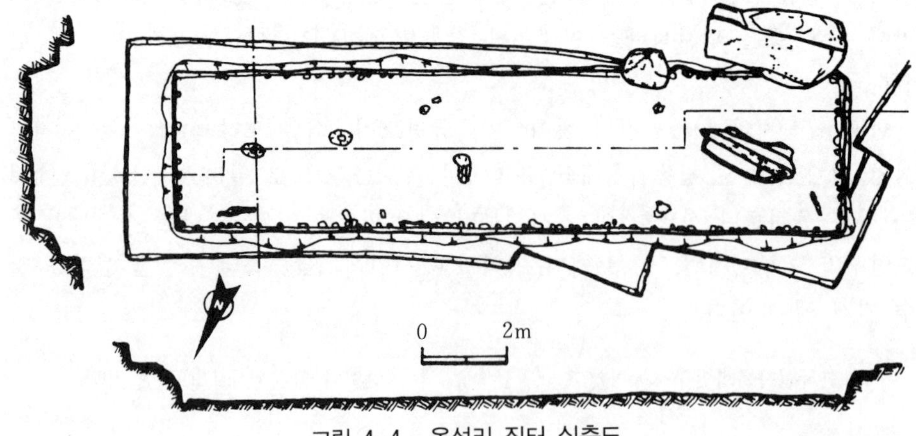

그림 4-4. 옥석리 집터 실측도

이다.

＊ 김재원·윤무병, 《한국지석묘연구》(국립박물관), 1967.

6) 파주 교하리유적

이 유적은 경기 파주군 교하면 교하리의 장면산 능선에 있으며, 국립박물관에서 1965년 고인돌을 발굴조사하면서 2채의 움집터를 찾았다. 그 가운데 1호 집터는 한 가운데에서 1줄로 4개의 큰 기둥구멍이 일정한 간격을 이루고 있는데, 이는 공간을 폭넓게 활용할 수 있는 우진각 지붕으로서 집을 짓는 방식이 발전되었음을 보여준다. 한편 집터의 바닥에는 너비가 12cm, 깊이가 6cm쯤 되는 얕은 홈이 발견되어 배수구로 해석된다(그림 4-5).

집터에서는 구멍무늬토기·민무늬토기·돌도끼가 출토되었는데, 민무늬토기의 밑바닥에는 나뭇잎 흔적이 뚜렷이 찍혀 있다.

＊ 김재원·윤무병, 《한국지석묘연구》(국립박물관), 1967.

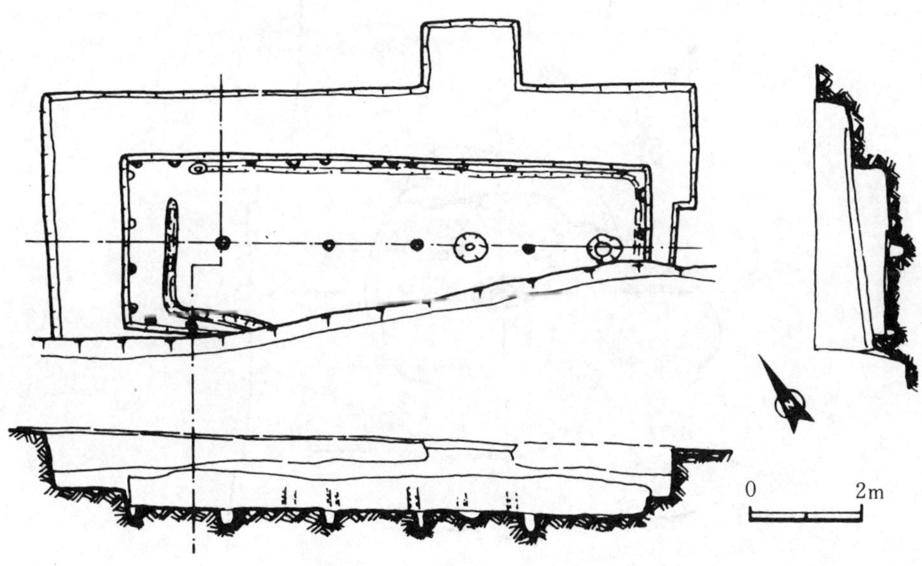

그림 4-5. 교하리 집터(1호)

7) 청원 내수리유적

충북 청원군 북일면 내수리의 수성국민학교 뒤편 낮은 구릉지대에 위치하며, 1984년 문화재연구소에서 발굴조사하였다. 이 집터는 둥근 움집(지름 4m)이며, 바닥은 붉은색의 찰흙을 다져놓았고, 가운데에 타원형 구덩이가 발견되었다(그림 4-6).

한편 이와 같이 청동기시대의 둥근꼴의 집터 가운데에 오목하게 파인 타원형의 구덩이가 있는 유적은 서산 휴암리, 부여 송국리, 영암 장천리, 거창 대야리에서 발견되었다. 거의가 중남부지역에 위치한 것으로 보아, 집터의 구조가 발달해가는 과정의 한 특징을 나타내주고 있는 것으로 짐작된다.

유물은 깊은 바리 모양의 겹입술토기·민무늬토기와 화살촉·돌끌·바퀴날도끼 등의 석기가 발견되었다.

   ＊ 조유전·홍성빈, 〈청원 내수리 무문토기산포지 발굴조사보고(약)〉, 《문화재》 18, 1985.

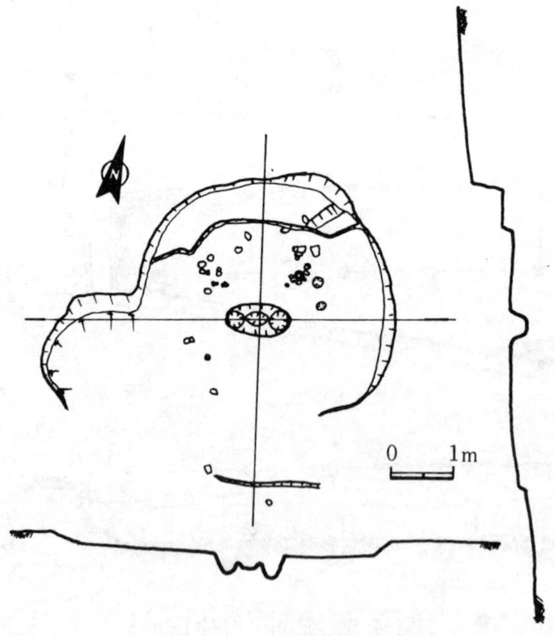

그림 4-6. 청원 내수리 집터

8) 청주 향정동유적

충북 청주시 향정동의 중부고속도로 인터체인지 옆에서 충남대학교팀이 1986
년에 발굴하였다.

집터는 모가 나지 않은 긴 타원형으로 가운데에서 화덕자리 두 곳이 발견되었
고 기둥구멍은 없으며, 많은 양의 민무늬토기와 칼처럼 생긴 간석기, 말안장 모
양의 갈돌이 나왔다(그림 4-7).

* 윤무병, 〈청주 향정동·외북동유적 발굴조사보고〉, 《중부고속도로 문화유적 발굴조사
  보고서》(충북대학교 박물관), 1986.

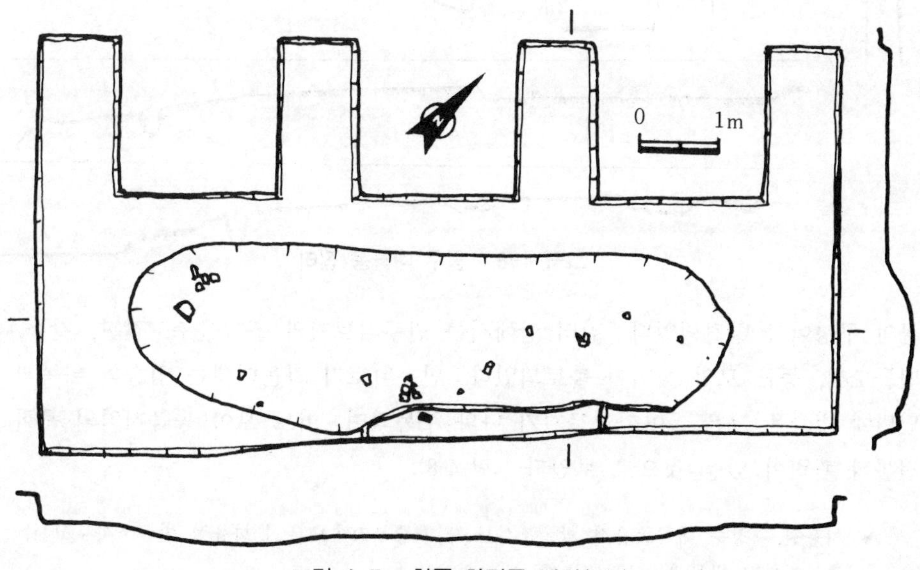

그림 4-7. 청주 향정동 집터(7호)

9) 청주 내곡동유적

충북 청주시 내곡동의 야산에 위치한 이 유적은 1986년 중부고속도로 문화유
적 발굴조사의 일환으로 충북대학교팀이 발굴하였다.

집터는 사다리꼴(동서 6.3m, 남북 4.6m)의 움집으로, 화덕자리와 네모꼴·둥근

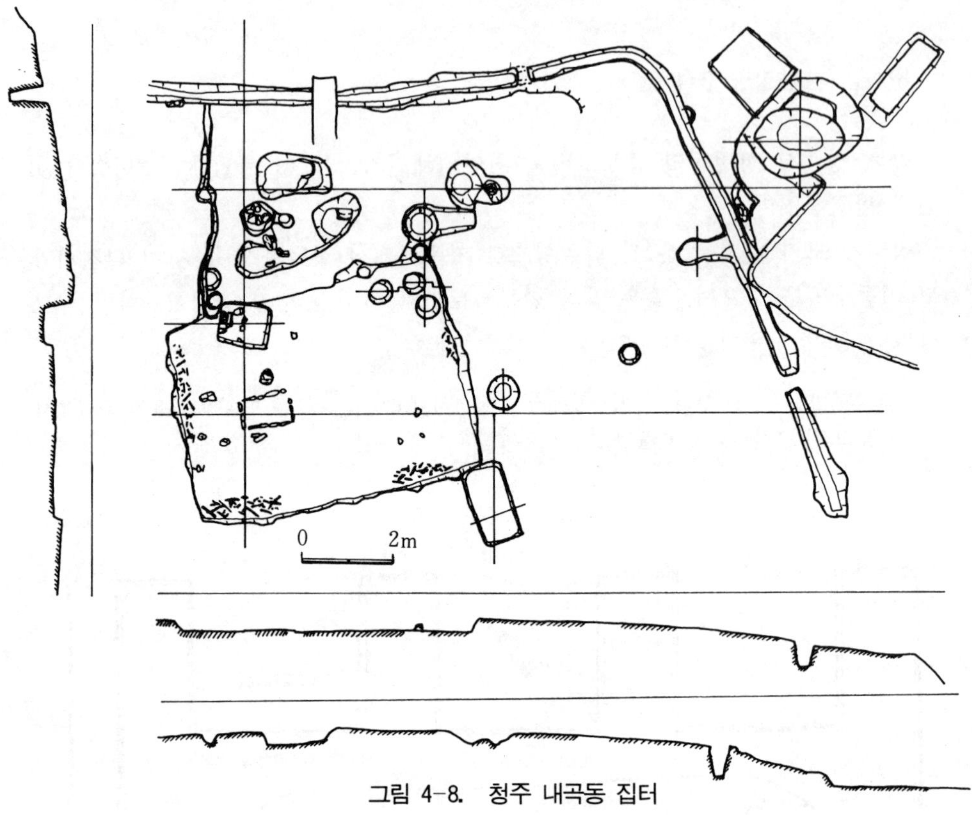

그림 4-8. 청주 내곡동 집터

꼴의 구덩이가 발견되었다. 집터 안에서는 민무늬토기와 흙그물추, 갈판, 갈돌, 뗀돌도끼, 둥근 모양 석기가 출토되었다. 민무늬토기 가운데에는 입술의 위쪽과 단면에 빗줄을 그은 골아가리토기가 나와 주목되며, 이로 보아 동북지역의 문화 전통과 관련이 있을 것으로 보인다(그림 4-8).

    ＊ 차용걸, 〈청주 내곡동유적 발굴조사보고〉, 《중부고속도로 문화유적 발굴조사보고서》 (충북대학교 박물관), 1986.

10) 천안 두정동유적

충남 천안시 두정동의 얕은 구릉지대에 있는 유적으로, 1963년 국립박물관에서 1채의 움집터를 찾았다. 집터는 긴 타원형이며, 옆에 있는 작은 도랑은 집터와 관련 있는 배수구로 보인다. 집터에서는 간돌검과 민무늬토기가 출토되었다.

   ***** 윤무병, 〈천안 두정리의 수혈주거지〉, 《미술자료》 8, 1967.

11) 부여 송국리유적

이 유적은 충남 부여군 초촌면 송국리의 낮은 구릉지대에 있으며, 사적 제249호이다. 국립중앙박물관이 1975~1978년까지 4차에 걸쳐 발굴하였고, 1985년부터 다시 조사하여 집터 33기를 찾았다. 집터에는 둥근꼴과 네모꼴의 2가지가 있는데, 54지역에서는 주로 네모꼴이, 55지역에서는 둥근꼴이 발견되었다.

네모꼴 집터는 움의 깊이가 30㎝ 안팎으로 비교적 얕은 편에 속하여, 반움집이나 지상가옥에 가깝다. 기둥구멍은 거의 발견되지 않고, 나무판자를 이용하여 벽을 만들었던 것 같다. 한편 발굴조사에서 나타난 서까래로 보아 네모꼴의 집은 오늘날의 초가집과 거의 비슷한 우진각 지붕이었던 것 같다.

둥근꼴 집터는 풍화된 암반층의 남쪽 경사진 면을 파서 만들었다. 집터 안의 가운데에는 타원형(지름 100㎝쯤)의 구덩이가 있고, 그 양끝에 중심이 되는 기둥구멍이 있으며, 이것을 따라 바깥쪽으로 기둥구멍을 배치한 매우 독특한 구조를 가지고 있었다(그림 4-9).

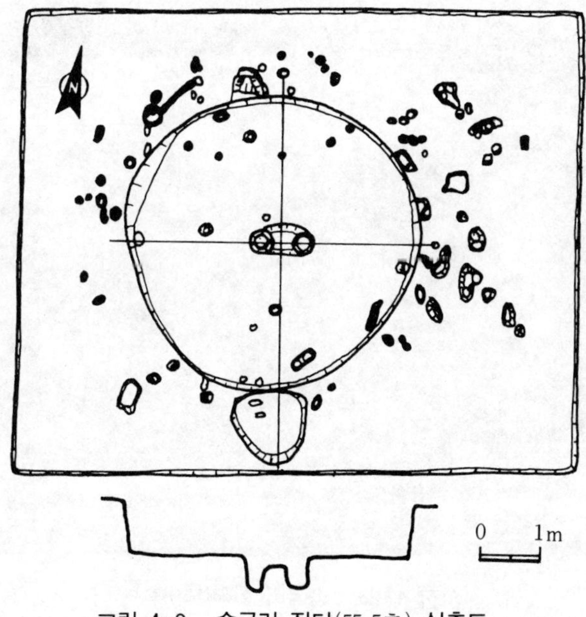

그림 4-9. 송국리 집터(55-5호) 실측도

집터에서는 반달돌칼, 화살촉, 민무늬토기, 붉은간토기, 청동도끼의 거푸집, 불에 탄 쌀 등 많은 유물이 나왔다. 민무늬토기는 바라진 아가리에 배가 약간 부른 긴 몸통과 축약되고 좁은 편평밑을 가진 모습인데, 이러한 토기가 송국리 유적에서 많이 나오는 독특한 형식이어서 '송국리형 토기'라고 부르기도 한다 (사진 4-23 · 4-24).

그리고 55-8호 집터에서 나온 청동도끼의 거푸집은 날 부분이 부채 모양으로 휜 정도가 심하다. 이러한 형식은 주로 중국 동북지역의 청동기유적에서 나타나고 있어, 문화전파나 교류에 관한 것은 물론 송국리에서 청동기가 만들어졌다는 사실을 알려준다.

송국리유적의 연대는 방사성탄소 연대측정을 한 결과, 2,665B.P.(MASCA 2,830B.P.), 2,565B.P.(MASCA 2,730B.P.)가 나와 민무늬토기시대의 대표적 유적으로 등장하고 있다.

* 국립중앙박물관,《송국리》Ⅰ, 1978 ;《송국리》Ⅱ, 1986 ;《송국리》Ⅲ, 1987 ;《송국리》Ⅳ, 1991.

사진 4-23. 송국리 집터(54-8호)

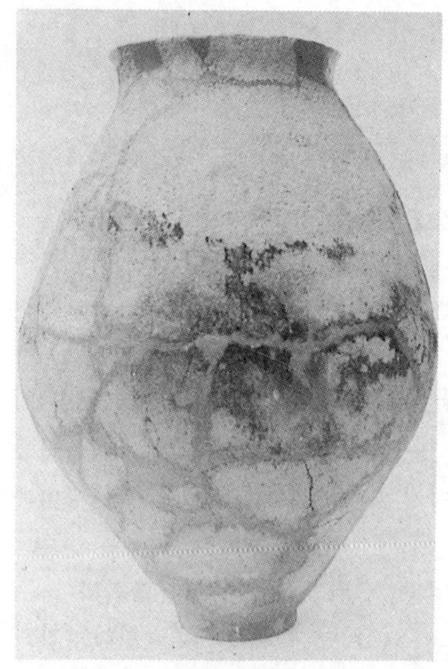

사진 4-24. 송국리 민무늬토기(54-5호)   사진 4-25. 보령 교성리 출토 덧띠토기

12) 보령 교성리유적

충남 보령군 오천면 교성리의 산 정상에 있는 유적으로, 부여박물관과 공주박물관에서 1986~1987년 2차에 걸쳐 발굴조사를 실시하여 9기의 집터를 찾았다.

유적의 입지조건은 산 정상과 같은 높은 곳에 있어 우리나라의 청동기시대 집터에서는 흔하지 않은 특이한 형식이다. 지금까지 이와 비슷한 지세 조건에서 찾아진 고지성(高地性) 집터는 서산 대로리유적이 있다.

이 유적의 집터는 모두 긴 방향의 단면이 'ㄴ'자 모양으로, 부채꼴 모습을 이루고 있다. 그리고 집터에서는 숫돌·화살촉·흙가락바퀴, 그리고 많은 양의 민무늬토기, 쇠뿔손잡이, 목긴검은간토기와 흑연 덩어리가 나왔다.

한편 교성리유적의 연대는 덧띠토기와 목긴검은간토기가 나오는 것으로 보아, 청동기시대의 늦은 시기에 해당되는 것으로 보인다(사진 4-25).

✽ 신광섭·김종만, 《보령 교성리집자리》(국립부여박물관), 1987.

13) 서산 휴암리유적

충남 서산군 해미읍 휴암리의 남쪽 구릉 위에 있는 유적으로, 국립박물관팀이 1968~1970년까지 4차에 걸쳐 발굴하였다.

집터는 대부분 구릉 정상부의 대지(臺地)에서 남쪽으로 내려오는 경사진 곳에 있으며, 11기가 발견되었다. 이 유적의 집터는 구조에서 크게 3가지로 나누어진다(사진 4-26).

긴 네모꼴 집터의 가운데에 양쪽으로 기둥구멍이 있고, 양끝에는 보조적인 기능을 지닌 작은 기둥구멍이 있는 집터의 형식과, 집터의 가운데에만 있는 기둥구멍을 중심으로 4개의 작은 기둥구멍이 둘러싸고 있는 형식이 있다. 이 형식은 송국리유적에서도 발견되었다.

이렇게 한 지역에서 서로 다른 형식의 구조를 지닌 집터가 함께 발견되어 주목되며, 해미지역에서 처음 발견되어 '해미형 집터'란 말을 쓰기도 한다. 집터의 크기는 대부분 20m² 안팎이어서, 여기에는 서너 사람이 살았을 것 같다.

그리고 집터에서 나온 바리 모양의 민무늬토기와 골아가리토기 등은 한강유역의 다른 유적들과 연결되지만, 기둥구멍이 집터 가운데에 있고 그 주위를 오목하게 파서 구덩이를 만든 것으로 한 집터의 짜임새로 보면 서남부지역이나 남부내륙지역의 청동기시대 집터와 깊은 관계가 있는 것으로 보여 주목된다.

한편 이 유적의 연대는 유물로 보아 송국리유적보다는 이른 시대에 있었던 것으로 생각된다.

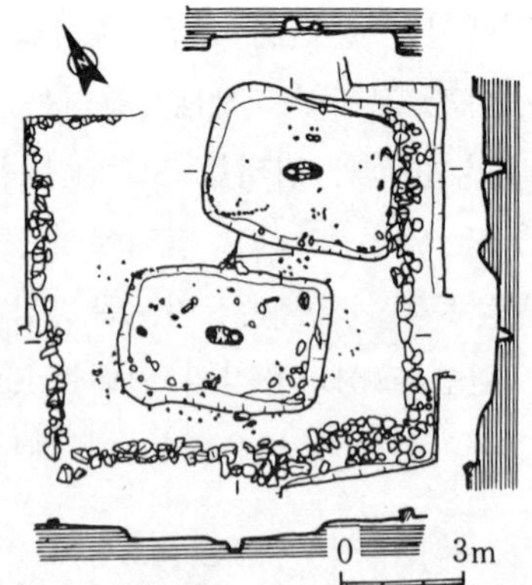

사진 4-26. 서산 휴암리 집터와 평면도(A · B호)

＊ 윤무병·한영희·정준기, 《휴암리》(국립중앙박물관), 1990.

14) 안면도 고남리유적

이 유적은 충남 태안군 고남면 고남리에 위치하며, 해발 20~25m 안팎의 완만한 구릉지대에 있는 조개더미유적이다. 1988년부터 한양대학교 박물관팀이 B지구에서 발굴하여 2기의 네모꼴 집터를 찾았다.

이 집터에서는 화살촉·대패날·돌끌·홈자귀 등의 석기와, 민무늬토기·붉은간토기, 그리고 곱은옥, 뼈화살촉, 뼈바늘 및 조가비로 만든 치레걸이 등 여러 유물이 출토되었다(사진 4-27·4-28).

고남리 조개더미유적은 지금까지 조사된 예가 없는 청동기시대의 조개더미라는 데 큰 의의가 있다. 지금까지는 이 시기의 조개더미가 조사되지 않아서, 당시의 살림살이를 농경이나 고기잡이 쪽으로만 해석하여 조개더미가 만들어지지 않았을 것으로 여기거나, 바닷물 높이의 상승으로 바다 밑에 잠겼을 것으로 생각해왔다. 이 조개더미의 발굴조사로 다른 지역에서도 이 시기의 조개더미유적이 나올 것으로 기대된다

사진 4-27. 안면도 고남리 집터(1호)

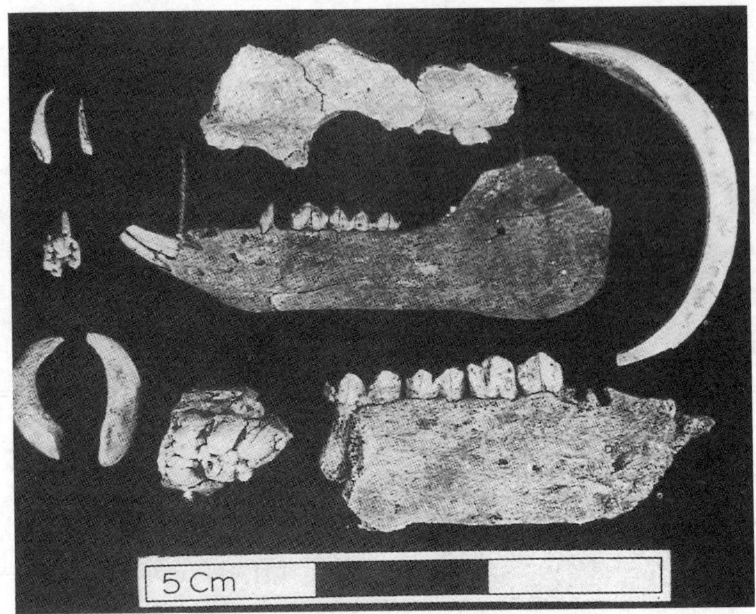

사진 4-28.　안면도 고남리 출토 멧돼지

> * 김병모·심광주, 《안면도 고남리패총 ——1차 발굴조사보고서》(한양대학교 박물관),
> 1990 ; 김병모·안덕임, 《안면도 고남리패총 ——2차 발굴조사보고서》(한양대학교 박물관),
> 1990.

15) 강릉 포남동유적

　강원도 강릉시 포남동에 위치한 이 유적은 1963년 청동기시대의 움집터로 보이는 곳에서 많은 석기와 청동기가 나와서 알려지게 되었다. 집터(크기 730×500cm)는 긴 네모꼴이며, 화덕자리는 모두 2기가 발견되었다. 그리고 동북쪽의 모서리에 있는 홈은 도랑과 같은 기능을 가졌던 것으로 보이며, 이러한 경우에 지붕은 우진각일 가능성이 높다.

　집터 안에서는 청동으로 만든 화살촉을 비롯하여, 대롱구슬·돌칼·돌돈·간돌검·숫돌 등의 유물과, 바탕흙에 굵은모래가 많이 섞인 민무늬토기가 나왔다.

> * 이난영, 〈강릉시 포남동 출토 선사시대유물〉, 《역사학보》 24, 1964 ; 〈강릉시 포남동 출
> 토 선사시대유물 : 추보〉, 《역사학보》 28, 1965.

2. 무 덤

1) 고 인 돌

(1) 춘천 신매리유적

강원도 춘천군 서면 신매리에 있는 이 유적은, 의암호를 사이에 두고 춘천시와 마주 보고 있다. 1984년 국립중앙박물관에서 3기의 고인돌을, 같은 해 한림대학교에서 5기를 발굴조사하였다.

고인돌 무덤방의 방향은 강물의 흐름과 나란하며, 유구 형태는 남쪽이 북쪽에 비하여 넓다. 만든 방법은 긴 네모꼴의 구덩이를 파고 깬 돌을 2~3단 쌓아 만든 돌덧널이 많다. 유물은 무덤방 안에서 민무늬토기 조각이, 돌덧널의 둘레에서는 간돌도끼·뗀돌도끼·민무늬토기 조각이 발견되었다. 신매리 고인돌유적은 중도처럼 고인돌의 주위에 돌무지를 만들어놓았는데, 이는 무덤방을 보호하기 위한 것으로 이 지역의 지반문제를 고려하여 만든 것으로 보이며, 고인돌을 만든 당시 사람들의 축조기술을 이해하는 데 도움이 된다(사진 4-29).

사진 4-29. 춘천 신매리 고인돌

* 국립중앙박물관, 《중도》, 1984 ; 최영희·노혁진, 《신매리 지석묘·주거지 발굴보고서》
(한림대학교 박물관), 1986.

(2) 춘천 천전리유적

강원도 춘천군 신북면 천전리 '샘밭'이라고 부르는 소양강가에 있는 유적으로, 국립박물관에서 1966~1967년 2차에 걸쳐 발굴조사를 하였다. 이곳의 고인돌도 강줄기와 나란하게 놓여 있어, 강물의 흐름과 고인돌과의 관계를 짐작해 볼 수 있다. 고인돌에서는 민무늬토기와 화살촉, 간석기가 발굴되었다(그림 4-10).

한편 이 샘밭 고인돌은 주위에 돌을 쌓아놓은 점이 공통적으로 발견되는데, 이는 고인돌이 위치한 곳의 지반이 모래밭이므로 쓰러지는 것을 방지하기 위하여 이렇게 축조한 것으로 여겨지며, 이웃의 중도나 신매리유적에서도 이와 같은

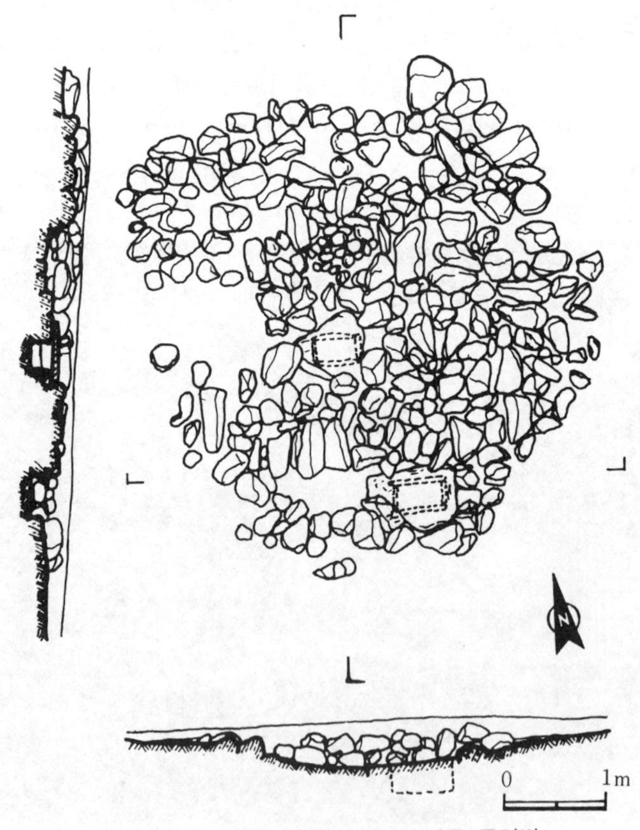

그림 4-10. 춘천 천전리 A호 고인돌 무덤방

특징이 관찰되었다.

　　* 김재원·윤무병,《한국지석묘연구》(국립박물관), 1967.

(3) 춘천 중도유적

　강원도 춘천시 호반동에 있는 이 유적은 북한강과 소양강이 만나는 합수지점으로서, 의암댐이 세워지면서 호수 안의 섬으로 바뀌어진 곳이다. 중도유적은 1980~1984년까지 국립중앙박물관이 연차적으로 발굴조사하였으며, 1983년 강원대학교 박물관팀이 고인돌을 발굴하였다. 유물은 돌도끼·민무늬토기·붉은간토기·검은간토기, 그리고 묻힌 사람의 뼈조각이 나왔다.

　중도 고인돌을 만든 방법으로는 이곳의 지반이 모래흙인 까닭에 무덤방의 주위에 돌무지를 만들어 튼튼하게 하였음이 관찰된다. 강원대학교에서 조사한 고인돌의 무덤방은 막음돌의 한 쪽만 빼고 미리 고인돌을 만들어놓은 것으로 보여, 고인돌 축조과정에 관한 한 자료를 제시해주고 있다(사진 4-30).

　그리고 국립중앙박물관에서 조사한 1호 고인돌은 만들기 전에 구덩이를 파고 화장을 한 뒤 그 위에 고인돌을 만든 독특한 것으로, 고인돌사회의 묻기방법을

사진 4-30.   중도 고인돌

182

이해하는 데 중요하다.

> * 국립중앙박물관, 《중도》 V, 1984 ; 최복규, 《중도 고인돌 발굴조사보고》(강원대학교 박
> 물관), 1984.

(4) 제천 황석리유적

충북 제천군 청풍면 황석리의 남한강 옆 충적대지(臺地) 위에 2줄로 46기 이상
의 고인돌이 있었다. 이곳에서는 국립박물관이 1962년에 2차에 걸쳐 18기를,
1982~1983년에는 충주댐 수몰지역 문화유적 발굴조사로 충북대학교팀이 8기의
고인돌을 발굴하였다(사진 4-31 · 4-32).

무덤방의 긴 방향은 대체로 강물 흐름과 나란하며, 묻기는 바로펴묻기가 대부
분이었던 것 같다. 무덤방의 구조는 판자돌을 잇대어 네 벽을 만든 다음, 긴 벽
에서 30cm 떨어져 판자돌을 세워 받침돌 구실을 하게 만들었는데, 이러한 형식
은 황석리유적에서만 나타나고 있어 주목된다.

유물은 많은 사람뼈를 비롯하여 간돌검, 돌도끼, 화살촉과 민무늬토기, 붉은
간토기, 사슴·돼지 등의 짐승뼈, 굽은구슬, 대롱구슬이 출토되었으며, 방사성

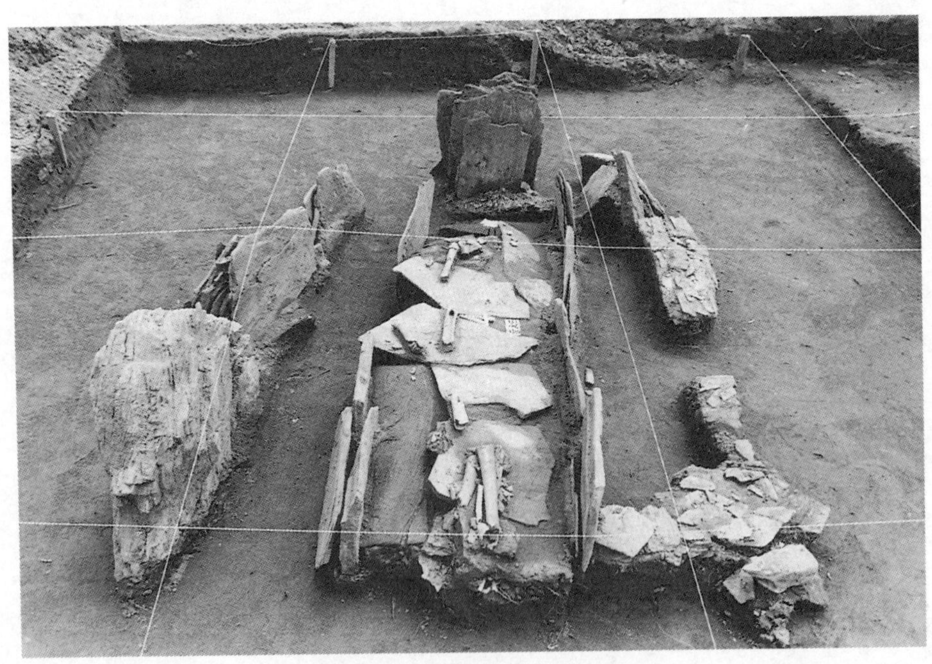

사진 4-31. 황석리 고인돌(충 6 호)

사진 4-32. 황석리 고인돌(층 13 호)

탄소 연대측정 결과 2,360B. P. (MASCA 2,370B. P.)가 나왔다.

국립박물관에서 발굴한 13호 고인돌과 충북대학교팀이 발굴한 '충' 7호 고인
돌에서 출토된 완전한 사람뼈에 관한 체질인류학적 자료는 우리 겨레의 뿌리에
관한 훌륭한 기준을 제시하고 있다(그림 4-11).

* 김재원·윤무병, 《한국지석묘연구》(국립박물관), 1967 ; 이융조·신숙정·우종윤, 〈제원
　황석리 B지구 유적발굴조사보고〉, 《충주댐(Ⅰ)》(충북대학교 박물관), 1984.

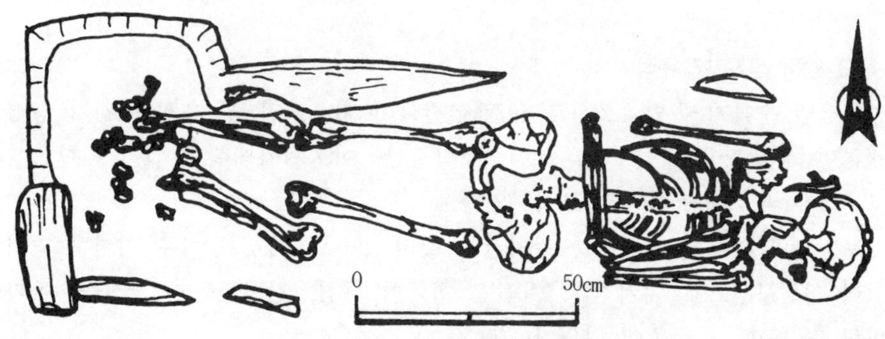

그림 4-11. 제천 황석리 고인돌

184

(5) 제천 함암리유적

충북 제천군 한수면 함암리에 있던 유적으로, 1983년 청주대학교 박물관팀이
충주댐 수몰지역 조사로 발굴하였다.

'칠성바위'라 불리는 9기의 고인돌이 강을 따라 한 줄로 있는 이 유적에서 발
굴 결과, 초기 철기시대의 두드림무늬토기와 쇠똥이 나와, 고인돌의 하한연대를
밝히는 데 중요한 기준이 되고 있다. 무덤방의 구조는 돌널과 돌덧널이 있으며,
긴 방향은 강물의 흐름과 나란하며, 유물은 민무늬토기와 붉은간토기, 간석기,
구멍파인 돌이 나왔다.

> ＊ 이동복, 〈제원 함암리지구 유적발굴조사보고〉, 《충주댐(Ⅱ)》(충북대학교 박물관),
> 1984.

(6) 중원 하천리유적

이 유적은 충북 중원군 동량면 하천리의 창내(제천천) 옆 밭에 있었으며, 충주
댐 수몰지역 조사의 일환으로 1983년 한양대학교팀이 1기의 고인돌과 덮개돌이
없어진 6기의 돌덧널을 발굴하였다.

5호 돌덧널은 무덤방 바닥에 판자돌을 깔았고, 그 바닥 밑에서 민무늬토기 조
각이 나와 민무늬토기시대 후기에 만들어진 것으로 해석된다. 머리 방향은 남쪽
으로 강물의 흐름과는 나란하지만, 하류 쪽으로 놓여 있었던 것 같다. 유물은
뚜껑돌이나 주검 위에 놓았던 것으로 보이며, 간돌검과 쓰기 좋게 손잡이 부분
을 쪼은 반달돌칼・화살촉이 나왔다(그림 4-12).

> ＊ 김병모・최호림・김명진・심광주, 〈중원 하천리 D지구 유적발굴조사〉, 《충주댐(Ⅱ)》
> (충북대학교 박물관), 1984.

(7) 양평 상자포리유적

팔당댐 수몰지역 발굴조사로 1972년 발굴이 이루어진 이 유적은 경기 양평군
개군면 상자포리에 있으며, 국립중앙박물관・이화여자대학교・단국대학교에서
모두 16기의 고인돌을 발굴조사하였다.

무덤방의 주위에는 대부분 강자갈이 깔려 있으며 서로가 아주 가까운 거리에
있어 가족무덤으로 여겨진다. 유물은 한국식 동검, 강자갈돌의 장식돌, 돌가락
바퀴, 돌도끼, 화살촉이 나왔다(그림 4-13).

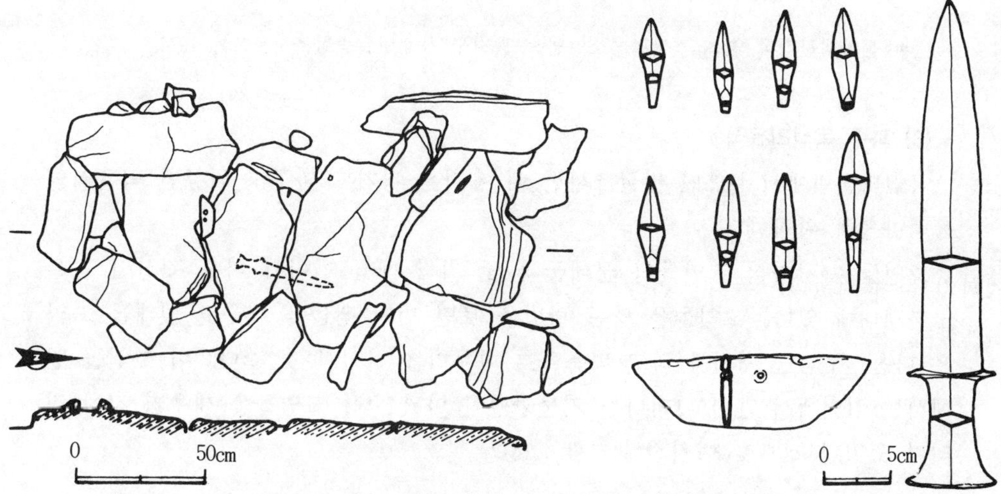

그림 4-12. 중원 하천리 5호 돌덧널과 출토 유물

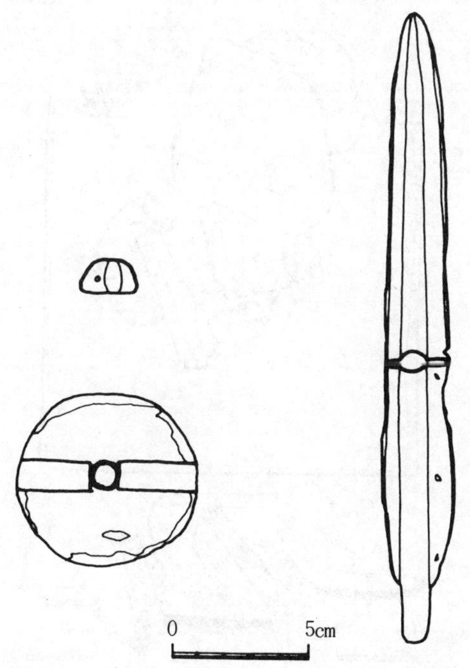

그림 4-13. 양평 상자포리 1호 고인돌 출토 유물

숯으로 한 방사성탄소 연대측정치는 2,170B.P.(MASCA 2,120B.P.)가 나와 고인돌이 만들어진 시기를 알려준다.

　＊ 문화재관리국 엮음, 《팔당·소양댐 수몰지구 유적발굴종합조사보고》, 1974.

(8) 파주 옥석리유적

국립박물관에서 1965년 발굴조사한 이 유적은 경기도 파주군 월롱면 덕은리의 옥석마을에 위치한다.

고인돌은 탁자식 고인돌이 군데군데 몇 기씩 떼를 지어서 마을 뒷산의 높은 구릉지대에 있다. 고인돌을 만든 방법을 보면 먼저 굄돌을 세우고 덮개돌을 얹은 다음, 무덤방 처리를 하고 막음돌로 마무리를 하였던 것 같다. 이 고인돌 밑에서는 집터에서 흔히 나타나는 기둥구멍이 나왔는데, 고인돌을 세우기 전에 집터가 있었던 것으로 여겨진다(그림 4-14).

　＊ 김재원·윤무병, 《한국지석묘연구》(국립박물관), 1967.

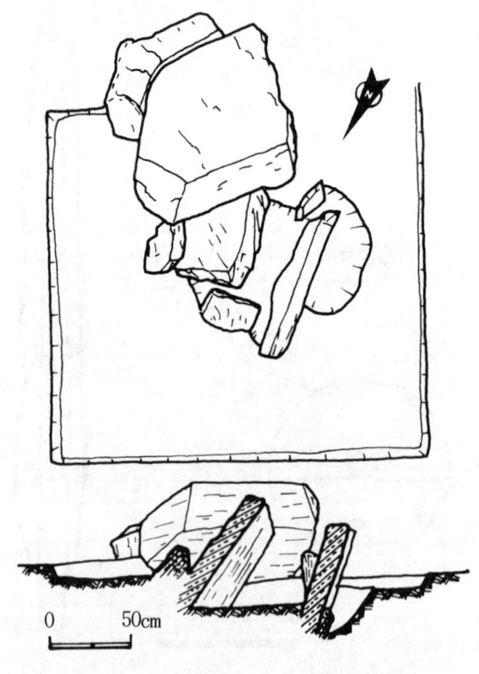

그림 4-14.　파주 옥석리 1호 고인돌

(9) 강화 삼거리유적

이 유적은 경기도 강화군 하점면 삼거리의 소동마을에 있으며, 1966년 국립박물관에서 발굴조사하였다.

고인돌에서 출토된 유물은 화살촉과 의도적으로 깨뜨려 묻은 민무늬토기 조각들이 나왔다. 그런데 무덤방 밖에도 둥근돌을 쌓아놓았는데, 이것은 고인돌을 만들 때에 튼튼하게 하기 위한 당시 사람들의 축조기술로 여겨진다.

＊ 김재원·윤무병, 《한국지석묘연구》(국립박물관), 1967.

(10) 영동 유전리유적

충북 영동군 매곡면 유전리의 들판 가운데 있던 바둑판 고인돌이다. 무덤방의 긴 방향은 바로 옆의 금강의 흐름과 나란하다. 덮개돌 밑 30cm쯤 되는 무덤방의 윗부분은 판자돌로 4층을 만들었으며, 사이에는 흙을 채웠고, 그 속에 유물이 있다. 무덤방은 구덩이 있고, 판자돌층은 뚜껑돌의 구실을 하였던 것 같다. 이러한 짜임새의 고인돌은 고흥 운대리 고인돌, 김해 회현리 조개더미 위에 있던 고인돌과 서로 비교된다(그림 4-15).

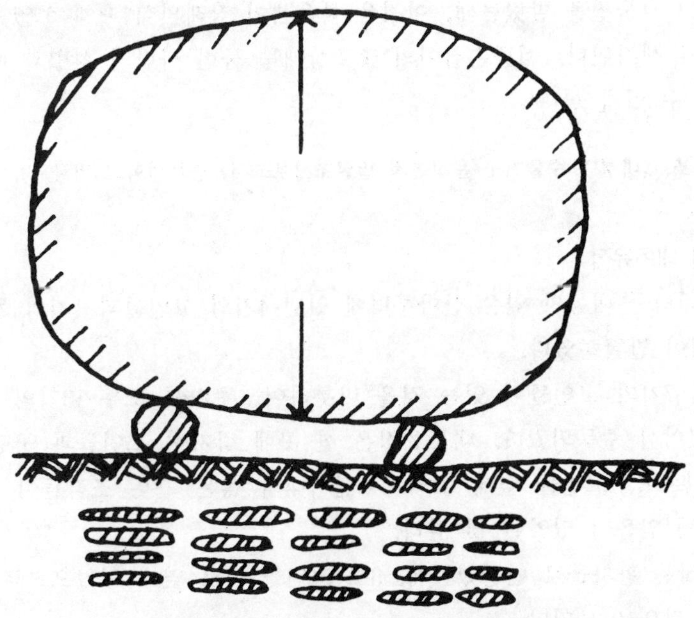

그림 4-15. 영동 유전리 고인돌 복원도

고인돌에서 나온 유물은 모두 의례용으로 만든 것 같다. 화살촉은 피홈과 슴베가 있는 것으로 나누어지며, 간돌검과 외날의 돌도끼는 껴묻기 위하여 만든 것으로 보인다. 유물을 묻은 모습이 이화여대에서 발굴한 팔당댐 수몰지역의 양평 상자포리유적과 매우 비슷하여 주목된다.

    ＊ 김원용, 〈영동 유전리지석묘의 특이구조와 부장품〉, 《역사학보》 12, 1960.

(11) 청원 아득이유적

충북 청원군 문의면 가호리 아득이 마을에 있으며, 1978년 대청댐 수몰지역조사의 일환으로 충북대학교팀이 발굴하였다.

무덤방은 노랑모래를 깔고 판돌을 놓아서 바닥을 마련하였으며, 크기는 214×106cm로 바로펴묻기를 하였던 것 같다. 또한 무덤방에서는 막음돌을 세우기 전에 불을 피웠던 자취가 발견되었는데, 이런 것이 춘천의 중도에서도 조사되었다. 유물은 쇠뿔 모양 토기 손잡이, 가락바퀴와 돌끌 조각, 민무늬토기 조각이 출토되었으며, 일부러 부러뜨린 유물이 많아 주목된다. 동쪽 고임돌[支石] 옆에서 나온 25개체의 민무늬토기 조각은 식사용 그릇으로, 복원된 크기로 미루어 보아, 제연(祭宴)과 의식의 과정에 쓰인 것으로 여겨진다. 반암 자갈돌에는 붉은 반점이 있고 광물질을 발랐는데, 이것은 붉은색이 장례의식 때에 쓰였음을 보여주는 것으로 생각된다. 쇠뿔손잡이의 출토상태는 묻힌 사람의 성별과 머리 방향을 짐작할 수 있게 한다.

    ＊ 이융조, 《대청댐 수몰지구 문화유적 발굴조사보고서》(충북대학교 박물관), 1979.

(12) 대전 내동유적

대전시 대덕구 내동의 얕은 산마루턱에 있던 4기의 고인돌과 1기의 돌널을 충남대학교팀이 발굴하였다.

칠성당에 7기의 고인돌이 있는 것을 비롯하여, 주변에 모두 13기의 고인돌이 한 줄로 있어서 주목되었다. 내동유적은 한 곳에 탁자식 고인돌과 구덩 고인돌이 같이 있으며, 고인돌 옆에 고려·조선시대의 많은 그릇 조각들이 있어, 큰 돌을 위하는 믿음이 있었던 것 같다.

돌널은 작은 판자돌로 만들었는데, 3호 고인돌 바로 옆에 있었으므로 서로 연관이 되는 것으로 보인다.

　＊ 지건길, 〈대덕 내동리 지석묘 유적발굴개보〉, 《백제연구》(충남대학교) 8, 1977.

(13) 논산 신기리유적

　이 유적은 충남 논산군 양촌면 신기리 고인돌 마을에 있는데, 21기의 고인돌이 3개의 떼로 나뉘어 분포하며, 탁자식 고인돌과 구덩 고인돌이 같이 있다.
　고인돌 덮개돌의 긴 방향은 남북쪽으로 흐르는 '잇내'라는 작은 하천과 나란하다. 4호 고인돌의 무덤방은 돌덧널을 만들었는데, 오물기를 주어서 튼튼하게 하였다. 그리고 바닥은 납작한 자연돌을 깔았고 뚜껑돌은 서쪽에 1장이 있었다.
　묻힌 사람의 머리 방향은 서쪽이고, 유물은 간돌검과 화살촉이 나왔다. 한편 무덤방의 북쪽에 판자돌을 하나 세워 딸린 방을 만들었다.

　＊ 김재원·윤무병, 《한국지석묘연구》, 1967 ; 강인구, 〈논산 신기리의 지석묘〉, 《고고미
　　술》 148, 1980.

2) 돌널무덤

(1) 단양 안동리유적

　충북 단양군 매포읍 안동리에 있는 이 유적은 1963년 한일시멘트회사의 건물을 지으면서 조사하게 되었다. 유적은 남한강 상류의 조그마한 하천이 있는 계곡으로 석회암의 구릉지대에 있다.
　판판한 혈암을 가지고 만든 돌널은 판판한 뚜껑돌을 깔았으며, 뚜껑돌 위에는 돌을 쌓아놓은 것으로 보이는 돌무지가 있었다. 여기에서는 점판암으로 만든 화살촉 13점과 사람뼈, 조가비로 만든 장식품이 나왔다.

　＊ 김원용, 〈단양 안동리 석광묘〉, 《진단학보》 31, 1967.

(2) 청주 비하동유적

　충북 청주시 비하동의 부모산 기슭에 있는 유적으로 무덤의 성격은 밝혀지지 않았지만, 비슷한 유물이 나오는 다른 유적과 비교해보아 풍화된 암반층을 파서 만든 돌널무덤으로 여겨진다.
　이곳에서 한국식 동검을 비롯한 청동기와 흙가락바퀴·검은간토기·덧띠토기 등도 발견되었다. 이러한 유물은 대전 괴정동, 아산 남성리, 예산 동서리 등 금강유역에서 발견되고 있어, 이곳에서 형성된 청동기시대의 문화를 이해하는 데

사진 4-33.　청주 비하동 출토 유물(한국식 동검, 검은간토기, 덧띠토기)

도움이 된다(사진 4-33).

　＊ 한국고고학회, 〈청원 비하리출토 일괄유물〉, 《고고학》 3, 1974.

(3) 대전 괴정동유적

　대전시 유성구 괴정동에 위치한 이 유적은 1967년에 밭을 갈다가 발견되어, 여러 가지 훌륭한 청동기를 비롯하여 석기·토기·치레걸이가 나와 알려지게 되었다.

　무덤방은 화강암질 풍화암반층을 판 다음 돌을 1겹 쌓아 만들었다. 바닥에는 돌을 깔지 않았지만, 약 2cm 두께의 나무가 깔려 있었고 뚜껑돌은 없었다. 무덤방 안에서 모난돌과 나무조각들이 많이 나와서 뚜껑을 나무덧널로 한 다음, 그 위에 모난돌을 얹어놓았던 것으로 짐작된다.

　유물은 무덤방의 북쪽 끝에서 검은간토기·덧띠토기가 나온 것을 비롯하여, 남쪽으로는 대쪽 모양 동기, 방패형 동기, 종방울, 거친무늬거울, 쓰임새를 알 수 없는 둥근 뚜껑 모양 청동의기가 차례로 놓여 있었다. 그리고 반대쪽인 남쪽에는 강자갈로 만든 꾸밈 구슬과 작은 구슬이 흩어져 있었고, 가운데 부분에 한

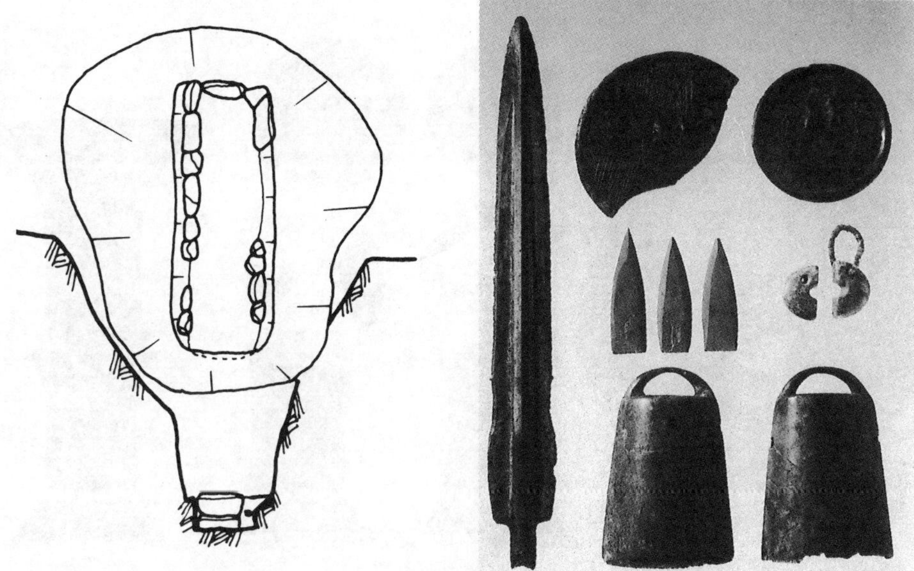

사진 4-34.   대전 괴정동 돌널무덤 평면도와 출토 유물

국식 동검과 화살촉이 있었다(사진 4-34).

그리고 여기에서 나온 대쪽 모양 동기는 아산 남성리, 예산 동서리의 유적에서도 나왔는데, 한꺼번에 3점씩 발견되어 주목된다.

　＊ 이은창, 〈대전 괴정동 청동기문화의 연구〉, 《아세아연구》 30, 1968.

(4) 예산 동서리유적

이 유적은 충남 예산군 대흥면 동서리의 예당저수지 부근 낮은 구릉지대에서 1978년 국립부여박물관님이 조사하였다.

널따란 판돌로 만들어진 돌널은 바닥에 회백색의 고운 잔흙을 깔았으며, 뚜껑돌이 없고 나무널로 덮었던 것 같다.

유물은 여러 점의 한국식 동검과 대쪽 모양 동기, 나팔 모양 동기, 청동거울, 둥근 뚜껑 모양 청동의기 등의 청동기 외에도, 대롱구슬과 검은간토기·덧띠토기가 발견되었다. 그 가운데 나팔 모양 동기는 정가자와유적에서 출토되어, 이 지역과의 문화교류 가능성을 시사해준다(사진 4-35).

　＊ 지건길, 〈예산 동서리 석관묘 출토 청동일괄유물〉, 《백제연구》 9, 1978.

사진 4-35. 예산 동서리 출토 유물

(5) 아산 남성리유적

충남 아산군 신창면 남성리의 나지막한 구릉에 있는 이 유적은 과수원의 우물을 파다가 발견되어, 1976년 국립중앙박물관팀이 조사하였다.

돌널은 화강암질 풍화암반층을 지름이 긴 타원형의 구덩이를 판 다음 만들었다. 바닥돌 위에서는 회청색의 고운 찰흙을 1cm쯤 깔아서 손질한 흔적이 발견되었으며, 뚜껑돌은 없고 옻칠을 한 나무조각과 깬돌이 많이 나와, 대전 괴정동처럼 나무덧널을 덮은 다음 그 위에 깬돌을 채웠던 것으로 보인다.

유물로는 이른 형식의 한국식 동검을 비롯하여, 대쪽 모양 동기, 방패형 동기, 거친무늬거울, 청동끌, 부채꼴도끼 등 청동기와 함께, 치레걸이로는 대롱구슬·굽은ㄱ슬과 덧띠토기·검은간토기가 나왔다(사진 4-36).

청동 부채꼴도끼와 검은간토기는 중국 요령지역에서 많이 출토되어서, 이 지역과의 문화교류나 전파 등과 깊은 관계가 있는 것으로 여겨진다.

  ＊ 한병삼·이건무, 《남성리 석관묘》(국립중앙박물관), 1977.

(6) 부여 송국리유적

이 유적은 충남 부여군 초촌면 송국리 뒷산의 낮은 구릉에 있으며, 1974년 공주사범대학과 국립부여박물관팀이 조사하였다(사진 4-37·4-38).

우리나라에서 정식 발굴조사된 많지 않은 돌널무덤 가운데 하나인 이 유적에서는 비파형 동검을 비롯한 많은 유물이 나와 우리 청동기시대의 연대·기원 등의 문제를 제기하고 있는 중요한 곳이다. 돌널은 풍화암반층을 파내고 네 벽을 세운 다음 무덤방에 흙과 표려 크기의 돌을 채워 덮개돌을 덮은 것으로 보인다.

묻힌 사람의 왼쪽 팔쪽에서 비파형 동검, 화살촉, 대롱구슬, 꾸밈구슬이 포개어진 상태로 나왔으며, 맨 밑에 놓였던 비파형 동검은 검끝이 묻힌 사람의 다리쪽을 향하고 있었지만, 화살촉은 그 반대쪽이었다.

한편 이곳에서 출토된 초기 형태의 비파형 동검은 중국 동북지역에서 찾아지고 있는 동검과 비슷하여, 우리의 청동기문화가 이 지역과 같은 시기에 형성되었다는 사실이 밝혀졌으며, 간돌검도 이 시기에 함께 사용된 것으로 해석된다.

  ＊ 김영배·안승주, 〈부여 송국리 요령식동검 출토 석관묘〉, 《백제문화》 7·8합집, 1978.

사진 4-36. 아산 남성리 돌널무덤과 방패형 동기

사진 4-37. 송국리 돌널무덤

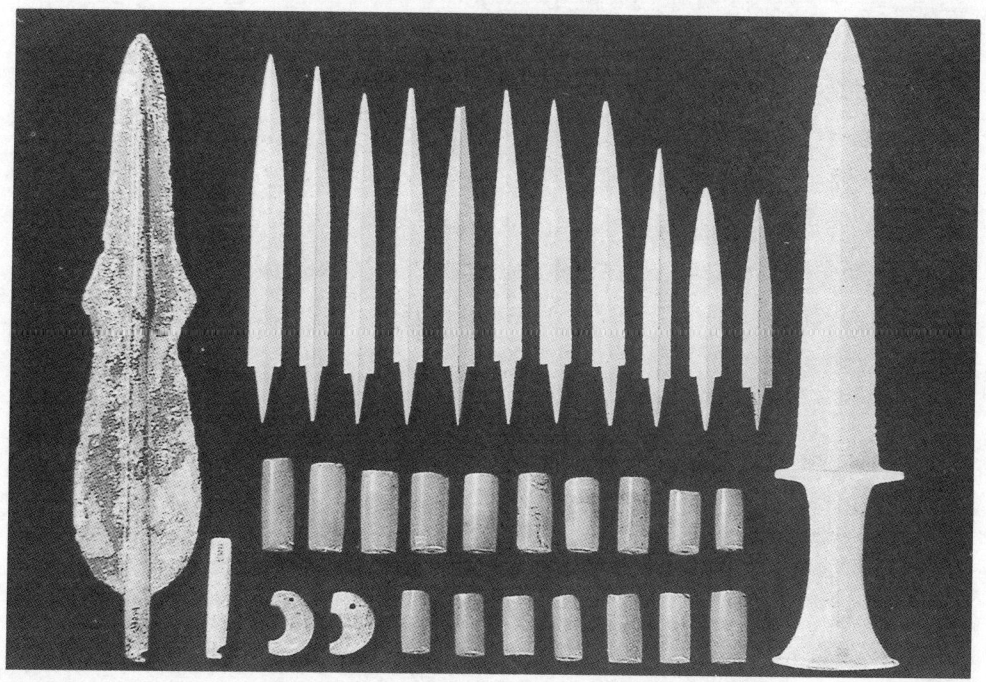

사진 4-38. 부여 송국리 돌널무덤 출토 유물

(7) 부여 가증리유적

충남 부여군 부여읍 가증리에 있는 유적으로 1915년 일본 사람이 조사하였다. 봉황산 북쪽 기슭에 5~10m의 거리를 두고 모두 5기가 있는 이 유적의 돌널을 만든 방법을 보면, 긴 벽은 2, 3장의 판판한 돌을, 짧은 벽은 1장의 판석으로 만들었는데 상자 모양이다. 바닥은 가끔 납작한 돌을 깐 것도 있다.

껴묻거리는 5호에서 화살촉만 나왔고, 나머지 모두에서는 간돌검과 화살촉이 나왔다.

* 지건길, 〈청동기시대 : 묘제(석관묘)〉, 《한국사론》 13(국사편찬위원회), 1983.

3. 선　돌

1) 제천 황석리유적

충주댐 수몰지역 문화유적 조사 때 발견된 이 유적은 충북 제천군 청풍면 황석리에 있으며, 1983년에 충북대학교팀이 발굴하였다.

선돌의 끝이 판판하여 여성으로 여겨지는 1호의 크기는 247×80×25cm이며, 2호는 뾰족하여 남성을 나타내고 있는데 203×65×28cm 크기였다. 그리고 이곳의 선돌은 다른 유적에서와 마찬가지로, 고인돌과 함께 강물을 바라보는 방향으로 있어, 큰돌문화와 물과의 깊은 관련성이 있는 것 같다(사진 4-39).

발굴조사 결과 이 선돌을 중심으로 수평을 이루며 놓여진 11개의 둘레돌이 일정하게 반원꼴을 이룬 상태로 나타나는데, 이로써 성스러운 목적 또는 모임에 쓰인 곳이었던 것으로 해석된다.

한편 선돌의 바로 밑에서는 구멍무늬토기와 붉은간토기가 발견되어, 축조시기가 고인돌과 같은 것으로 보인다. 또한 삼국 초기의 두드림무늬가 있는 토기단지 1점이 발견되어, 큰 돌을 위하는 관습이 역사시대까지도 이어져왔음을 알 수 있다.

* 이융조, 〈제원 황석리 A지구유적 발굴조사보고〉, 《충주댐(Ⅰ)》(충북대학교 박물관), 1984.

사진 4-39. 황석리 선돌

2) 청원 아득이유적

이 선돌은 충북 청원군 문의면 가호리 아득이 마을에 있었으며, 대청댐 수몰
지역 조사 때 충북대학교팀이 발굴하였다. 크기가 105cm 되는 이 선돌은 앞서
설명한 고인돌의 무덤방과 같은 일직선 위에 있었다. 끝부분을 뾰족하게 다듬은
선돌의 앞면은 고인돌을 바라보는 방향이고, 주위의 강물 흐름과도 나란하였다
(사진 4-40).

발굴조사 결과 고인돌을 세울 때의 바닥인 노랑 모래층과 같은 높이에 선돌을
세운 것으로 밝혀져, 큰돌문화를 만든 시기를 이해하는 데 도움이 된다.

한편 아득이 선돌은 세울 곳을 고른 다음 세운 것으로 보이며, 생김새로 보아
끝이 뾰족하므로 남성을 나타낸 것으로 보여서, 고인돌에 묻힌 사람을 나타내는
상징적인 기념비의 성격을 지닌 것 같다.

* 이융조, 《대청댐 수몰지구 문화유적 발굴조사보고서》(충북대학교 박물관), 1979.

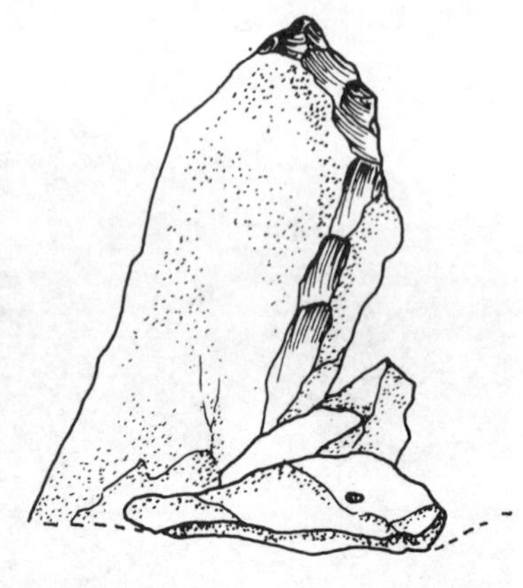

사진 4-40. 아득이 선돌

Ⅳ. 연구의 방향과 과제

1945년 광복 이후 우리의 선사문화에 대한 연구성과 가운데 가장 큰 변화는 바로 우리나라 청동기시대(문화)의 존재를 밝혀내게 된 것이다.

우리는 근대 학문의 형성기에 일제의 침략을 받았기 때문에 여러 분야에서 굴절과 단절로 왜곡된 상태에 머무르게 되었는데, 특히 우리 역사와 문화는 더욱 심한 형편이었다. 그래서 일제는 우리의 청동기문화의 실체를 밝히기보다는 오히려 시대적 요구에 맞추어 있는 사실도 그릇된 결론으로 이르게 되었다.

광복된 지 반 세기가 가까워지면서, 청동기문화에 대한 그동안의 연구가 활발해져 심화된 연구성과도 얻게 되었다. 이러한 연구수준에도 불구하고, 앞으로 이 시기의 문화에 대해 좀더 뚜렷한 사실이 밝혀지기 위해서는, 다음과 같은 몇 가지 연구가 이루어져야 할 것으로 생각된다.

1. 문화권 설정

우리 청동기문화권의 범위 설정에 대한 문제이다. 현재 청동기시대를 연구하는 경향은 제한적으로 우리나라 지역에 국한시키려는 쪽과, 우리의 청동기문화와 비슷하거나 같은 문화요소를 지니고 있는 요령지역을 중심으로 한 중국 동북지역의 일부를 포함시키려는, 좀더 적극적인 입장으로 나누어져 있다고 하겠다.

그런데 문화를 이해할 때, 특히 선사문화를 이해하는 입장에서는 현재의 국경에 너무 의존한 국가 중심보다는, 옛 문화 그 자체를 폭넓게 받아들이는 태도가 필요할 것이다. 이러한 자세에서 우리 청동기문화에 대한 적극적인 연구방법론으로, 앞으로의 연구가 진행되어야 할 것이다.

2. 기　　원

청동기문화를 이해하는 시각에 대한 문제이다. 우리 청동기문화의 기원과 전파에 대해서는 지금까지 많은 연구가 진행되어, 스키토—시베리안 계통의 북방문화로부터 깊은 영향을 받았던 것으로 해석해왔다. 그런데 이러한 문화전파에 대한 이해방법은 너무 지나칠 정도로 한쪽에 치우친 단선적인 생각이기 때문에, 올바른 태도와 자세로 보기는 어렵다고 보겠다.

사실 우리의 청동기문화에서는 북방 계통의 영향도 있었지만, 한편으로는 중국 청동기의 영향도 있었고, 우리나라나 주변지역을 중심으로 한 자생적인 문화요소도 있는 것이 확인되었다. 우리는 이러한 문제에 대해서는 소홀하게 지내온 것이 사실인데, 앞으로 이 방면에 더 큰 관심과 연구가 필요하다고 하겠다.

3. 문　　화

과학적인 연구방법론으로 더 합리적인 청동기문화의 존재양태를 파악해야 할 것이다. 청동기문화에 대한 연구에서 청동기의 성분분석이나 토기를 만든 바탕흙·방법, 그리고 농경자료와 같은 것을 과학적으로 분석해보면, 문화의 기원·특색에 관해서 더욱 구체적으로 접근해볼 수 있는 자료를 마련할 수 있을 것으로 생각한다.

여기에 대해서 최근 몇 분야에서 과학적인 연구방법이 조금씩 이루어지고 있지만, 앞으로 많은 자료를 바탕으로, 여러 과학적인 방법들이 적용되어 민족문화의 형성과 성격에 대한 올바른 해석이 도출되도록 해야 할 것이다.

4. 유　적

　청동기문화의 총체적인 이해문제이다. 지금까지 많은 청동기시대의 유적들이
발굴조사되고 활발한 연구가 이루어지면서, 청동기문화의 성격과 특성에 대해서
어느 정도 밝혀졌지만, 총체적인 문화의 이해에는 미치지 못하고 있다.
　이것은 부여 송국리, 송림 석탄리의 유적처럼 당시의 사람들이 살림을 꾸리던
마을 규모의 집터와 무덤 등이 폭넓게 발굴조사되어서, 문화의 총체적 위상을
이해할 수 있도록 연구되어야 할 것이다.

주

1) 정백운,《조선금석문화 기원에 관한 고고학적 자료》, 1957 ; 김정배,〈한국청동기문화의 사적
　　고찰〉,《한국사연구》6, 1971.
2) 김정학,〈한국청동기문화의 편년〉,《한국고고학보》5, 1978.
3) 신의주역사박물관,〈1966년도 신암리유적 발굴간략보고〉,《고고민속》2, 1967.
4) 황기덕,《조선의 청동기시대》, 과학백과사전출판사, 1984.
5) 김원용,《제 3 판 한국고고학개설》, 일지사, 1986.
6) 심봉근,〈한국선사시대 도작농경〉,《한국고고학보》27, 1991.
7) 한병삼,〈선사시대 농경문청동기에 대하여〉,《고고미술》112, 1971.
8) 윤기준,〈우리나라 청동기시대 집터에 관한 연구〉,《백산학보》32, 1985.
9) 이융조·하문식,〈한국고인돌의 다른 유형에 관한 연구〉,《동방학지》63, 1989.
10) 김원용,〈예술과 신앙〉,《한국사론》13(국사편찬위원회), 1983.
11) 황수영·문명대,《반구대》(동국대학교), 1984.
12) 이은창,〈고령 양전동암화 조사약보〉,《고고미술》112, 1971.
13) 임병태,〈한국무문토기의 연구〉,《한국사학》7(한국정신문화연구원), 1986.
14) 윤덕향,〈청동기시대 : 석기〉,《한국사론》13(국사편찬위원회), 1983.
15) 김원용, 앞의 책.

참고문헌

1. 구석기

강원대학교 박물관, 《상무룡리》, 1989.

고고학연구소, 《조선의 구석기시대》, 1977 ㄱ.

──── , 《조선고고학개요》, 1977 ㄴ.

──── , 《덕천 승리산유적 발굴보고》, 1978.

국사편찬위원회, 《한국사론 12 : 한국의 고고학(Ⅰ)》, 1983.

김원용, 〈공주 마암리동굴 유적예보〉, 《역사학보》 35·36합집, 1967, pp. 26~41.

──── , 〈서론〉, 《한국구석기문화연구》, 한국정신문화연구원, 1981, pp. 1~14.

김정학, 〈한국에 있어서의 구석기문화의 문제〉, 《고려대학교 문리논집》 3, 1956, pp. 1~25.

박선주, 〈현생인류 기원에 관한 연구〉, 《박물관기요》 6, 단국대학교 박물관, 1991, pp. 121~146.

박영철, 〈구석기시대 타제석기 분류에 관하여(Ⅰ)〉, 《인문학총》 8, 1983, pp. 69~89.

──── , 〈몇몇 구석기유적에 대한 의견〉, 《역사학보》 101, 1984, pp. 169~175.

──── , "Patterns and Chronology of the Paleolithic Stone Industries in Korea", Submitted paper to 'International Symposium on Paleolithic in East Asia', The national Research Institute of cultural Properties of Korea, 1992.

박정근, 〈얼굴모양 예술품을 통해 본 우리나라 구석기시대 사람들의 신앙의식〉, 《중앙사론》, 중앙대학교 사학연구회, 1989, pp. 75~98.

박희현, 〈한국 후기 구석기시대의 생활과 환경〉, 《백산학보》 18, 1975, pp. 69~119.

──── , 〈선사사회의 생활상〉, 《제2판 한국사연구입문》, 한국사연구회, 1987.

──── , 〈제원 창내 후기 구석기문화의 연구〉, 연세대학교 박사논문, 1989.

──── , 〈창내 후기 구석기시대 막집의 구조와 분석〉, 《박물관기요》 6, 1990, pp. 5~28.

배기동, 〈전곡리 출토 주먹도끼류석기의 성격에 대하여〉, 《고문화》 22, 1983, pp. 1~23.

──── , 〈구석기시대〉, 《한국선사고고학사》, 도서출판 까치, 1992, pp. 9~75.

서국태, 〈만달리 동굴유적의 석기에 대하여〉, 《조선고고연구》 2, 1987, pp. 11~13.

손보기, 〈층위를 이룬 석장리 구석기문화〉, 《역사학보》 35·36합집, 1967, pp. 1~25.

──────, 〈석장리의 자갈돌·찍개문화층〉, 《한국사연구》 1, 1968ㄱ, pp. 1~62. ──────,

──────, "Grattoir-burin Carene Discovered at Sokchang-ni, Korea", 《동방학지》 9, 1968ㄴ, pp. 125~138.

──────, 〈석장리 이외의 구석기문화의 분포가능성〉, 《백산학보》 7, 1969, pp. 1~24.

──────, 〈석장리의 새기개·밀개문화층〉, 《한국사연구》 5, 1970, pp. 1~46.

──────, 〈석장리의 전기·중기 구석기문화층〉, 《한국사연구》 7, 1972, pp. 1~58.

──────, 〈석장리의 후기 구석기시대 집자리〉, 《한국사연구》 9, 1973ㄱ, pp. 3~57.

──────, 〈구석기문화〉, 《한국사》 1, 국사편찬위원회, 1973ㄴ, pp. 9~46.

──────, 〈한국 구석기시대의 자연──특히 점말 동굴의 지층별 꽃가루 분석과 기후의 추정〉, 《한불연구》 1, 1974, pp. 9~31.

──────, 〈제천 점말 동굴 발굴 중간보고〉, 《한국사연구》 11, 1975ㄱ, pp. 9~53.

──────, "Paleolithic Excavation in Korea", *The Traditional Culture and Society of Korea : Prehistory*, Pearson R. K. ed., Univ. of Hawaii, 1975ㄴ, pp. 30~41.

──────, "The Early Paleolithic Industries of Sokchang-ni, Korea", *Early Paleolithic South and East Asia*, Ikawa-Smith F. ed., 1978, pp. 233~245.

──────, 〈구석기시대 : 인종과 주거지〉, 《한국사론》 12(上), 국사편찬위원회, 1983, pp. 187~211.

──────, 《상시 1그늘 옛 살림터》, 연세대학교 박물관 선사연구실, 1984.

──────, 〈단양 도담리 금굴유적 발굴조사보고〉, 《충주댐 수몰지구 문화유적 연장발굴조사보고서》, 충북대학교 박물관, 1985, pp. 5~100.

──────, 〈광주 궁평리유적 발굴조사보고〉, 《중부고속도로 문화유적 발굴조사보고서》, 충북대학교 박물관, 1986, pp. 19~83.

──────, 《한국구석기학 연구의 길잡이》, 연세대학교 출판부, 1988.

──────, 《구석기유적》, 한국선사문화연구소, 1990.

손보기·한창균, 〈점말 용굴유적〉, 《박물관기요》 5, 단국대학교 박물관, 1989, pp. 149~172.

손송이, "Contributionà l'Etude des Retes Humaines des Os Pariéetaux Découverts á Sangsi, Corée du Sud", 《손보기박사 정년기념 고고·인류학논총》, 지식산업사, 1988, pp. 137~178.

연세대학교 박물관, "The Upper Paleolithic Habitatia Sockchang-ni, Korea", 1973.

윤내현·한창균 엮음, 《양평 병산리유적》, 단국대학교 중앙박물관, 1992.

이기길, 〈전곡리 구석기유적의 연구──지표석기를 중심으로〉, 《고문화》 27, 1985.

──────, 〈구석기시대의 석기에서 관찰된 쓴 자국의 연구──전곡리와 수양개유적의 유물을 중심으로〉, 《고문화》 32, 1988, pp. 3~12.

이선복, 〈유적의 지질고고학적 연구〉, 《전곡리유적 발굴조사보고서》, 문화재연구소, 1983.

──────, 《동북아시아 구석기 연구》, 서울대출판부, 1989.

이융조, 〈방사성탄소 연대측정과 한국의 선사시대 편년문제〉, 《역사학보》 68, 1975,
　　　pp. 53~92.
──── , 〈구석기시대〉, 《한국사론》 1, 국사편찬위원회 편, 1978 ㄱ, pp. 1~32.
──── , 〈한국 선사예술의 한 유형〉, 《고문화》 16, 1978 ㄴ, pp. 2~11.
──── , 《대청댐 수몰지역 문화유적 발굴조사보고서》, 충북대학교 박물관, 1979.
──── , 《한국 선사문화의 연구》, 평민사, 1980.
──── , 《한국의 선사문화──그 분석연구》, 탐구당, 1981 ㄱ.
──── , 〈구석기·중석기문화〉, 한국사연구회 편, 《한국사연구입문》, 1981 ㄴ, pp. 76~84.
──── , 〈한국 구석기문화의 이해에 대한 몇 가지 문제〉, 《한국사연구》 35, 1981 ㄷ,
　　　pp. 125~146.
──── , 〈고구려 영토안의 구석기문화〉, 《동방학지》 30, 1982, pp. 1~89.
──── , 〈한국 홍적세의 자연환경 연구〉, 《동방학지》 38, 1983 ㄱ, pp. 1~40.
──── , 〈청원 두루봉 제2굴 구석기사회 복원에 관한 한 연구〉, 《한국사연구》 42,
　　　1983 ㄴ, pp. 1~36.
──── , 《한국의 구석기문화(Ⅱ)》, 탐구당, 1984.
──── , 〈단양 수양개 구석기유적 발굴조사보고〉, 《충주댐 수몰지구 문화유적 연장발굴조
　　　사보고서》, 충북대학교 박물관, 1985, pp. 101~252.
──── , 〈한국 구석기문화에서의 두루봉문화〉, 《역사학보》 109, 1986 ㄱ, pp. 203~234.
──── , 〈한국 구석기시대의 동물상〉, 《한국고고학보》 19, 1986 ㄴ, pp. 19~62.
──── , 〈한국 구석기유적과 식물상의 분석연구〉, 《동방학지》 54·55·56합집, 1987,
　　　pp. 543~753.
──── , 〈단양 수양개 후기 구석기문화〉, 《한국학의 과제와 전망》, 한국정신문화연구원,
　　　1988 ㄱ, pp. 338~383.
──── , 〈단양 수양개 후기 구석기시대의 자연환경 연구(I)──숯자료를 중심으로〉, 《우인
　　　김용덕박사 정년기념 사학논총》, 1988 ㄴ, pp. 7~44.
──── , 〈청원 두루봉 새굴·처녀굴의 자연환경 연구──식물상의 자료를 중심으로〉, 《손
　　　보기박사 정년기념 고고·인류학논총》, 1988 ㄷ, pp. 29~67.
──── , 〈단양 수양개 후기 구석기시대의 배모양석기의 연구〉, 《고문화》 35, 1989 ㄱ,
　　　pp. 3~77.
──── , "Report on the Upper Paleolithic Culture of Suyanggae Site, Korea", Submitted
　　　paper to 'First World Summit Conference on the Peopling of the Americas',
　　　1989 ㄴ, pp. 1~40.
──── , "The Upper Paleolithic Stone Artifacts with Special Reference to Micro-blade
　　　Cores from Suyanggae Site, Korea", Submitted paper to 'International Symposium
　　　on Paleo-anthropology in Commemoration of the 60th Anniversary of the Discovery
　　　of the first Skull of "Peking Man"', Beijing : China, 1989 ㄷ, pp. 1~30.
──── , 〈한국 구석기 연구의 오늘과 내일〉, 《제1회 학술발표회 한국 선사고고학 연구의

오늘과 내일》, 충북대학교 선사문화연구소, 1992 ㄱ, pp. 5~29.

──── , "Paleontological and Archeological Remains from Turubong Cave Complex in Korea", Submitted paper to 'International Symposium on Paleolithic in East Asia', The national Research Institute of cultural Properties of Korea, 1992 ㄴ, pp. 109~120.

이융조·박선주, 《청원 두루봉 홍수굴 발굴조사보고서》, 충북대학교 박물관, 1991.

이융조·박선주·우종윤, 《단양 구낭굴 발굴보고(Ⅰ)──1986·1988년도 조사》, 충북대학교 박물관, 1991.

이융조·우종윤·윤용현, 〈화성 대야미리유적 발굴조사보고〉, 《판교─구리·신갈─반월 간 고속도로 문화유적 발굴조사보고서》, 충북대학교 박물관, 1988, pp. 575~609.

이융조·윤용현, "Micro-Blade Cores from Suyanggae Site", *Chronostrati-graphy of Paleolithic of North, Central, East Asia and America*, Novosibirsk : Russia, 1992 ㄱ, pp. 135~146.

──── , "Tanged-points and Micro-blade Cores from Suyanggae Site, Korea", Presented Paper to 'Int. Sym. Micro-blade Industry in Northern Eurasia and Northern North America', Sapporo Univ. : Japan, 1992 ㄴ.

이창복, 《한국식물도감》, 1980.

장우진, 〈조선사람의 시원에 대하여〉, 《조선고고연구》 3, 1987, pp. 2~5.

정영화, 〈전곡리 아슐리안 양면핵석기문화예보〉, 《영대문화》 11, 1978, pp. 32~52.

──── , 〈전곡리유적〉, 《한국구석기문화연구》, 한국정신문화연구원, 1981, pp. 49~96.

──── , 《전곡리발굴중간보고》, 영남대학교 박물관, 1984.

최무장, 〈한국의 구석기문화〉, 《한국구석기문화연구》, 한국정신문화연구원, 1981, pp. 15~48.

──── , 〈제원 명오리 B지구 유적발굴약보고〉, 《'83 충주댐 수몰지구 문화유적 발굴조사 보고서》, 충북대학교 박물관, 1983, pp. 31~44.

──── , 《한국의 구석기문화》, 예문출판사, 1986.

최복규, 〈한국과 동북아시아의 후기 구석기문화의 비교연구〉, 《백산학보》 14, 1973, pp. 5~58.

──── , 〈한국에 있어서의 중석기문화의 존재가능성〉, 《백산학보》 16, 1974, pp. 1~45.

충북대학교 박물관, 《충주댐 수몰지구 문화유적 발굴조사종합보고서》, 1984.

──── , 《충주댐 수몰지구 문화유적 연장발굴조사보고서》, 1985.

한국고고미술연구소, 《한국고고학개정용어집》, 1984.

한국선사문화연구소·경기도, 《일산 새도시개발지역 학술조사보고》 1, 1992.

한창균, 〈제 4 기의 지질 및 자연환경〉, 《한국사론》 12, 국사편찬위원회, 1983, pp. 79~90.

2. 중석기

손보기, 〈석장리의 후기 구석기시대 집자리〉, 《한국사연구》 9, 1973 ㄱ, pp. 3~57.
———, 〈구석기문화〉, 《한국사》 1, 국사편찬위원회, 1973 ㄴ, pp. 9~46.
———, 〈단양 도담리 금굴유적 발굴조사보고〉, 《충주댐 수몰지구 문화유적 연장발굴조사
　　　종합보고서》, 충북대학교 박물관, 1985, pp. 5~100.
———, 《구석기유적》, 한국선사문화연구소, 1990.
손보기·한병삼·이융조, 〈한국석기시대의 문화——그 연구와 전망〉, 《현상과 인식》,
　　　1982, pp. 166~168.
이융조, 〈한국의 구석기·중석기문화〉, 《한국사연구입문》, 1981, pp. 76~82.
최복규, 〈한국에 있어서의 중석기문화이 존재가능성〉, 《백산학보》 16, 1974, pp. 1~45.
———, 〈중석기문화〉, 국사편찬위원회 편, 《한국사론》 12, 1983, pp. 415~478.
최복규·김용백·김남돈, 〈홍천 하화계리 중석기시대 유적발굴조사보고〉, 《중부고속도로
　　　건설구간내 문화유적 발굴조사보고서》, 강원도, 1992, pp. 13~244.

3. 신석기

고고학·민속학연구소, 《궁산원시유적발굴보고》, 1957.
———, 《지탑리원시유적발굴보고》, 1961.
길경택, 〈한국선사시대의 농경과 농구의 발달에 관한 연구〉, 《고문화》 27, 1985, pp. 89~
　　　129.
김광수, 〈암사동 강안유적발굴보고〉, 《역사교육》 13, 1970.
김동호, 《상노대도》, 동아대학교 박물관, 1984.
김병모, 〈서해안지방의 선사문화조사〉, 《한국고고학보》 13·14합집, 1983
김신규, 〈우리나라 원시시대 메짐승에 대하여〉, 《고고민속》 2, 1966, pp. 4~7.
김용간, 《금탄리원시유적발굴보고》, 1964.
———, 〈서북조선 빗살무늬그릇 유적의 연대를 론함〉, 《고고민속》 66-1, 1966, pp. 1~7.
———, 〈서포항원시유적발굴보고〉, 《고고민속론문집》 4, 1972.
———, 〈우리나라 신석기시대 질그릇 변천에 보이는 문화발전의 고유성〉, 《고고민속론문
　　　집》 7, 1979.
김용남, 〈우리나라의 신석기시대〉, 《고고민속》 67-3, 1967.
———, 〈궁산문화에 대한 연구〉, 《고고민속론문집》 8, 1983.
김원용, 〈광주 미사리 즐문토기유적〉, 《역사학보》 14, 1961.
———, 〈춘천 교동 혈거유적과 유물〉, 《역사학보》 20, 1963.

──── , 〈한국고고학개설〉, 1973.

──── , 〈초지리(별망)패총 발굴조사보고〉, 《한국고고학보》 7, 1979, pp. 1~48.

김원용·임효재, 《오산리유적》, 서울대학교 박물관, 1984.

김원용·임효재·권학수, 《오산리유적 Ⅱ》, 서울대학교 박물관, 1985.

김정기, 〈한국수혈주거지고 1〉, 《고고학》 1, 1968.

──── , 〈주생활〉, 《한국사론》 17, 국사편찬위원회, 1987, pp. 76~130.

김정배, 〈고조선의 민족구성과 문화적 복합〉, 《백산학보》 12, 1972, pp. 76~130.

김정학, 〈고고학상으로 본 한국민족〉, 《백산학보》 1, 1967, pp. 133~150.

──── , 〈한국기하문토기문화의 연구〉, 《백산학보》 4, 1968, pp. 1~100.

──── , 《한국고고학》, 하출서방신사, 1970.

──── , 〈한국신석기문화의 연구〉, 《한국사학》 7, 1986.

김정학·정징원, 《금곡동 율리패총》, 부산대학교 박물관, 1980.

김종철, 〈서울 암사동 선사취락지〉, 《한국고고학연보》 2, 1975, pp. 21~23.

서국태, 〈기원전 3천년기 서포항 주민들의 농업생산활동〉, 《역사과학》 80-3, 1980.

──── , 《조선의 신석기시대》, 1985.

손보기, 《상노대도의 선사시대살림》, 수서원, 1982.

──── , 《상시 1 그늘 옛 살림터》, 연세대학교 선사연구실, 1984.

──── , 〈우리나라 벼농사의 새로운 사실──인도형 볍씨자국을 찾다〉, 《동방학지》 54·
　　　　55·56합집, 1987.

손보기 외, 〈서해안 우도의 선사문화〉, 《박물관기요》 3, 단국대학교 중앙박물관, 1987.

신숙정, 〈상노대도 조개더미유적의 토기연구〉, 《백산학보》 28, 1984.

안승모, 〈신석기시대〉, 《한국고고학보》 21, 1988, pp. 35~62.

암사동유적발굴조사단, 《암사동유적 긴급발굴조사보고》, 1983.

이기길·황성옥, 〈암사동유적의 신석기시대 뾰족밑무늬토기 연구〉, 《손보기박사 정년기
　　　　념 고고·인류학논총》, 지식산업사, 1988, pp. 275~340.

이백규, 〈암사동 신석기시대 주거지 조사〉, 《한국고고학연보》 3, 1976, pp. 13~15.

이성주, 〈신석기시대〉, 《한국선사고고학사》, 도서출판 까치, 1992, pp. 77~160.

이융조, 〈양평 앙덕리 고인돌 발굴보고〉, 《한국사연구》 11, 1975.

이융조·신숙정, 〈중원지방의 빗살무늬토기고찰〉, 《손보기박사 정년기념 고고·인류학논
　　　　총》, 지식산업사, 1988, pp. 341~388.

이　찬, 〈자연환경〉, 《한국사 1──한국의 선사문화》, 국사편찬위원회, 1973, pp. 14~16.

임영진, 〈움집의 분류와 변천〉, 《한국고고학보》 17·18합집, 1985, pp. 107~161.

임효재, 〈경남 동래군 서생면 출토 융기문토기〉, 《고고학》 1, 1968.

──── , 〈한국 중부지방 신석기문화의 상사성과 상이성 연구〉, 《한국고고학보》 2, 1977,
　　　　pp. 19~39.

──── , 〈미사리긴급발굴조사〉, 《한국고고학연보》 8, 1981.

──── , 〈신석기문화〉, 《한국사연구입문》, 지식산업사, 1981.

──────, 〈한국즐목문토기 전개〉, 《말로국》, 1982.

──────, 〈남해안지역의 즐문토기문화〉, 《한국고고학보》 14·15합집, 1983.

──────, 〈토기의 시대적 변천과정〉, 《한국사론》 12, 국사편찬위원회, 1983.

──────, 〈편년〉, 《한국사론》 12, 국사편찬위원회, 1983, pp. 707~786.

──────, 〈신석기시대의 한강유역〉, 《한강사》, 서울특별시, 1985.

──────, 〈신석기시대의 한일문화교류〉, 《한국사론》 16, 국사편찬위원회, 1986, pp. 1~29.

──────, 《한국고대문화의 흐름》, 집문당, 1992.

──────, 〈신석기시대 한국과 중국요령지방의 문화적 관련성에 대하여〉, 《한국 상고사의 제문제》, 한국정신문화연구원, 1987, pp. 3~26.

임효재·권학수, 《오산리유적》, 서울대학교 박물관, 1984.

임효재·이준정, 《오산리유적 Ⅲ》, 서울대학교 박물관, 1988.

임효재·S. M. Nelson, 〈한강유역즐문토기의 용량추출과 그 문화적 의미〉, 《한국고고학보》 1, 1976.

정영화, 〈신석기시대〉, 《한국사론》 1, 국사편찬위원회, 1976, pp. 33~51.

정징원, 〈신석기시대 단도마연토기에 대한 일고찰〉, 《부산사학》 4, 1980.

──────, 〈남해안지방 융기문토기에 대한 연구〉, 《부산사학》 9, 1985.

정징원 외, 〈김해 수가리패총〉, 부산대학교 박물관, 1981.

지건길·안승모, 〈서해도서지방의 지표조사〉, 《중도──진전보고 Ⅴ》, 국립중앙박물관, 1984.

──────, 〈한반도 선사시대 출토 곡물과 농구〉, 《한국의 농경문화》, 경기대학, 1983.

최몽룡·노혁진·안승모, 〈백령·연평리의 즐문토기문화〉, 《한국문화》 3, 1982.

최무장, 〈한국 선사시대의 석기〉, 《백산학보》 21, 1976.

──────, 〈한국선사시대의 골기〉, 《문화재》 10, 1976.

최삼룡·한창균, 〈우리나라 신석기시대 짐승잡이의 예〉, 《박물관기요》 2, 단국대학교 박물관, 1986.

충북대학교 박물관, 《충주댐 수몰지구 문화유적 발굴조사종합보고서──고고·고분분야 (Ⅰ)》, 1984.

──────, 《중원문화권 유석 성빌조사보고서──보은군·영동군》, 1984.

한국선사문화연구소·경기도, 《일산 새도시개발지역 학술조사보고 Ⅰ》, 1992.

한병삼, 《시도패총》(국립박물관 유적조사보고 8책), 1970.

──────, 〈신석기시대〉, 《한국사대계》 1, 1975.

한병삼 외, 〈소양강 수몰지구 유적발굴보고〉, 《팔당·소양댐 수몰지구 유적발굴종합조사보고》, 1974.

한병삼·이건무, 《조도패총》, 국립중앙박물관, 1976.

한영희, 〈한반도 중·서부지방의 신석기문화〉, 《한국고고학보》 5, 1978, pp. 17~108.

──────, 〈지역적 비교〉, 《한국사론》 12, 국사편찬위원회, 1983.

──────, 〈신석기시대〉, 《한국고고학연보》 10, 1983.

홍현선, 〈상시 3 바위그늘의 문화연구〉, 연세대학교 석사논문, 1987.
황기덕, 〈무산 범의구석 유적발굴보고〉, 《고고민속논문집》 6, 1975.
황용훈, 〈석기·골각기〉, 《한국사론》 12, 국사편찬위원회, 1983, pp. 522~591.
――――, 〈예술과 신앙〉, 《한국사론》 12, 국사편찬위원회, 1983, pp. 655~706.

廣懶雄一, 〈櫛目文土器前後硏究〉, 《伽倻通信》 13·14합집, 1985.
――――, 〈韓國新石器時代石器硏究史〉, 《聖心外國語專門大學論文集》 5, 1985.
藤田亮策, 〈櫛目文土器の分布に就きて〉, 《靑丘學叢》 2, 1930.
西谷正, 〈朝鮮半島の櫛目文土器文化〉, 《繩文土器大成》 5, 講談社, 1982.
小原哲, 〈韓國隆起文土器檢討〉, 《伽倻通信》 13·14합집, 1985.
安田善志 外, 〈韓國における環境變遷史と農耕の起源〉, 《韓國における環境變遷史》, 1980.
有光敎一, 《朝鮮櫛目文土器硏究》, 1962.
中井信之 外, 〈韓國永郎湖堆積物の地球化學的手段による古氣候變遷の硏究〉, 《韓國におけ
        る環境變遷史》, 1980.

Nelson, S., *Han River Chulmuntogi*, 1975.
Sample, L. L., "Tongsamdong ; A Contribution to Neolithic Culture History", *Arctic
        Anthropology* 11-2, 1974.

4. 청동기

강인구, 〈논산 신기리의 지석묘〉, 《고고미술》 148, 1980, pp. 38~43.
과학백과사전출판사, 《조선전사》 Ⅰ, 1979.
광주박물관, 〈고흥 장수제 지석묘 조사〉, 1984.
국립중앙박물관, 《송국리》 Ⅰ, 1978 ; 《송국리》 Ⅱ, 1986 ; 《송국리》 Ⅲ, 1987 ; 《송국리》 Ⅳ,
        1991.
――――, 《중도》, 1984.
국사편찬위원회 엮음, 《한국사》 Ⅰ, 1973, pp. 138~171.
――――, 《한국사론》 13·17, 1983, pp. 344~557.
김병모, 〈한국거석문화원류에 관한 연구(Ⅰ)〉, 《한국고고학보》 10·11합집, 1981, pp. 55~
        78.
――――, 《한국인의 발자취》, 집문당, 1992.
김양선·임병태, 〈역삼동주거지 발굴보고〉, 《사학연구》 20, 1968.
김양옥, 〈한반도 청동기시대 문양의 연구〉, 《한국고고학보》 10·11합집, 1981, pp. 23~
        54.
김영배·안승주, 〈부여 송국리 요령식 동검 출토 지석묘〉, 《백제문화》 7·8합집, 1975.

김용간·석광준, 《남경유적에 관한 연구》, 1984.

김용간·황기덕, 〈조선의 청동기시대〉, 《고고민속》 4, 1967, pp. 1~9.

김원용, 〈영동 유전리 지석묘의 특이구조와 부장품〉, 《역사학보》 12, 1960, pp. 123~137.

───, 〈한국문화의 고고학적 연구〉, 《한국문화사대계》 II, 1964.

───, 〈단양 안동리 석광묘〉, 《진단학보》 31, 1967, pp. 43~50.

───, 〈한국무문토기지역분류시론〉, 《고고학》 1, 1968.

───, 〈한국 마제석검 기원에 관한 일고찰〉, 《백산학보》 10, 1971, pp. 3~32.

───, 〈한국반월석도의 발생과 전개〉, 《사학지》 6, 1972, pp. 1~17.

───, 《한국의 고분》, 1974.

───, 〈울주반구대 암각화에 대해서〉, 《한국고고학보》 9, 1980.

───, 《제 3 판 한국고고학개설》, 1986.

김재원, 〈부여·경주·연기 출토 동제 유물〉, 《진단학보》 25·26합집, 1964.

김재원·윤무병, 《한국지석묘연구》, 국립박물관, 1967.

김정기, 〈한국주거사〉, 《한국문화사대계》 II, 1970.

───, 〈한국수혈주거지고〉, 《고고학》 3, 1974.

김정배, 〈한국청동기문화의 사적 고찰〉, 《한국사연구》 6, 1971, pp. 1~33.

───, 《한국민족문화의 기원》, 1973.

───, 〈한국 청동기문화의 기원에 관한 소고〉, 《고문화》 17, 1979, pp. 2~22.

김정학, 〈한국무문토기문화의 연구〉, 《백산학보》 3, 1967, pp. 1~98.

───, 〈대륙관계사──선사시대편〉, 《백산학보》 17, 1974, pp. 5~40.

───, 〈한국청동기문화의 편년〉, 《한국고고학보》 5, 1978, pp. 1~16.

노혁진, 〈유구석부에 대한 일고찰〉, 《역사학보》 89, 1980, pp. 1~72.

도유호, 《조선원시고고학》, 1961.

문화재관리국, 《팔당·소양댐 수몰지구 유적발굴 종합조사보고》, 1974.

박희현, 〈한국 고인돌문화에 대한 고찰〉, 《한국사연구》 46, 1984.

방선주, 〈한국 거석제의 제문제〉, 《사학연구》 20, 1968.

서울대학교 박물관, 《흔암리주거지》 I, 1974 ; 《흔암리주거지》 II, 1975 ; 《흔암리주거지》 III, 1976 ; 《흔암리주거지》 IV, 1978.

석광준, 〈우리나라 서북지방 고인돌에 관한 연구〉, 《고고민속론문집》 7, 1979, pp. 109~182.

손병헌, 〈한국선사시대의 무덤〉, 《삼불김원용교수 정년퇴임기념논총》 I, 1987, pp. 73~84.

신광섭·김종만, 《보령교성리집자리》, 국립부여박물관, 1987.

신의주역사박물관, 〈1966년도의 신암리유적 발굴간략보고〉, 《고고민속》 2, 1967, pp. 42~44.

심봉근, 〈한국 도작농경의 기원에 관한 연구〉, 《부산사학》 6, 1982.

───, 《한국 청동기문화의 이해》, 동아대출판부, 1990.

──── , 〈한국선사시대 도작농경〉, 《한국고고학보》 27, 1991, pp. 5~61.

윤기준, 〈우리나라 청동기시대 집터에 관한 연구〉, 《백산학보》 32, 1985.

윤무병, 〈천안 두정리의 수혈주거지〉, 《미술자료》 8, 1967, pp. 17~22.

──── , 〈한국청동유물의 연구〉, 《백산학보》 12, 1972, pp. 59~134.

──── , 〈무문토기형식분류시고〉, 《진단학보》 39, 1975, pp. 5~41.

──── , 〈한국 청동기시대의 문화〉, 《고고미술》 129·130합집, 1976, pp. 44~47.

──── , 《한국청동기문화연구》, 1987.

──── , 〈요동지방의 청동기문화〉, 《한국 상고사의 제문제》, 한국정신문화연구원, 1987.

윤무병·한영희·정준기, 《휴암리》, 국립중앙박물관, 1990.

윤용진, 〈한국청동기문화 연구〉, 《한국고고학보》 10·11합집, 1981, pp. 1~22.

이강승, 〈요령지방의 청동기문화〉, 《한국고고학보》 6, 1979, pp. 1~95.

이남석, 〈청동기시대 한반도 사회발전단계 문제〉, 《백제문화》 16, 1985.

이난영, 〈강릉시 포남동 출토 선사시대 유물〉, 《역사학보》 24, 1964.

──── , 〈강릉시 포남동 출토 선사시대 유물 : 추보〉, 《역사학보》 28, 1965.

이백규, 〈경기도 무문토기·마제석기〉, 《고고학》 3, 1974.

──── , 〈한강유역 전반기 민무늬토기의 편년에 대하여〉, 《영남고고학》 5, 1986.

이영문, 〈전남지방 지석묘의 성격〉, 《한국고고학보》 20, 1987, pp. 79~112.

이융조, 《대청댐 수몰지구유적 발굴보고서》, 1979.

──── , 《한국선사문화의 연구》, 평민사, 1980.

──── , 《한국의 선사문화──그 분석연구》, 탐구당, 1981.

이융조·하문식, 〈한국 고인돌의 다른 유형에 관한 연구〉, 《동방학지》 63, 1989, pp. 29~
      66.

이은창, 〈대전 괴정동 청동기문화의 연구〉, 《아세아연구》 30, 1968.

──── , 〈고령 양전동 암화조사약보〉, 《고고미술》 112, 1971.

이종선, 〈한국석관묘의 연구〉, 《한국고고학보》 1, 1976, pp. 29~114.

이청규, 〈세형동검의 형식분류 및 그 변천에 대하여〉, 《한국고고학보》 13, 1982.

──── , 〈광복 후 남·북한 청동기시대의 연구성과〉, 《한국고고학보》 21, 1988, pp. 63~
      84.

이현혜, 〈한반도 청동기문화의 경제적 배경〉, 《한국사연구》 56, 1987, pp. 1~32.

임병태, 〈한국지석묘의 형식 및 연대문제〉, 《사총》 9, 1964.

──── , 〈한국무문토기의 연구〉, 《한국사학》 7, 1986.

임세권, 〈한반도고인돌의 종합적 검토〉, 《백산학보》 28, 1976.

임영진, 〈움집의 분류와 변천〉, 《한국고고학보》 17·18합집, 1985, pp. 107~162.

전영래, 〈한국 청동기문화의 계보와 편년〉, 《전북 유적조사보고》 6, 1978.

──── , 〈한국 청동기문화의 연구〉, 《마한·백제문화》, 1983.

정동찬, 〈울주 대곡리 선사바위 그림 연구〉, 《손보기박사 정년기념 고고·인류학논총》,
      지식산업사, 1988, pp. 389~434.

정백운, 《조선금속문화 기원에 대한 고고학적 자료》, 1957.

조유전, 〈청동기시대〉, 《한국선사고고학사》, 도서출판 까치, 1992, pp. 169~287.

지건길, 〈대덕 내동리 지석묘유적 발굴개보〉, 《백제연구》 8, 1977.

──, 〈예산 동성리 석관묘 출토 청동일괄 유물〉, 《백제연구》 9, 1978.

──, 〈지석묘사회복원에 관한 일고찰〉, 《이화사학연구》 13·14합집, 1983.

지건길·안승모, 〈한반도 선사시대 출토 곡류와 농구〉, 《한국의 농경문화》 1, 1983.

최몽룡, 〈전남지방 소재 지석묘의 형식과 분류〉, 《역사학보》 78, 1978.

──, 〈전남지방 지석묘사회의 편년〉, 《진단학보》 53·54합집, 1982.

최몽룡·박양진, 〈여주 흔암리토기의 과학적 분류〉, 《고문화》 25, 1984, pp. 3~8.

최무장, 〈한강유역의 무문토기〉, 《한국고고학보》 14·15합집, 1983.

최복규, 《중도고인돌 발굴조사보고》, 1984.

최성락, 〈한국 마제석촉의 고찰〉, 《한국고고학보》 12, 1982, pp. 263~320.

──, 〈방사성탄소측정 연대문제의 검토〉, 《한국고고학보》 13, 1982.

충북대학교 박물관, 《중부고속도로 문화유적 발굴조사보고서》, 1986.

──, 《충주댐 수몰지구 문화유적 발굴조사보고서》, 1984.

한국선사문화연구소·경기도, 《일산 새도시개발지역 학술조사보고(Ⅰ)》, 1992.

한림대학교 박물관, 《신매리 지석묘 주거지 발굴보고서》, 1986.

한병삼, 〈선사시대 농경문 청동기에 대하여〉, 《고고미술》 122, 1971.

──, 《토기와 청동기》, 세종대왕기념사업회, 1974.

한병삼·이건무, 《남성리 석관묘》, 국립중앙박물관, 1977.

한양대학교 박물관, 《안면도 고남리패총──1차발굴조사보고서》, 1990.

한영희, 〈각형토기고〉, 《한국고고학보》 14·15합집, 1983.

한흥수, 〈조선의 거석문화 연구〉, 《진단학보》 3, 1935.

황기덕, 《조선의 청동기시대》, 1984.

황수영·문명대, 《반구대》, 1984.

황용훈, 〈한반도 선사시대 암각의 제작기술과 형식분류〉, 《고고미술》 127, 1975.

전국문화유적 발굴조사연표

1. 구석기

연 도 (수)	유적이름	위 치	발굴기관	비 고
1964 (1)	공주 석장리유적	충남 공주군 장기면 장암리 석장부락	연세대 (손보기)	1차
1965 (1)	공주 석장리유적	충남 공주군 장기면 장암리	연세대 박물관 (손보기)	2차
1966 (1)	공주 석장리유적	충남 공주군 장기면 장암리	연세대 박물관 (손보기)	3차
1967 (3)	공주 석장리유적 공주 마암리 동굴 서울 면목동유적	충남 공주군 장기면 장암리 충남 공주군 반포면 마암리 서울 동대문구 면목동	연세대 박물관 (손보기) 서울대 (김원용) 경희대 (황용훈)	4차 시굴 시굴
1968 (1)	공주 석장리유적	충남 공주군 장기면 장암리	연세대 박물관 (손보기)	5차
1969 (1)	공주 석장리유적	충남 공주군 장기면 장암리	연세대 박물관 (손보기)	6차
1970 (1)	공주 석장리유적	충남 공주군 장기면 장암리	연세대 박물관 (손보기)	7차
1971 (1)	공주 석장리유적	충남 공주군 장기면 장암리	연세대 박물관 (손보기)	8차
1972 (1)	공주 석장리유적	충남 공주군 장기면 장암리	연세대 박물관 (손보기)	9차
1973 (2)	제주 빌레못 동굴 제천 점말 용굴	제주 북제주군 애월면 어음리 충남 제천군 송학면	영남대 박물관 (정영화) 연세대 박물관	 1차

연도	유적	위치	조사기관 (조사자)	차수
		포전리 68-1	(손보기)	
1974 (2)	공주 석장리유적	충남 공주군 장기면 장암리	연세대 박물관 (손보기)	10차
	제천 점말 용굴	충북 제천군 송학면 포전리 점말	연세대 박물관 (손보기)	2차
1975 (1)	제천 점말 용굴	충북 제천군 송학면 포전리 점말	연세대 박물관 (손보기)	3차
1976 (2)	청원 두루봉 2굴	충북 청원군 문의면 노현리	연세대 박물관 (손보기) 충북대 박물관 (조성진)	1차
	제천 점말 용굴	충북 제천군 송학면 포전리 점말	연세대 박물관 (손보기)	4차
1977 (3)	청원 두루봉 2굴	충북 청원군 문의면 노현리	충북대 박물관 (조성진)	2차
	청원 두루봉 9굴	충북 청원군 문의면 노현리	연세대 박물관 (손보기)	2차
	제천 점말 용굴	충북 제천군 송학면 포전리	연세대 박물관 (손보기)	5차
1978 (3)	청원 샘골유적	충북 청원군 문의면 문덕리 샘골	충북대 박물관 (조성진)	
	청원 두루봉 9굴	충북 청원군 문의면 노현리	연세대 박물관 (손보기)	3차
	청원 두루봉 2굴	충북 청원군 문의면 노현리	충북대 박물관 (조건상)	3·4차
1979 (5)	연천 전곡리유적	경기 연천군 전곡읍 전곡리	건국대 박물관 (최무장) 경희대 박물관 (황용훈) 서울대 박물관 (김원용) 영남대 박물관 (정영화) 국립중앙박물관 (강인구)	1차
	제천 점말 용굴	충북 제천군 송학면 포전리	연세대 박물관 (손보기)	6차

	청원 두루봉 15굴	충북 청원군 가덕면 노현리	충북대 박물관 (이수봉)	5차
	연천 전곡리유적	경기 연천군 전곡읍 전곡리	건국대·경희대 서울대·영남대 국립중앙박물관 (최무장·황용훈 김원용·정영화 강인구)	2차
	청원 두루봉 15굴	충북 청원군 가덕면 노현리	충북대 박물관 (이수봉)	6·7차
1980 (3)	청원 두루봉 새굴· 처녀굴	충북 청원군 가덕면 노현리	충북대 박물관 (이수봉)	8·9차
	제친 점말 용굴	충북 제천군 송학면 포전리	연세대 박물관 (손보기)	7차
	연천 전곡리유적	경기 연천군 전곡읍 전곡리	건국대·경희대 서울대·영남대 (최무장·황용훈 김원용·정영화)	3차
1981 (2)	단양 상시 1그늘	충남 단양군 매포읍 상시리	연세대 박물관 (손보기)	
	연천 전곡리유적	경기 연천군 전곡읍 전곡리	건국대·경희대·서 울대·영남대 박물관 (최무장·황용훈· 김원용·정영화)	4차
1982 (4)	제천 창내유적 (사기리 C지구)	충북 제천군 한수면 사기리	청주사범대 (박희연)	1차
	연천 전곡리유적	경기 연천군 전곡읍 전곡리	서울대 박물관 (정병욱)	5차
	청원 큰용굴유적	충북 청원군 문의면 구룡리	충북대 박물관 (이수봉)	
	청원 두루봉 홍수굴	충북 청원군 문의면 노현리	충북대 박물관 (이수봉)	10차
1983 (5)	연천 전곡리유적	경기 연천군 전곡읍 전곡리	서울대 박물관 (김원용)	6차
	단양 금굴유적	충북 단양군 매포읍 도담리	연세대 선사연구실 (손보기)	1차
	제천 창내유적	충북 제천군 한수면	청주사범대학	2차

연도	유적명	위치	조사기관 (조사자)	차수
	(사기리 C지구)	사기리	(박희연)	
	단양 수양개유적	충북 단양군 적성면 애곡리	충북대 박물관 (이융조)	1차
	제천 명오리유적	충북 제천군 한수면 명오리 큰길가	건국대 박물관 (최무장)	1차
1984 (4)	단양 금굴유적	충북 단양군 매포읍 도담리	연세대 선사연구실 (손보기)	2차
	명주 심곡리유적	강원 명주군 강동면 심곡리	서울대 박물관 (정병욱)	
	단양 수양개유적	충북 단양군 적성면 애곡리 수양개	충북대 박물관 (이융조)	2차
	제천 명오리유적	충북 제천군 한수면 명오리 큰길가	건국대 박물관 (최무장)	2차
1985 (2)	단양 수양개유적	충북 단양군 적성면 애곡리 수양개	충북대 박물관 (이융조)	3·4차
	단양 금굴유적	충북 단양군 매포읍 도담리	연세대 선사연구실 (손보기)	3차
1986 (3)	광주 궁평리유적	경기 광주군 도척면 궁평리	연세대 (손보기)	
	연천 전곡리유적	경기 연천군 전곡읍 전곡리	서울대 박물관 (임효재)	7차
	단양 구낭굴유적	충북 단양군 가곡면 여천리	충북대 박물관 (이융조)	1차
1987 (2)	주암댐 수몰지구 집터·고인돌	전남 보성군 문덕면	전남대 박물관 등 15개 기관	
	화천 파로호 퇴수지구	강원 양구군 양구읍 상무룡리	강원대 박물관 (최복규)	1차
1988 (2)	단양 구낭굴유적	충북 단양군 가곡면 여천리	충북대 박물관 (이융조)	2차
	화천 파로호 퇴수지구	강원 양구군 양구읍 상무룡리	강원대·경희대 (최복규·황용훈)	2차
1989 (4)	연천 남계리유적	경기 연천군 군남면 남계리	건국대 (최무장)	1차
	파주 금파리유적	경기 파주군 파평면 금파리	문화재연구소 (조유전)	1차
	화순 대전유적	전남 화순군 남면 사수리 대전부락	충북대 (이융조)	3차

	곡성 옥과유적	전남 곡성군 옥과면 주사리	서울대 박물관 (임효재)	
1990 (3)	공주 석장리유적	충남 공주군 장기면 장암리	한국선사문화 연구소 (손보기)	11차
	파주 금파리유적	경기 파주군 파평면 금파리	문화재연구소 (조유전)	2차
	보성 죽산리유적	전남 보성군 문덕면 죽산리	경희대 고고·미술사 연구소 (황용훈)	
1991 (4)	파주 금파리유적	경기 금파리 파평면 금파리	문화재연구소 (조유전)	3차
	연천 전곡리유적	경기 연천군 전곡리 151·156번지	한양대 박물관 (김병모)	8차
	대전 송광택지개발 지구내 유적	대전 유성구 봉산동	한양대 박물관 (김병모)	시굴
	일산 신도시개발지역	경기 고양군 주엽리 송포면 대화리	한국선사문화연구소· 단국대·충북대 (손보기·윤내현· 이융조)	
1992 (5)	양평 병산리유적	경기 양평군 강산면 병산리	단국대 박물관 (윤내현)	
	연천 전곡리유적	경기 연천군 전곡읍 전곡리	한양대 (배기동)	9차
	공주 석장리유적	충남 공주군 장기면 장암리	한국선사문화연구소 (손보기)	12차
	파주 금파리유적	경기 파주군 파평면 금파리	문화재연구소 (조유전)	4차
	충주 용탄동유적	충북 충주시 용탄동	서울대 박물관 (안휘준)	
	부산 해운대유적	부산시 해운대구 좌동·중동	부산시립박물관 (윤병용)	

2. 신석기

연 도 (수)	유적이름	위 치	발굴기관	비 고
1957 (1)	서울 암사동 집터	서울 강동구 암사동	경희대 (김기웅)	시굴
1958 (1)	부천 시도 조개더미	경기 부천군 북면 시 도	국립박물관 (한병삼)	시굴
1961 (2)	미금 수석리 집터	경기 미금시 수석동	서울대 (김원용)	
	하남 미사리유적	경기 하남시 미사리	서울대 (김원용)	시굴
1963 (1)	부산 동삼동 조개더미	부산 영도구 동삼동	서울대 (임효재)	시굴
1964 (2)	김해 농소리 조개더미	경남 김해군 주춘면 농소리 113-4	부산대 박물관 (김용기)	
	명주 영진리·가둔지 유적	강원 명주군 운곡면 영진리·가둔지	서울대 고고인류학과 (임효재)	시굴
1966 (2)	부산 다대포 조개더미	부산 서구 다대동	부산대 박물관 (김용기)	
	울주 신암리유적	경남 울주군 서생면 신암리	서울대 박물관 (임효재)	시굴
1967 (3)	서울 암사동 집터	서울 강동구 암사동	경희대 박물관 (김기웅)	1차
	사천 구평리 조개더미	경남 사천군 서포면 구평리	단국대 (정영호)	
	무안 흑산도 조개더미	전남 무안군 흑산면 대흑산도 예리	서울대 (김원용)	
1968 (2)	하남 미사리유적	경기 하남시 미사리	서울대 (김원용)	1차
	서울 암사동 집터	서울 강동구 암사동	서울대 (김광수)	2차
1969 (1)	부산 동삼동 조개더미	부산 영도구 동삼동	서울대 박물관 (김원용)	1차

연도	유적명	소재지	조사기관(조사자)	차수
			국립박물관 (윤무병)	
1970 (2)	부천 시도 조개더미	경기 부천시 시도	국립박물관 (한병삼)	1·2차
	부산 동삼동 조개더미	부산 영도구 동삼동	서울대 박물관 (김원용)	2차
			국립박물관 (윤무병)	
1971 (2)	부산 동삼동 조개더미	부산 영도구 동삼동	서울대 박물관 (김원용)	3차
			국립박물관 (한병삼)	
	서울 암사동 집터	서울 강동구 임사동	국립박물관 (한병삼)	3차
1972 (4)	양주 진중리유적	경기 양주군 와부읍 진중리	숭전대 박물관 (임병태)	
	금곡동 율리 조개더미	부산 북구 금곡동 율리	부산대 박물관 (김정학)	
	서울 암사동 집터	서울 강동구 암사동	국립중앙박물관 (한병삼)	4차
	양평 앙덕리 고인돌	경기 양평군 개군면 앙덕리	연세대 박물관 (손보기)	
1973 (2)	부산 시도 조개더미	부산 영도구 동삼동	국립중앙박물관 (한병삼)	
	서울 암사동 집터	서울 강동구 암사동	국립중앙박물관 (한병삼)	5차
1974 (2)	서울 암사동 집터	서울 강동구 암사동	국립중앙박물관 (한병삼)	6차
	울주 신암리유적	경북 울주군 서생면 신암리	국립중앙박물관 (한병삼)	
1975 (1)	서울 암사동 집터	서울 강동구 암사동	국립중앙박물관 (한병삼)	7차
1977 (1)	옥천 안터 고인돌	충북 옥천군 동이면 석탄리	충북대 박물관 (조성진)	
1978 (4)	김해 수가리 조개더미	경남 김해군 장유면 수가리 가동부락	부산대 박물관 (김석희)	1차
	통영 상노대도 조개더	경남 통영군 욕지면	연세대 박물관	

	미 1·4지구 통영 상노대도 조개 더미 2·3지구 시흥 초지리 조개 더미	상리 상노대도 경남 통영군 욕지면 상리 상노대도 경기 시흥시 군자동	(손보기) 동아대 박물관 (김동호) 서울대 박물관 (김원용)	
1979 (1)	김해 수가리 조개 더미	경남 김해군 장유면 수가리 가동부락	부산대 박물관 (정징원)	2차
1980 (1)	하남 미사리유적	경기 하남시 미사리	고려대 박물관 (윤세영) 서울대 박물관 (김원용) 숭전대 박물관 (임병태) 한양대 박물관 (김병모)	2차
1981 (1)	양양 오산리유적	강원 양양군 손양면 오산리	서울대 박물관 (임효재)	1차
1982 (1)	양양 오산리유적	강원 양양군 손양면 오산리	서울대 박물관 (임효재)	2차
1983 (5)	양양 오산리유적	강원 양양군 손양면 오산리	서울대 박물관 (임효재)	3차
	울진 후포리유적	경북 울진군 평해읍 후포리	국립경주박물관 (한병삼)	
	서울 암사동 집터	서울 강동구 암사동	서울대 박물관 (임효재)	8차
	서울 암사동 집터	서울 강동구 암사동	서울대 박물관 (김원용)	9차
	양양 오산리유적	강원 양양군 손양면 오산리	서울대 박물관 (임효재)	4차
1985 (1)	양양 오산리유적	강원 양양군 손양면 오산리	서울대 박물관 (임효재)	5차
1986 (1)	북제주 북촌리유적	제주 북제주군 조촌면 북촌리	제주대 박물관 (심여택)	
1987 (3)	양양 오산리유적	강원 양양군 손양면 오산리	서울대 박물관 (임효재)	6차
	영암 구목리 요지	전남 영암군 군서면 서구목리	이화여대 박물관 (최숙경)	

	하남 미사리유적	경기 하남시 미사리	숭실대 박물관 (임병태)	3차
1988 (6)	통영 산등 조개더미	경남 통영군 욕지면 노대리	부산수산대 박물관 (박구병)	
	합천댐 수몰지구	경남 거창군 남하면 대야리·무릉리	동의대 박물관 (임효택)	
	시흥 오이도 조개더미	경기 시흥군 군자면 정왕리	서울대 박물관 (임효재)	
	통영 연곡리 조개더미	경남 통영군 산양면 연곡리	국립진주박물관 (한영희)	1차
	태안 고남리 조개더미	충남 태안군 고남면 고남리	한양대 박물관 (김병모)	1차
	통영 욕지도 조개디미	경남 통영군 욕지면 동항리	국립진주바물관 (한영희)	
1989 (3)	태안 고남리 조개더미	충남 태안군 고남면 고남리	한양대 박물관 (김병모)	2차
	여천 군내리 조개더미	전남 여천군 돌산읍 군내리	국립광주박물관 (지건길)	
	통영 연곡리 조개더미	경남 통영군 산양면 연곡리	국립진주박물관 (김성구)	2차
1990 (1)	하남 미사리유적	경기 하남시 미사리	숭실대 박물관 (임병태) 한양대 박물관 (김병모) 성균관대 박물관 (손병헌) 경희대 (황용훈)	4차
1991 (1)	북제주 동김녕리 동굴 유적	제주 북제주군 구좌읍 동김녕리	제주도 민속자연사 박물관	
1992 (2)	금릉 송죽리유적	경북 금릉군 구성면 송죽리	계명대 박물관 (김종철)	
	부산 북촌 조개더미	부산시 강서구 강동동	부산수산대 박물관 (박구병)	

3. 청동기

연 도 (수)	유적이름	위 치	발굴기관	비 고
1956 (1)	창원 성문리 고인돌	경남 창원군 진동면 성문리	박경원	수습 발굴
1959 (2)	제주 오라동 고인돌	제주 제주시 오라동 2501 · 2489 · 2388 · 2389	서울대 (김철준)	
	제주 용담동 고인돌	제주 제주시 용담동 757 · 758 · 756 · 751	서울대 (김철준)	
1961 (1)	서울 명일동 집터	서울 강동구 명일동	고려대 박물관 (김정학)	
1962 (3)	제천 황석리 고인돌	충북 제천군 청풍면 황석리	국립박물관 (윤무병)	
	창녕 유리 고인돌	경남 창녕군 대마면 유리	국립박물관 (윤무병)	
	강화 고려산 고인돌	경기 강화군 하점면 고려산	국립박물관 (채병서)	
1963 (7)	영일 기계면 고인돌	경북 영일군 기계면	국립박물관 (김정기)	
	서울 가락동 집터	서울 강동구 가락동	고려대 (김정학)	
	웅진 영종도 고인돌	경기 웅진군 영종면 운남리	인천시립박물관 (최숙경)	
	아산 신운리 고인돌	충남 아산군 영인면 신운리	국립박물관 (김정기)	
	강릉 포남동 집터	강원 강릉시 포남동	관동대 (이생석)	시굴
	천안 두정리 집터	충남 천안시 부성동	국립박물관 (윤무병)	
	강화 하도리 고인돌	경기 강화군 하점면 하도리	국립박물관 (채병서)	
1964 (3)	파주 옥석리 고인돌	경기 파주군 월롱면 옥석리	국립박물관 (윤무병)	

	월성 상재삼리 고인돌	경북 월성군 내남면 상재삼리	국립박물관 (윤무병)	
	김해 무계리 고인돌	경남 김해군 장유면 무계리	국립박물관 (윤무병)	
1965 (7)	파주 옥석리 고인돌· 집터	경기 파주군 월롱면 옥석리	국립박물관 (윤무병)	
	파주 교하리 고인돌· 집터	경기 파주군 교하면 교하리	국립박물관 (윤무병)	
	곡성 공북리 고인돌	전남 곡성군 목사동면 공북리	국립박물관 (윤무병)	
	승주 광천리 고인돌	전남 승주군 주암면 광천리	국립박물관 (윤무병)	
	논산 신기리 고인돌	충남 논산군 양촌면 신기리	국립박물관 (윤무병)	
	고창 상갑리 고인돌	전북 고창군 아산면 상갑리	국립박물관 (윤무병)	
	고창 매산리 고인돌	전북 고창군 아산면 매산리	국립박물관 (윤무병)	
1966 (6)	강화 삼거리 고인돌	경기 강화군 하점면 삼거리	국립박물관 (김재원)	
	강화 황촌리 고인돌	경기 강화군 하점면 황촌리	국립박물관 (김재원)	
	춘천 천전리 고인돌	강원 춘천군 신북면 천전리	국립박물관 (윤무병)	1차
	서울 역삼동 집터	서울 강남구 역삼동	숭전대 박물관 (김양선)	
	강화 삼거리 집터	경기 강화군 하점면 삼거리	국립박물관 (윤무병)	
	의창 곡안리 고인돌	경남 의창군 진전면 곡안리	국립박물관 (윤무병)	
1967 (5)	춘천 천전리 고인돌	강원 춘천군 신북면 천전리	국립박물관 (윤무병)	2차
	영암 장산리 고인돌	전남 영암군 신북면 장산리	국립박물관 (윤무병)	
	영암 지석리 고인돌	전남 영암군 신북면 지석리	국립박물관 (윤무병)	수습 발굴
	대구 상매동 고인돌	대구시 동구 상매동	경북대 박물관	

			(김영하)	
1968 (3)	서산 해미 집터	충남 서산군 해미면 휴암리	국립박물관 (윤무병)	1차
	사천 송지리 돌널무덤	경남 사천군 용현면 송지리	단국대 박물관 (정영호)	
	서산 해미 집터	충남 서산군 해미면 휴암리	국립박물관 (김정기)	2차
1969 (2)	서산 해미 집터	충남 서산군 해미면 휴암리	국립중앙박물관 (윤무병)	3차
	사천 소곡리유적	경남 사천군 정동면 소곡리	단국대 박물관 (정영호)	
1971 (5)	공주 탄천유적	충남 공주군 탄천면 송학리·남산리	국립박물관 (한병삼)	
	춘천 대곡리 고인돌	강원 춘천군 북산면 대곡리	국립박물관 (한병삼)	
	춘천 추전리 고인돌	강원 춘천군 북산면 추전리	서울대 (최몽룡)	
	춘천 내평리 고인돌· 집터 돌깐집터	강원 춘천군 북산면 내평리	문화재관리국 (이호관)	
	화순 청동기유적	전남 화순군 도곡면 대곡리 198	문화재관리국 (윤무병·조유전)	수습 발굴
1972 (6)	여주 흔암리 집터	경기 여주군 점동면 흔암리	서울대 박물관 (김원용)	1차
	양평 상자포리 고인돌 (돌널무덤)	경기 양평군 개군면 상자포리	국립중앙박물관 (한병삼)	
	양평 문호리 고인돌	경기 양평군 서종면 문호리	경희대 박물관 (황용훈)	
	양평 양수리 고인돌	경기 양평군 양서면 양수리	문화재관리국 (이호관)	
	양평 상자포리 고인돌	경기 양평군 개군면 상자포리	이화여대 박물관 (진홍섭)	
	양평 상자포리 고인돌	경기 양평군 개군면 상자포리	단국대 박물관 (정용호)	
1973 (4)	대구 태평로 고인돌	대구 중구 태평로 2가	문화재관리국 (이호관) 경북대 박물관 (윤용진)	1차

	여주 흔암리 집터	경기 여주군 점동면 흔암리	서울대 박물관 (김원용)	2차
	진해 웅천 동굴유적	경남 진해시 웅천 2동 산 103	동아대 박물관 (김동호)	
	안동 도곡동 고인돌	경북 안동군 월곡면 도곡리	경북대 박물관 (윤용진)	
1974 (1)	여주 흔암리 집터	경기 여주군 점동면 흔암리	서울대 박물관 (김원용)	3차
1975 (16)	대구 평리동 고인돌	대구 서구 평리동	경북대 박물관 (김영하)	수습 발굴
	대평리 선사유적	경남 진양군 대평면 대평리 옥방부락	문화재연구소 (조유전)	1차
	여주 흔암리 집터	경기 여주군 점동면 흔암리	서울대 박물관 (김원용)	4차
	화순 대초리 고인돌	전남 화순군 도암면 대초리 조치부락	전남대 박물관 (최몽룡)	
	나주 대초리 고인돌	전남 나주군 다도면 대초리 남대부락	전남대 박물관 (최몽룡)	
	나주 마산리 고인돌	전남 나주군 다도면 마산리 2구 쟁기머리	전남대 박물관 (최몽룡)	
	나주 판촌리 고인돌	전남 나주군 다도면 판촌리	전남대 박물관 (최몽룡)	
	담양 산성리 고인돌	전남 담양군 용면 산성리	전남대 박물관 (최몽룡)	
	장성 덕재리 고인돌	전남 장성군 북상면 덕재리 남바위 전남 장성군 북상면 덕재리 원동부락	문화재관리국 (이호관)	
	장성 쌍웅리 고인돌	전남 장성군 북상면 쌍웅리	문화재관리국 (이호관)	
	서울 가락동 1호 집터	서울 강동구 가락동	서울대 박물관 (김원용)	
	서울 가락동 2·3· 4호 집터	서울 강동구 가락동	서울대 박물관 (김원용)	
	서울 가락동 5호 집터	서울 강동구 가락동	고려대 박물관 (윤세영)	1차
	부여 송국리 집터	충남 부여군 초촌면	국립중앙박물관	수몰

연도	유적	위치	조사기관 (조사자)	비고
		송국리	(이호관)	유적
	안동 의촌리 고인돌	경북 안동군 도산면 의촌리	부산대 박물관 (강인구)	
	김해 내동 돌널무덤	경남 김해시 내동	문화재연구소 (김정학)	
1976 (5)	김해 내동 고인돌	경남 김해시 내동	부산대 박물관 (김정학)	
	진양 대평리 선사유적	경남 진양군 대평면 대평리	문화재연구소 (조유전)	2차
	부여 송국리 집터	충남 부여군 초촌면 송국리	국립중앙박물관 (강인구)	2차
	여주 흔암리 집터	경기 여주군 점동면 흔암리	서울대 박물관 (김원용)	5차
	아산 남성리 돌널무덤	충남 아산군 신창면 남성리	국립중앙박물관 (강인구)	
1977 (9)	여주 흔암리 집터	경기 여주군 점동면 흔암리	서울대 박물관 (김원용)	6차
	광주 송암동 집터	광주시 송암동	전남대 박물관 (최몽룡)	
	광산 원산리 집터	전남 광산군 대촌면 원산리	전남대 박물관 (최몽룡)	
	대덕 내동리 고인돌	충남 대덕군 진령면 내동리	국립부여박물관 (지건길)	
	나주 보산리 고인돌	전남 나주군 나주읍 보산리	전남대 박물관 (최몽룡)	
	진양 대평리 선사유적	경남 진양군 대평면 대평리 옥방부락	문화재연구소 (조유전)	3차
	부여 송국리 집터	충남 부여군 초촌면 송국리	국립중앙박물관 (강인구)	3차
	대덕 사성리 고인돌	충남 대덕군 동면 사성리	충남대 박물관 (윤무병)	
	청원 아득이유적	충북 청원군 문의면 가호리	충북대 박물관 (조성진)	
1978 (4)	여주 흔암리 집터	경기 여주군 점동면 흔암리	서울대 박물관 (김원용)	7차
	광주 충효동 고인돌	광주시 충효동	전남대 박물관 (최몽룡)	

	부여 송국리 집터	충남 부여군 초촌면 송국리	국립중앙박물관 (강인구)	4차
	영천 용산동 고인돌	경북 영천군 자양면 용산동	경북대 박물관 (윤용진)	
1979 (3)	수원 서둔동 집터	경기 수원시 서둔동 산 1-1	숭전대 박물관 (임병태)	1차
	경산 조영동 선사유적	경북 경산군 압양면 조영동	영남대 박물관 (정영화)	
	북제주 곽지리 조개더미	제주 북제주군 애월읍 곽지리 2019	제주대 박물관 (현용준)	1차
1980 (3)	진양 대평리 선사유적	경남 진양군 대평면 대평리	문화재연구소 (조유전)	4차
	창원 신촌리 분묘군	경남 창원군 진북면 신촌리 산 75일대	국립경주박물관 (한병삼)	
	수원 서둔동 집터	경기 수원시 서둔동 산 1-1	숭전대 박물관 (임병태)	2차
1981 (8)	춘성 신매리 집터	강원 춘성군 서면 신매 3리	국립중앙박물관 (이건무)	
	김제 동지산리유적	전북 김제군 청하면 동지산리	전북대 박물관 (김준영)	
	수원 서둔동 집터	경기 수원시 서둔동 산 1-1	숭전대 박물관 (임병태)	3차
	춘천 중도 고인돌	강원 춘천시 호반동	강원대 박물관 (박한설)	
	화순 월산리 고인돌	전남 화순군 이서면 월산리 월평부락	전남대 박물관 (지춘상)	
	화순 장학리 고인돌	전남 화순군 이서면 장학리 장학부락	전남대 박물관 (지춘상)	
	화순 창랑리 고인돌	전남 화순군 이서면 창랑리 창랑부락	전남대 박물관 (지춘상)	
	산청 강루리 선사유적	경북 산청군 단성면 강루리	문화재연구소 (조유전)	
1982 (6)	제천 광의리 고인돌· 집터	충북 제천군 청풍면 광의리	경희대 박물관 (황용훈)	
	제천 양평리 집터	충북 제천군 청풍면 양평리	서울대 (최몽룡)	
	제천 진목리 고인돌	충북 제천군 청풍면	한양대 박물관	

		진목리	(김병모)	
	제천 계산리 고인돌·집터	충북 제천군 청풍면 계산리	경희대 박물관 (황용훈)	
	제천 황석리 고인돌·선돌	충북 제천군 청풍면 황석리	충북대 박물관 (이융조)	
	제천 방흥리 고인돌	충북 제천군 청풍면 방흥리	충북대 박물관 (이융조)	
1983 (11)	춘천 중도 고인돌	강원 춘천시 호반동 278	국립중앙박물관 (지건길)	4차
	제천 황석리 고인돌	충북 제천군 청풍면 황석리	충북대 박물관 (이융조)	
	제천 함암리 고인돌	충북 제천군 한수면 함암리	청주대 박물관 (이동복)	
	중원 지동리 A지구 유적	충북 중원군 동량면 지동리	경희대 박물관 (황용훈)	
	제천 월굴리 선돌	충북 제천군 금성면 월굴리	연세대 선사연구실 (손보기)	
	제천 양평리 D지구 고인돌	충북 제천군 청풍면 양평리	서울대 (최몽룡)	
	중원 하천리 A지구 고인돌	충북 중원군 동량면 하천리	경희대 박물관 (황용훈)	
	중원 명서리유적	충북 중원군 산척면 명서리	경희대 박물관 (황용훈)	
	광주 운암동 집터	광주시 북구 운암동 어린이공원내	전남대 박물관 (송정현)	
	춘천 중도 고인돌	강원 춘천시 중도동 428	강원대 박물관 (최복규)	
	서산 대로리 움집터	충남 서산군 대산면 대로리 둥구산 정상	국립중앙박물관 (한영희)	
1984 (11)	고흥 장수리 고인돌	전남 고흥군 포두면 장수리	국립광주박물관 (서성훈)	
	울주 양동 민무늬토기 집터	경남 울주군 청양면 동천리 양동마을	부산대 박물관 (민성기)	
	영암 청룡리 고인돌	전남 영암군 서호면 청룡리	목포대 박물관 (배종무)	
	영암 장천리 고인돌·집터	전남 영암군 서호면 장천리	목포대 박물관 (배종무)	

	춘천 신매리 고인돌	강원 춘천군 서면 신매리 114・839	국립중앙박물관 (지건길)	
	북제주 곽지리 조개더미	제주 북제주군 애월읍 곽지리	제주대 박물관 (심여택・이청규)	2차
	수원 서둔동 집터	경기 수원시 서둔동 산 1-1	숭전대 박물관 (임병태)	4차
	청원 내수리 집터	충북 청원군 북일면 내수리	문화재연구소 (조유전)	
	중원 하천리 D지구 고인돌	충북 중원군 동량면 하천리	한양대 박물관 (김병모)	
	중원 지동리유적	충북 중원군 동량면 지동리	경희대 박물관 (황용훈)	
	정읍 보화리 집터	전북 정읍군 소성면 보화리	원광대 마한・ 백제문화연구소 (김상룡)	
1985 (7)	광명 철산동 고인돌	경기 광명시 철산동 462-33	한양대 박물관 (김병모)	
	제주 용담동 고인돌	제주 제주시 용담동	제주대 박물관 (이청규)	
	제주 외도동 고인돌	제주 제주시 외도동	제주대 박물관 (이청규)	
	북제주 곽지리 조개더미	제주 북제주군 애월읍 곽지리	제주대 박물관 (이청규)	수습 발굴 5차
	부여 송국리 집터	충남 부여군 초촌면 송국리	국립중앙박물관 (지건길)	
	김해 내동 고인돌	경남 김해시 내동	해양대 (임효택)	
	영암 장천리 집터	전남 영암군 서호면 장천리	목포대 박물관 (배종무)	
1986 (9)	영암 장천리 집터	전남 영암군 서호면 장천리	목포대 박물관 (배종무)	2차
	광주 궁평리 고인돌	경기 광주군 도척면 궁평리	연세대 (손보기)	
	음성 양덕리 고인돌	충북 음성군 삼성면 양덕리	충북대 박물관 (이융조)	
	청주 내곡동 집터	충북 청주시 내곡동	충북대 (차용걸)	

	청주 향정동 집터	충북 청주시 향정동	충남대 박물관 (윤무병)	
	보령 교성리 선사유적	충남 보령군 오천면 교성리	국립공주·부여 박물관 (박영복·이강승)	1차
	부여 송국리 집터	충남 부여군 초촌면 송국리	국립중앙박물관 (지건길)	6차
	주암댐 수몰지구유적	전남 승주군 주암면 송광면 10개 유적	전남대 박물관 (송정현)	
			제주대 박물관 (이청규)	
			전북대 박물관 (윤덕향)	
			고려대 박물관 (지동식)	
			서울대 (최몽룡)	
			교원대 박물관 (정영호)	
			충북대 박물관 (이융조)	
			한양대 박물관 (김병모)	
			성균관대 박물관 (손병헌)	
	동래 두구동 임석유적	부산 동래구 두구동	부산시립박물관 (윤병용)	
1987 (6)	함평 나산면 돌덧널 무덤	전남 함평군 나산면 초포리	국립광주박물관 (서성훈)	
			국립중앙박물관 (이건무)	
	보령 교성리 선사유적	충남 보령군 오천면 교성리	국립부여박물관 (이강승)	2차
	합천 계산리 고인돌	경남 합천군 봉산면 계산리	부산대 박물관 (김종원)	
	임하댐 수몰지구 늘침 고인돌	경북 안동군 임동면 임동리	경북대 박물관 (윤용진)	1차

연도	유적명	위치	조사기관 (조사자)	비고
	부여 송국리 집터	충남 부여군 초촌면 송국리	국립중앙박물관 (지건길)	7차
	주암댐 수몰지구 유적	전남 승주군 송광면 · 보성군 문덕면 · 화순군 남면	전남대 박물관 (송정현)	
			제주대 박물관 (이청규)	
			전북대 박물관 (윤덕향)	
			고려대 박물관 (지동식)	
			서울대 (최몽룡)	
			교원대 박물관 (정영호)	
			충북대 박물관 (이융조)	
			한양대 박물관 (김병모)	
			성균관대 박물관 (손병헌)	
			충남대 박물관 (윤무병)	
			경희대 박물관 (황용훈)	
			건국대 박물관 (최무장)	
			목포대 박물관 (배종무)	
			숭실대 박물관 (임병태)	
1988 (14)	파주 다율리 고인돌	경기 파주군 교하면 다율리	한국선사문화 연구소 (손보기)	수습 발굴
	여천 · 여수 고인돌	전남 여천시 주삼동 · 오림동	전남대 박물관 (김희수)	
	대구 월성동 집터	경북 대구시 달서구 월성동	경북대 박물관 (윤용진)	

	성남 수진동 고인돌	경기 성남시 수진동	충북대 박물관 (이융조)
	성남 태평동 고인돌	경기 성남시 태평동	서울시립대 박물관 (최완기)
	시흥 삼리 고인돌	경기 의왕시 삼동	서울대 박물관 (임효재)
	시흥 부곡리 고인돌	경기 군포시 부곡동	충북대 박물관 (이융조)
	전주 여의동 선사유적	전북 전주시 여의동	전주대 박물관 (주명준)
	제주 상모리 선사유적	제주 남제주군 대정읍 상모리	제주대 박물관 (강통원)
	안동 지례 A·B지구 고인돌	경북 안동군 임동면 지례리	계명대 박물관 (김종철)
	청주 비하동 선사유적	충북 청주시 비하동	국립청주박물관 (박영복)
	부산 반여동 고분	부산 해운대구 성여동	동의대 박물관 (임효택)
	주암댐 수몰지구	전남 승주군 송광면, 보성군 문덕면	서울대 박물관 (임효재) 경희대 박물관 (황용훈) 전남대 박물관 (김희수) 한양대 박물관 (김병모) 충북대 박물관 (이융조) 성균관대 박물관 (손병헌) 국립광주박물관 (이명희)
1989 (9)	청도 사촌동유적	경북 청도군 청도읍 사촌동	국립경주박물관 (이난영)	긴급 발굴
	창원 진동 고인돌	경남 창원군 진동면 교동·인곡리	경성대 박물관 (변인석)	
	의령 석곡리 고인돌	경남 의령군 정곡면	동아대 박물관	

		석곡리	(심봉근)	
	화순 대전 고인돌	전남 화순군 남면 사수리	충북대학교 (이융조)	2차
	여천 평여동 고인돌	전남 여천시 평여동	전남대 박물관 (김희수)	
	정선 덕천리 선사유적	강원 정선군 신동읍 덕천리	단국대 박물관 (윤내현)	
	북제주 곽지리 조개더미	제주 북제주군 애월읍 곽지리	제주대 박물관 (심여택)	수습 발굴
	장흥 충렬리 고인돌	전남 장흥군 장흥읍 충렬동	목포대 박물관 (배종무)	
	승주 대치리 고인돌	전남 승주군 황전면 대치리	전남대 박물관 (최 협)	
1990 (7)	울주 검단리유적	경남 울주군 웅촌면 검단리	부산대 박물관 (김종원)	
	평촌지구 문화유적	경기 안양시 평촌동	명지대 박물관 (신천식)	
	광양 원월리유적	전남 광양군 옥곡면 원월리	전남대 박물관 (최 협)	
	분당지구 문화유적	경기 성남시 분당동	한양대 박물관 (김병모)	
	대구 이천동 고인돌	대구 남구 이천동	경북대 박물관 (윤용진)	
	여천 월내동 고인돌	전남 여천군 월내동	국립광주박물관 (지건길)	
	태안 고남리 조개더미	충남 태안군 고남면 고남리	한양대 박물관 (김병모)	
1991 (2)	부산 북촌 조개더미	부산시 강서구 강동동	부산수산대 박물관 (박구병)	
	여천 화치동 고인돌	전남 여천시 화치동	목포대 박물관 (유원적)	
	화순 만연리 고인돌	전남 화순군 화순읍 만연리	전남대 박물관 (최 협)	
	무안 월암리 고인돌	전남 무안군 일로읍 월암리	목포대 박물관 (유원적)	
	전주 여의동 집터	전북 전주시 덕진구 여의동	전북대 박물관 (은무일)	

	승주 광천리 고인돌	전남 승주군 선암면 광천리	전남대 박물관 (최 협)
	부산 범방동 조개더미	부산시 강서구 범방동	부산시립박물관 (윤병용)
	여천 우두리 고인돌	전남 여천군 돌산읍 우두리	국립광주박물관 (지건길)
1992 (8)	양양 월리유적	강원 양양군 양양읍	강릉대 박물관 (백홍기)
	양구 공수리·고대리 고인돌군	강원 양구군 양구읍	강원대 박물관 (박민일)
	해남 호동리 고인돌	전남 해남군 황산면 호동리	목포대 박물관 (유원적)
	속초 조양동유적	강원 속초시 조양동	강릉대 박물관 (백홍기)
	부여 송국리 집터	충남 부여군 초촌면	국립공주박물관 (최종규)
	강릉 강문동 선사유적	강원 강릉시 강문동	강릉대 박물관 (백홍기)
	북제주 동김녕리 동굴 유적	제주 북제주군 구좌읍 동김녕리	제주민속자연사 박물관
	금릉 송죽리 유적	경북 금릉군 구성면 송죽리	계명대 박물관 (김종철)

찾아보기

177, 190, 193
칠포리 고인돌 149

ㅋ

카라스크(Karasuk)기 132
카라스크문화 132
칼륨-아르곤(K/Ar) 연대측정 30, 65
크로쿠타 크로쿠타 38
큰길가유적 58
큰원숭이(M. robustus) 17, 38, 47

ㅌ

타가르(Tagar)기 132
털코뿔이 44
토양쐐기(soil-wedge) 60
톰센(C. J. Thomsen) 71
톱날 74, 87 ; ~ 석기 14, 29
톱니날도끼 158
툰드라(Tundra)지대 72
퉁구스족 82

ㅍ

팽이토기 152
편편밑유형토기 79
포남동유적 178
표준유적(type site) 46

표준화석 44
푸스카타 원숭이(M. *fuscata*) 47
풍룡동유적 142

ㅎ

하천리유적 184
하화계리유적 73~74
한국식 동검 130~131, 142, 159, 168,
　　　184, 189, 191, 193
한데유적 18, 36, 48
함암리유적 182
해미형 집터 176
해안단구 81
향정동유적 171
형체예술품 35
호신부 99
홈날 14, 29
홍적세(pleistocene) 13, 18, 64, 72
화분토기 152
황석리유적 118, 141, 182, 196
후빙기(post-gracial) 71~72, 77, 80
후포리유적 96
휴암리유적 139, 176
흑요석 59, 65~66, 74, 105~106, 126
혼암리유적 133, 162
홍수아이 42